甲午战争

日本官方战争纪实

日本旧参谋本部 著

何建军　王建英　译

上海远东出版社

图书在版编目(CIP)数据

甲午战争：日本官方战争纪实 / 日本旧参谋本部著；何建军，王建英
译. — 上海：上海远东出版社，2023
ISBN 978 - 7 - 5476 - 1665 - 9

Ⅰ.①甲⋯ Ⅱ.①日⋯ ②何⋯ ③王⋯ Ⅲ.①中日甲午战争—研究
Ⅳ.①K256.307

中国国家版本馆 CIP 数据核字(2023)第 068100 号

责任编辑 陈占宏
特约编辑 袁春玉
封面设计 叶青峰

本书入选"十三五"国家重点图书出版规划项目

甲午战争：日本官方战争纪实

日本旧参谋本部　著

出　　版　**上海遠東出版社**
　　　　　　(201101　上海市闵行区号景路 159 弄 C 座)
发　　行　上海人民出版社发行中心
印　　刷　上海锦佳印刷有限公司
开　　本　635×965　1/16
印　　张　21
字　　数　273,000
版　　次　2023 年 6 月第 1 版
印　　次　2025 年 1 月第 3 次印刷
ISBN 978 - 7 - 5476 - 1665 - 9/K·184
定　　价　98.00 元

译者的话

　　1894年7月，日本发动了对中国和朝鲜的侵略战争。战争历时近9个月，以中国战败、北洋水师全军覆没告终，清政府被迫签订了丧权辱国的《马关条约》。关于这场战争，中国按照传统的干支纪年称为"甲午战争"或"中日甲午战争"，日本称为"明治二十七八年战役"或"日清战争"，欧美各国则称其为"First Sino-Japanese War"，即"第一次中日战争"。甲午战争改变了东亚的传统秩序，在中日两国近代史上具有划时代的重要影响。中国因甲午战争的失利而割地、赔款，进一步陷入半殖民地的深渊。日本则得到清政府的巨额赔款和台湾等要地，一跃成为东亚强国，为其跻身世界列强奠定了重要基础。从中日两国文化交流史上看，以甲午战争为分水岭，日本对中华文明的态度发生了逆转，经由之前的仰视、平视开始转为俯视。面对民族存亡的危机，中国的一批仁人志士提出了变法图强的口号，开始以日本为镜反省自己，并努力向西方学习，促进了中华民族的觉醒。

　　甲午战争结束后一百多年来，中日两国学界尤其是史学界对这场战争进行了多角度的研究，取得了丰硕的成果。在日本，信夫清三郎的《日清战争》（1934）、田保桥洁的《日清战役外交史研究》

(1944)、中塚明的《日清战争之研究》(1968)等著作,较客观地揭示了甲午战争的真相。我国学界出版了戚其章的《甲午战争史》(1990)、郝瑞庭的《甲午战争全景纪实》(1996)、关捷等主编的《中日甲午战争全史》(2005)、丁一平主编的《甲午战争》(2014)、宗泽亚的《清日战争》(2014)、刘文明编著的《西方人亲历和讲述的甲午战争》(2015)、王新顶的《甲午战争诗话》(2018)等专著,并译介出版了日本学者藤村道生的《日清战争》(1981)、原田敬一的《日清、日俄战争》(2016)、桥本海关的《清日战争实记》(2017)、大谷正的《甲午战争》(2019)等著作。这些译介出版的甲午战争论著都是作者个人根据收集整理的资料撰写而成的。

甲午战争结束后,日本军方1896年就决定编纂官方的甲午战史。之后,日本旧参谋本部编纂的《明治二十七八年日清战史》(共8卷)于1904—1907年公开出版,这是日本第一部关于对外侵略战争的官修战史。日本旧参谋本部设立于1878年,直属于天皇,是日本陆军的最高军令机关,负责作战计划的制定和参谋军官的管理教育等,辅助天皇行使统帅权。《明治二十七八年日清战史》依据史料中心主义和述而不论的编写原则,从日本官方的立场出发,详细记录了甲午战争的起因、中日两国军队的战力以及日本侵略中国台湾的经过,并简要记述了兵站、医疗卫生等情况,具有较高的权威性。该战史问世百余年来一直是甲午战争史研究的基本史料。其编纂体制与方针,也被后来的日本官修战史所继承。然而,值得注意的是,旧参谋本部在编纂过程中删除了可能有损日本的国际形象和日军声誉的内容,极力美化侵略战争,刻意遮掩日军攻占朝鲜王宫的史实,强调开战的正当性,从而在一定程度上损害了战史的真实性。此外,《明治二十七八年日清战史》作为日本陆军的官修甲午战史,对海战的叙述比较简略。海军方面则由军令部编纂了《二十七八年海战史》,于1905年公开出版。

《明治二十七八年日清战史》内容繁杂,且是用文语体撰写而成。为了便于现代读者阅读,德间书店于1966年出版了桑田忠亲、山冈庄八监修的《日清战争》。该书是旧参谋本部编写的战史的现代日语节译版,在保持原著风格的同时,将其翻译成了现代日语,并删减了其中不太重要的记述。此外,为了使读者更加全面地了解甲午战争,本书在卷首增加了桑田忠亲撰写的概说,介绍了当时的国际形势,承认了日本对外侵略的历史事实。在卷尾附加了池边实写的《补遗 日清战争》,介绍了日军一日三餐的食谱,并转引了当时亲眼目睹了甲午战争的一些外国人的评论。

上海远东出版社在甲午战争120周年之际,决定翻译出版包括日军旧参谋本部编写的《日清战争》在内的系列丛书。但是,由于种种原因,本书的中译本延至今年始公开出版。本书是基于日本官方的立场写作而成,整体而言内容比较详实,具有重要的史料价值,有助于我们了解日军在战争过程中的战略部署、部队的编成体制、作战方案的制定、陆海军的协同等情况,可以加深我们对甲午战争的了解,并更深刻地认识清军战争失利的原因。但是,书中某些观点有违历史事实,如把战争的起因归咎于中国和朝鲜,且有美化日本侵略战争之处,希望各位读者能进行批判性的阅读。译本力图保持原作的风貌,仅把书名依据我国历史上的习惯用语改为

《甲午战争》。为便于读者的理解,我们对文中出现的一些重要事件和人名地名做了注释,并根据相关史料订正了原书中个别人名地名的错误。希望本书的出版有助于推动我国的甲午战争史研究。本书涉及大量史料,因译者水平有限,错漏之处难免,敬请读者不吝指正,以期再版时修订。

译者

2023 年 10 月

目　录

概　述

桑田忠亲

日 清 战 争

本书虽然讲述的是"日清战争",但是作为概述,我也想粗略地讲一下日清战争时的国际形势以及战争结束后的三国干涉。

江华岛事件

且说每当日本国内的政治方针发生变化时,外交方针也会随之变化,这可以说是理所当然的事情。因此,明治新政府也立刻在明治元年(1868)12月,通过对马藩主宗义达向朝鲜通告了王政复古之事,请求两国修好。

然而,朝鲜自大院君执政以来,实施严厉的锁国政策。因此,日本的请求遭到拒绝。之后,日本多次就修好之事继续与朝鲜谈判。但是,朝鲜不但不接受,而且出现了侮辱日本的情况。于是,征韩论在日本国内日益高涨,其代表性人物有西乡隆盛、板垣退助、江藤新平、后藤象二郎等。但是,明治六年(1873),征韩论被岩仓具视、大久保利通等驳回,西乡和板垣等辞职。然而,明治八年(1875)9月,在临近朝鲜半岛的江华岛①,发生了一起小事件。

当时,日本的云扬舰在驶往清国牛庄的途中,靠近江华岛,提出了要些淡水的请求。但是,朝鲜军队突然从炮台开炮,舰长井上良馨不得已与之应战,摧毁了炮台。人们称之为"江华岛事件"。

---

① 江华岛位于韩国首尔西北部,是韩国周边岛屿中的第五大岛屿,也是朝鲜半岛的重要防线。本书注释均为译者注。下同。

与朝鲜交换修好条规

明治政府为了处理"江华岛事件"的善后事宜，于当年（明治八年）12 月派遣黑田清隆和井上馨到朝鲜，谴责朝鲜向日本军舰开炮，要求就修好之事进行谈判。

结果，朝鲜为江华岛事件道歉，接受了日方的要求。于是，明治九年（1876）2 月，日本和朝鲜之间交换了 12 条修好条规，成功缔结了条约。

该条规确定朝鲜也是独立的国家，因此和日本拥有平等的权利，朝鲜除釜山之外再开辟两个港口等。于是，日本立即派遣花房义质到朝鲜担任代理公使，明治十三年（1880）在汉城①设立了公使馆。另外，朝方也根据条约开放了元山、仁川等港口。因此，日本自明治初期开始便抱有的愿望，在此同时得以实现。

但是，《日朝修好条规》② 中的内容实际上是日本过去一直要求各国列强修改的不平等条约，是将己所不欲施于他人。同时，也可以说，这是为了把各国的注意力由日本引向朝鲜的谋略。

果然，美、英、德、意、法等国也相继跟朝鲜缔结了与日本一样的修好条约。因此，朝鲜迅速受到国际社会的关注。不久，东方的局势开始围绕这个半岛变得动荡不安。

朝鲜国内的形势

缔结了《日朝修好条规》后，长期实行锁国政策的朝鲜也开始对外开放，作为朝鲜国王之父的大院君一派遭到排斥，国王李熙在亲戚闵氏的支持下进行了政治改革。

---

① 首尔旧称汉城，2005 年 1 月韩国政府宣布该城市的中文译名正式更改为首尔。本书翻译从原文。

② 当时朝鲜称之为《丙子修好条规》，后世通称为《江华条约》或《江华岛条约》。

井上馨外务卿（日本修改条约时，推行鹿鸣馆外交等欧化政策。但是，以"诺曼顿号"事件为契机遭到国民的反对，他心灰意冷，辞去职务）

当时，朝鲜采纳留学日本归来的金玉均等人的意见，断然实行类似于日本明治维新那样的重大改革，并从日本招聘军官指导朝鲜军队的训练。

但是，日本与朝鲜签订了不平等条约，因为得到了免税的特权，便源源不断地把廉价的棉织品出口到朝鲜。因此，朝鲜市场虽然非常兴隆，产业界却相应地受到了压制。

清国一直以来就把朝鲜看作是中国的属国，因而看到了这个情况就不能放任不管。

清国想方设法企图把朝鲜市场从日本的垄断下夺回来。于是，日本也以朝鲜为舞台，开始同清国对立起来。

划定日本南北边界

为了搞好日本与清国的邦交，明治政府很早就派遣了使节。但是，之后在台湾发生了琉球岛民被杀害的事件。日本和清国之间围绕这个事件产生了纠纷。日本于明治七年（1874）出兵台湾，严惩那里的原住民，用武力解决了这个事件。因此，清国也没有办法，只好退让了。

日本乘势让之前属于日本和清国两国的琉球断绝与清国的关系，明治十二年（1879）废除琉球藩，设置了冲绳县。

却说在相反方向的北方，自江户幕府以来与俄国之间一直存有争议的萨哈林岛和千岛群岛的领土问题，到明治八年（1875）大致得到解决。解决方案是把萨哈林全岛让给俄国，规定千岛群岛是日本的领土。也就是说，问题是以交换萨哈林岛和千岛群岛为条件解决的。

此外，在东南方向，美国和日本之间就小笠原群岛究竟归谁所有一直没有定论。明治九年（1876），日本使美国承认该群岛是日本的领土。

这样，南北领土的边界也确定下来后，日本开始作为一个独立的国家对抗清国。

壬午之变

但是，由于清国推行的外交政策，看样子朝鲜市场不久就会被清国从日本手中抢走。比如，日清两国在朝鲜进口贸易中所占的比例在逐渐接近。明治十九年（1886）是 83∶17，到明治二十五年（1892）就变成了 55∶45。

这时在朝鲜，大院君因为不满闵氏等人的独裁政治，也一直对国王李熙激进的政策感到不满，因此于明治十五年（1882）在汉城煽动军队暴动，闯入王宫。与此同时，发生了火烧日本公使馆的事件。

日本公使好不容易逃离灾难回国，把这件事报告给了政府。于是，日本政府马上派遣陆海军到朝鲜半岛保护日本侨民，同时向朝鲜政府提出了严重抗议。

但是，掌握着政权的大院君没有答应日本要求的迹象。因此，日本公使也做好了断绝邦交的思想准备，撤退到京畿道的济物浦。

这个事件甫一发生，清国就迅速调动海陆大军，一边威吓日本，一边说要居中调停日朝两国的关系。

但是，日本明确拒绝调停。清国没有办法，逮捕了大院君，并把他带到天津。

因此，闵氏得以东山再起，与日本公使在济物浦举行了会谈。结果，朝鲜向日本支付 55 万日元作为赔偿，保证处罚发动暴动的人，并同意日本给在汉城的日本公使馆配置守卫士兵。

因为明治十五年（1882）的干支纪年是壬午年，因此人们把这个事件称作"壬午之变"。此外，把此次事件后日本跟朝鲜之间缔结的条约称作《济物浦条约》。

驻朝鲜外交代办竹添进一郎

汉城事变

"壬午之变"后，朴泳孝、金玉均等人作为朝鲜修信使来到日本。他们回国以后效仿日本，打算实现朝鲜制度、文化的现代化，借助日本的武力谋求朝鲜独立。他们召集同仁，创建了独立党。于是，我国也从《济物浦条约》的赔款中拿出 40 万日元返还给朝鲜，支持其国内改革。

但是，闵氏一派对抗独立党，采取保守主义政策，想依靠清国的力量，因而创建了事大党。清国也向世界宣告朝鲜是清国的属国，并派遣大将袁世凯统帅大军驻扎在汉城，援助事大党。

在朝鲜半岛，以日清两国的势力为背景，独立党和事大党的对立日益激烈。就在此时，清国跟法国打仗失败了。因此，独立党趁其不备，于明治十七年（1884）12 月突然掀起暴动，闯入汉城王宫，保卫朝鲜国王，刺伤事大党核心人物闵泳翊，一手掌握了政权。这时，日本公使竹添进一郎也应朝鲜国王的请求，指示百余士兵护卫王宫。

但是，清国大将袁世凯根据事大党的请求，率两百兵力进攻王宫。因此，朝鲜国王逃出王宫，向清军投降。日军和事大党之间爆发了冲突。

日军因兵力太少而陷入苦战，公使馆被付之一炬，甚至日本居住在汉城的无辜的妇女儿童也遭了殃。据说有 40 余人被活活折磨死。竹添公使退到济物浦，独立党人也远逃到日本。独立党毁灭了。

于是，日本政府任命井上馨为全权大使，派遣陆军中将高岛鞆之助、海军大将桦山资纪率领两个大队的兵力奔赴汉城。得知此事，清国也派吴大澂带兵去汉城。

井上大使与朝鲜全权大使金宏集谈判，以朝鲜处罚闹事者、支付受害救济金为条件，最终签订了条约。

在朝鲜事件中受到叛军袭击的花房义质外交代办（中间）一行。
此回国后的照片（摄于长崎）

这个事件被称为"汉城之变"或"甲申之变",签订的条约被称为《汉城条约》。

天津条约

虽然签订了《汉城条约》,"汉城之变"得到解决,但是日本感觉这似乎是权宜之计。因此,日本政府派遣伊藤博文到天津与清国的李鸿章会面,于明治十八年(1885)让对方在含有三个条款的条约文书上签字。人们称之为《天津条约》。

该条约规定,日清两国各自从朝鲜撤兵。此外,今后如果有必要出兵朝鲜时,双方要事先相互通报。

日本政府之所以跟清国签订这么温和的条约,对朝鲜独立党坐视不救,可能是因为即将颁布帝国宪法,日本国内的政治秩序还没有完全稳定。再者,日本的战备也谈不上非常充分。因此,对清国不得不采取比较克制的态度。

防谷令事件

但是,4 年之后,即明治二十二年(1889)9 月,在朝鲜又发生了一场小小的骚乱。咸镜道监司赵秉式突然发布命令,禁止从元山向日本出口谷物。人们称之为"防谷令"。

由于发布了这道命令,之前预定从朝鲜购入谷物的日本商人等,要蒙受约 14 万日元的损失。不言而喻,发布这种居心不良的命令,是亲近清国的朝鲜官员之所为。

这起纠纷迟迟没有得到解决。最终,大石正巳出任外交代办,与朝鲜政府交涉,向之前一直毫不知情的朝鲜国王提出要求。明治二十六年(1893)5 月,日本获得 11 万日元的赔款,事件终于了结。

大津事件

却说明治十年（1877）9 月 24 日，西乡隆盛因在西南战争中战败，在故乡鹿儿岛的城山辞别人世。12 年之后，即明治二十二年（1889）2 月 11 日，在颁布《大日本帝国宪法》时，对其公布了大赦令。与此同时，西乡隆盛被除去贼名。由于维新初期的功绩，他重新被赠予正三位①。也就是说，隆盛恢复了作为维新元勋的名誉，得到平反昭雪了。

但是，此后不久，一条新闻传到了日本国内，说明治二十四年（1891）4 月 27 日，俄国的尼古拉皇太子将带领随员，统率 7 艘军舰来长崎。与此同时，有条传言开始散播，说所谓西乡隆盛在鹿儿岛的城山自杀身亡纯属谎言，实际上他逃到俄国幸存了下来，终于要在尼古拉皇太子的陪伴下返回日本。

这条传言搞得日本朝野人心惶惶。各种报纸或煞有介事地传播这个消息，或对此予以否认。明治天皇听到这个传闻后，对身边的亲信开玩笑说："如果这是事实的话，西南战争的论功行赏恐怕要推倒重来了。"但是，这个玩笑又流传到民间，说得活龙活现，令人坐卧不安。因此，在西南战争中立下战功的将士们感到惊慌失措也在情理之中。当时，正在滋贺县当警察的津田三藏就是其中之一。

津田三藏的祖上，历代都是侍奉伊势津藩藤堂家的医生。他的父亲长庵住在江户柳原的藤堂藩邸，三藏也出生在那里。明治五年（1872），他到名古屋镇台②当兵。明治十年西南战争时，他作为下

---

① 根据 1887 年制定的《叙位条例》，确定日本官员的等级从正一位到从八位，共 16 阶。其中，从一位、正二位、从二位、正从三位和正从四位享受的礼遇分别参照公爵、侯爵、伯爵、子爵和男爵。

② 镇台是指明治初年日本驻扎各地的军队。明治四年（1871），在东京、大阪、镇西（小仓）、东北（石卷）设镇台；明治六年（1873），在颁布征兵令的同时，把全国划为六个军管区，在东京、仙台、名古屋、大阪、广岛、熊本设镇台。明治二十一年（1888），镇台改称师团。

俄国皇帝尼古拉二世和皇太子

士官从军，左手受了枪伤，被授予七等勋章①。明治十六年，他受命任三重县警察，当时（明治二十四年）已调至滋贺县工作。

三藏已经 37 岁了，还是个普通警察。但是，他有唯一一件感到自豪的事。不用说，那就是他有七等功勋的瑞宝勋章。但是，据社会上的传言说，西乡隆盛将在俄国皇太子的陪伴下活着回来。如果真是这样的话，这块光辉夺目的瑞宝勋章一定会被没收。想到此事，三藏患上了高度的神经官能症。失去勋章后，他作为普通警察将会成为朋友嘲笑的对象。想到这里，他为极度的自卑感而苦恼，晚上也连续数日睡不好觉。

三藏之前一直在滋贺县守山警察局三上村派出所上班。明治二十四年（1891）4 月 27 日，俄国皇太子一行按照预定计划进入长崎港。在他们决定去滋贺县巡游的 5 月 11 日，三藏突然被派遣到大津市担负警卫工作。三藏因神经官能症变得自暴自弃，他悄悄地把携带的佩剑换成了日本刀。那是他引以自豪的宝刀，曾在西南战争中砍杀过萨摩士兵。

皇太子一行当天游览了琵琶湖，在位于大津町的滋贺县厅吃过午饭，打算回京都。50 辆人力车连成一排，要路过町内的小唐。正在那里担负警卫任务的津田三藏面向车上的皇太子，保持笔挺的姿势行举手礼。但是，当那辆车子来到离他两三步的距离时，他像鬼神附体似地突然向车子猛扑过去，拔出腰间的日本刀，朝皇太子砍去。

第一刀挥过去，削掉了皇太子头上礼帽的帽檐。皇太子回首看时，第二刀又砍向了他的眉间。皇太子从车上跳下来开始逃跑。三藏紧追不舍，正要砍第三刀时，坐在皇太子后面车子上的希腊皇子乔治殿下跳下车，勇敢地用竹鞭痛打三藏。趁三藏有点畏缩之时，车夫向畑治三郎从背后抱住三藏的腿，把他摔倒在地。三藏脸朝下跌倒的瞬间，手里的刀掉落地上。于是，另一个车夫北谷市太郎捡

---

① 第二次世界大战之前日军主要的勋章有菊花章、旭日章、瑞宝章、宝冠章等，分为大勋位以下一等至八等。

起刀，把身子压在倒地的三藏身上，朝他的头部和背部猛砍。鲜血淋漓的三藏，当场被反绑双手，现场的骚乱大致平息下来。

当天下午3点，大津事件的紧急通报送到了宫内省。说到明治二十四年，那是日清战争爆发前3年。当时，日本拥有的军舰数量不多，且仅有陆军6个师团的军备。因此，刺杀事件发生后国内上上下下惊慌失措，认为国难将至，也是情有可原的。

特别是明治天皇，格外担心。因此，天皇当天就让北白川宫能久亲王代表天皇去关西，他本人也乘坐第二天早上的专列亲临京都慰问，并派遣有栖川宫作为谢罪使赴俄国。

不久，在大审院开始公审，津田三藏在法庭面对检察官辩护说："听说西乡隆盛也要跟皇太子一起从俄国回国，我一直感到疑惑。但是，皇太子一行到达长崎以后，不马上去东京，却途中在鹿儿岛、京都、滋贺县等地巡游。我想这一定是他打算侵略日本帝国，在四处侦察，就挥舞了一刀，想让他胆战心惊，仅此而已。"

但是，实际上三藏似乎是担心如果隆盛回国，会撤销西南战争的论功行赏，他那块光荣的瑞宝勋章将被没收，因而患上了神经官能症。

判决结果，津田三藏被处以无期徒刑，押解到北海道钏路的监狱。同年（明治二十四年）9月27日，三藏因为被车夫砍杀时受的伤病死狱中。同时，西乡隆盛生还的传言和"大津事件"都终结了。

不久，尼古拉皇太子作为尼古拉二世，登基做了俄国的皇帝。但是，在日俄战争失败后爆发的革命中，他被红军逮捕，和皇后、皇太子以及四个皇女一起，在叶卡捷琳堡被枪杀。他成为罗曼诺夫王朝最后一位皇帝。

英国和俄国的对立

这一年（明治二十四年），俄国重要港口符拉迪沃斯托克举行了西伯利亚铁路的开工仪式。该铁路横穿西伯利亚的荒野，计划向远东输送大陆帝国俄国的兵力，因而令人恐惧。

北白川宫能久亲王铜像（东京北之丸公园）

但是，此时欧美列强之间的对立已经扩展到了远东地区。

自明治初年（19 世纪 70 年代）开始，欧美发达国家争夺殖民地的竞争日趋激烈。在亚洲，试图南下获取不冻港的俄国同英国展开了激烈交锋。朝鲜发生"壬午之变"时（明治十五年），俄国跟英国在中亚的阿富汗争夺对该地区的控制权，结果俄国被击败。于是，俄国进一步东扩，终于把势力扩展到了朝鲜。韦伯担任代理公使来到汉城，打算签订秘密条约，在朝鲜沿岸谋取不冻港。

英国得知此事后，抢先俄国下手，占领了朝鲜南岸的巨文岛。这是明治十八年（1885）4 月发生的事情。这样，在前后 3 年的时间里，英国先占领了巨文岛，在要求清国承诺不把朝鲜割让给其他国家后，撤离了该岛。

这段时间的紧张气氛使日本感到不安，强化了俄国是威胁日本的最大的敌人的看法。因此，山县有朋预测英国跟俄国的对立数年内将爆发，他在内阁会议上提出了日本要扩充军备的主张。

日本国民开始关注大陆

明治二十四年（1891）7 月，清国海军大将丁汝昌率北洋舰队旗舰定远舰等 7 艘舰船来到日本。这次来航被看作是对日本的示威行动，强烈刺激了朝野的舆论。当时，定远舰、镇远舰是东方最大的军舰，因此，日本加紧充实可与之对抗的军备。

第二年（明治二十五年），陆军少佐福岛安正单骑横穿西伯利亚成为人们的话题。日本国民的关注点终于开始转向中国大陆，军歌流行起来。同年 10 月，曾因惹出"大阪事件"① 而受到处罚的大井宪太郎，脱离自由党，组建了东洋自由党。他说："现在的自由党只

① 1885 年，大井宪太郎、小林樟雄等自由党左派企图协助金玉均等人反攻朝鲜，改革朝鲜内政。他们为了促进日本建立立宪政体，计划首先在朝鲜建立独立政权。但是，壮士团出征前事情败露，139 名参与者在大阪等地被捕，31 人被判有罪入狱。史称"大阪事件"。

是谋求减少地租、休养民力。但是，在目前的情况下，更为重要的是强化对外政策，稳固日本的独立地位，发展经济，取得富国的成果。"而且，他大声疾呼："我们日本人才应该成为亚洲革新的领导者。"

千岛舰事件

同年（明治二十五年）11月，日本千岛舰同英国拉文纳号轮船在濑户内海相撞，千岛舰沉没。人们称之为"千岛舰事件"。日本政府向位于横滨的英国领事法庭提出诉讼，以轮船的所有者 P. O 轮船公司为诉讼对象，要求给予50万日元的损害赔偿。但是，针对这项诉讼，轮船公司方面却指出这是日方的责任，并提起了要求赔付10万日元的反诉。但是，领事法庭说，碰撞的地点在日本内海，且领事法庭没有权限审判日本天皇，因而反诉不成立，予以驳回。

于是，轮船公司进而向位于上海的英国高等法院提出上诉。高等法院推翻了之前的判决，指出濑户内海是公海，如果天皇能当原告的话，那么他当被告接受控告也是理所当然的，从而支持轮船公司一方。这是翌年（明治二十六年）10月的事情。

濑户内海不是日本领海的说法，从国际法的角度看也是毫无道理的。此外，领事法庭的审判无视了条约的宗旨，即该审判仅适用于日本人起诉外国人的场合。

因此，日本政府立即上诉到英国本土的枢密院。日本民间的各种报纸也大肆报道这件事情，还举办了演说会、讲演会等。对外强硬派对日本政府进行猛烈的抨击。比起日本的利益和权利受到侵害，他们更着重指出领事审判把天皇和外国商社置于同等的地位，而继续予以指责。他们是为天皇和日本的国格受到玷辱感到愤怒。

明治二十八年（1895）5月，英国枢密院认可了日方的主张，"千岛舰事件"通过调解得到了解决。但是，日本政府花了3年的岁月和12万多日元，结果仅仅从 P. O 公司得到了1万英镑的赔偿金。

如果在领事审判中败诉，就必须到对方外国人所在的国家提起诉讼。这个事件让日本政府切身体验到这种审判制度对日本是多么的不利。

履行条约建议

由于上述情况，在第五次帝国议会上围绕条约问题，政府频频受到抨击。除去已经变得跟执政党没什么两样的自由党，大日本协会、国民协会等与改进党联手，组成了对外强硬派的统一战线。其核心是大日本协会。该协会由安倍井磐根、神鞭知常等国权主义者团体加上大井宪太郎的东洋自由党一派组成，以报刊《日本》为发表言论的媒体积极活动。他们跟枢密院的三浦梧楼、井上毅以及贵族院的近卫笃麿等也保持着联系。他们主张要安全、平等地修改条约，为了实现这个目的，只能严格执行现行的条约，让外国人体会到条约的不便之处。因此，他们向议会提交了履行现行条约建议案。

这项建议案逐一列举实例，指出了外国人违反条约的事实。比如，虽然没有得到现行条约的许可，外国人却趾高气扬地在日本内地旅行，在租界之外也拥有房屋，等等。建议案抨击日本政府默许了这些事情。

但是，政府这时正在和英国进行修订条约的谈判。因为担心履行条约运动会刺激英国，政府让议会休会 10 天。但是，英国以东京公使馆的肖尔牧师遭暴徒袭击事件为理由，对这个运动提出了抗议。弗雷泽公使说："这起暴徒事件的处理如果不能令英国满意，就停止条约谈判。"

日本政府惊慌失措。外务大臣陆奥宗光在议会发表演讲说："履行条约案来源于陈旧的攘夷论的保守主义，对今后的日本而言，在国际上甚为不利。"紧接着又休会 15 天之后，在临近明治二十六年（1893）年底的 12 月 30 日，终于解散了第五次帝国议会。

但是，从这个时候开始，朝鲜半岛的形势逐渐变得前途莫测了。

自由党左派领导人、"大阪事件"的主谋大井宪太郎

隔着朝鲜半岛

东洋自由党创立之时，大井宪太郎发表演讲说："朝鲜是日本的堤坝。假如这个堤坝决口，不知道日本将蒙受什么样的灾难。"其实，不仅是大井，当时日本的有识之士好像都持有这样的观点。由于看到欧美列强侵略亚洲各国、尤其是清国，日本的政治家们也开始考虑，日本也要进入中国大陆，为了本国的安全确保一个立足之地。特别是朝鲜，因为地理上距日本最近的关系，其存在价值非常大。万一朝鲜落入其他强国之手，日本就会陷入非常危险的境地。俄国也很可怕，但是至少在西伯利亚铁路完工之前对日本没有威胁。当前的强敌，主要还是在"壬午之变""甲申事变"两次事变中把日本的势力从朝鲜排挤出去的清国。而且，清国当时是亚洲第一强国。

在"甲申事变"（明治十七年，又称"汉城事变"）中，日本政治上优先的地位被清国夺走。对朝贸易方面，因为清国商人的缘故，日本不得不后退。虽然对日本来说，对朝贸易还没有那么重要的意义，但是清国在政治上、经济上的优势，对日本来说是极大的威胁。而且，其间围绕"防谷令"（明治二十二年）问题，朝鲜政府在清国代表袁世凯的支持下，对日方提出的要求，一再拖延谈判。这让日本政府和国民非常焦急。

暗杀金玉均事件

却说，继"防谷令事件"之后，明治二十七年（1894）3月，发生了流亡日本的朝鲜亲日派骨干金玉均被刺客诱骗到上海暗杀的事件。各报纸大肆报道这个事件。金玉均的尸体被清国军舰运到朝鲜，被肢解得七零八落后在街头示众。

但是，人们对朝鲜政府这种野蛮的处刑和协助此事的清国，一致发出了谴责的声音。而且，各地响起了"严惩清国、朝鲜！"的呼声。恰在此时，因履行条约案被迫解散了议会的对外强硬派们，正准备在下一次议会上抨击伊藤内阁。但是，接下来由于朝鲜发生了东学党之乱，通过不信任上奏案把伊藤内阁逼得走投无路的议会，仅仅半个月又被解散了。与此同时，对外强硬派们的视线，比起修订条约问题，更为关注朝鲜的现状了。

东学党之乱

看了"防谷令事件"就可以明白，清国对朝鲜内政的干涉愈演愈烈，这给日本的外交和贸易也带来了很大的损失。

日本的商人们虽然各自凭借自己的能力，跟南朝鲜的市场保持联系，勉强维持着盈利，但也开始陷入非常困窘的境地。然而，日本政府虽然充分地认识到了这个问题，却依然没有对清国提出抗议，自始至终采取慎重的态度。

日本国内指责政府这种态度的人开始增多。比如，东洋自由党的大井宪太郎等人，甚至想主动谋划朝鲜政府的改革。就在这时发生了"暗杀金玉均事件"。金玉均本来是朝鲜独立党的首领，自然被反对党当作靶子。因此，日本国内出现了谴责清国固执的做法和日本政府软弱无力的外交姿态的声音。

而且，这时日清两国都致力于发展军事工业，各自都在建设西方式的强大的陆海军。

但是，适逢那年（明治二十七年）的 6 月 2 日，一直受到对外强硬派严厉指责的日本政府，为了解散议会正要召开内阁会议时，朝鲜代理公使杉村发来了一封电报说："朝鲜政府为了镇压东学党，已请求清国出兵。"

所谓东学党，是一个农民的信仰团体，信奉庆尚道庆州的思想家崔济愚宣扬的叫做东学的宗教理论。

针对西方的宗教，东学融合了儒教、佛教、道教三教的精髓，可以说是东方主义的学理。

金玉均肖像（朝鲜独立党的核心人物。流亡日本，但在上海被暗杀）

东学党之乱以类似于农民起义的形式爆发，迅猛发展，蔓延到了朝鲜的全罗道，看样子靠朝鲜政府的力量很难镇压下去。这么说也是因为煽动"东学党之乱"的人，正是清国派遣到朝鲜汉城的袁世凯。

这场叛乱是反对地方官吏贪污税金和增税的农民揭竿而起的。领导者名叫全琫准①，他为东学运动建立了全国性的组织。他打着改革苛政、驱逐外国人、万民福利等旗号，占领了朝鲜全州后，得到了越来越多的农民的支持。但是，他的目的好像还停留在"清除君侧奸佞"的阶段。

东学党叛乱刚一发生，袁世凯就立即请求清国政府出兵。于是，清国命令军队出动，同时根据《天津条约》的规定，向日本政府通告了出兵之事。

日本也马上让恰好在那个时候回到国内的大鸟圭介公使返回朝鲜，之后命陆军少将大岛义昌率领混成旅团出动。所谓混成旅团，是集步兵、炮兵、骑兵、工兵等各兵种为一体的旅团。

关于组建这个混成旅团的过程，据说陆奥外相曾经说："伊藤首相可能会反对我们一开始就派送大军吧？"闻听此言，对于同清国作战一直很有信心的川上参谋长说："我们派一个旅团去就行了。提到旅团，伊藤首相以为就两千人左右，不会反对的。但是，若是混成旅团，兵员可达七八千人，没问题的。"川上为了挽回在"甲申事变"中的失败，决心一举击溃清国军队，把清国的势力从朝鲜赶出去。

6月5日，日本根据战时大本营条例，在东京设立了大本营，下达了动员令。大鸟公使乘坐八重山舰驶向仁川，9日率领陆战队400人进入汉城。这一天，另有第5师团混成旅团的先头部队从宇品出发，12日在仁川登陆。

清国根据《天津条约》向日本通告出兵是6月7日的事情，由

---

① 原文为"全臻准"。

此可见日本的部队是多么迅速地摆好了开战的阵势。

大鸟公使6月9日回到汉城,11日发电报说:"汉城很平稳,恐无正当理由进驻过多的士兵。"他呈报陆奥外相,要求不要派遣后续部队。但是,18日日军6 000人的大部队已经到达汉城。

看到日清两国出兵,声势浩大的东学党之乱也平息了。但是,两国军队继续在仁川(日军)和牙山(清军)对峙,开始进入外交谈判。

日清两国在当地交涉

清国对日军到达仁川感到吃惊,立即命令袁世凯跟大鸟公使就日清两国军队共同撤退进行密谈。同时,看到日军接连不断地侵入局势平稳的汉城,各国公使也受朝鲜政府的委托,提议日清两国的军队共同撤兵。因此,日本军部一直在寻找机会,想方设法制造出兵的借口。为了同清国作战,日本甚至设置了大本营。虽说"东学党之乱"平息了,但是事到如今,好像也不能让派遣出来的大部队平安无事地回国。何况清国的大部队也仍然驻扎在牙山。

在日本国内,伊藤首相在6月15日的内阁会议上提出了一个议案,即向清国提议由日清两国共同负责镇压暴动,镇压之后,两国派出常设委员若干名,进行朝鲜的内政改革。这个议案得到了认可,而且确定了以下方针:假如拿这个议案跟清国谈判的话,日本在谈妥之前不撤兵。

如日本所料,清国拒绝了这个提案,并谴责说这是日本对朝鲜内政的干涉。对此,陆奥外相斩钉截铁地说:"日本不能满足于朝鲜暂时的和平状态,在消除其根本原因之前,不能撤退日军。"表明要和清国断交。

但是,据陆奥宗光晚年的讲述,当时所说的朝鲜内政改革,本来是为了调停日清两国之间悬而未决、存有隔阂的局面而谋划出来的一个政策。因此,当时的日本政府并没有要真正改革朝鲜的计划。

内政改革之类的事情怎么着都行，日本也没有想着改革能够成功。也就是说，那不过是要开战的借口而已。

列强的干涉

针对日本政府这种硬干的做法，列强露出了干涉的动向。但是，伊藤首相和陆奥外相为了巧妙地化解这种干涉，并致使日清开战，多方注意，处处小心谨慎。

但是，俄国首先受清国的委托，提出了非常严厉的照会，说如果拒绝日清共同撤兵，则日本责任重大。然而，日本政府已经向大鸟公使发出了"制造开战借口！"的训令。因此，事已至此，日本不能撤兵。

于是，陆奥外相想了各种言辞解释说："只要保证日本将要进行的朝鲜改革不受干扰就撤兵。总之，日本完全没有侵略朝鲜的意图。"俄国对这个答复大致表示满意。事后回想起这件事时，陆奥宗光说："现在每次回顾当时，都觉得身上起鸡皮疙瘩。"

此外，英国为了防止发生战争，一直打算出面调停日清两国。作为日本来说，由于眼前面临着修改条约的签字，因而考虑为了牵制俄国，也要跟英国携手，就答应了英国的调停。但是，因为清国方面丝毫不肯让步，英国的努力也化为泡影。

跟英国修订条约

说到明治二十七年（1894）7 月 16 日，那是日清即将开战之前，这一天签署了《日英新通商条约》，修订条约这个多年的悬案因此大致得到解决。这个新条约取消了领事审判权和外国人租界，原则上也恢复了关税自主权，成为一个对等的条约。但是，关于附属议定书中列举的 38 种商品需协定关税税率，日本政府不能随意决定。

井上、大隈两个外相主导的修订条约谈判失败后，日本政府也

率领事大党击退大院君一派（"甲申事变"的契机），确立了家族政权的闵妃。

开始把完全恢复法权作为目标。谈判的策略也从之前被视为最大难关的英国开始。而后，青本周藏、榎本武扬、陆奥宗光三个外相先后交接处理此事。其间，日本召开国会，政府和政党反复进行着激烈的抗争。日本政府也在考虑如果条约修订不彻底，就不能令以国会为首的舆论满意。另外，日本的资本主义也有了一定程度的发展，因而预料即使向外国商人开放国内市场，也不大会发生混乱。

于是，日方以这种强硬的态度表明愿望，作为英国来说，为了牵制远东的俄国，也不能不接受日本的要求。

日清开战

当时，日本政府的富国强兵政策步入正轨，国民的国家意识高涨，国内的舆论倾向于主战论。当时的国民还有浓厚的崇拜官员（官吏）和军人的封建思想，这对一部分强烈的主战论者非常有利。

大鸟公使首先把追随清国的闵氏从汉城赶走，迎接大院君到景福宫，将朝鲜的政治托付给他。于是，大院君马上撕毁了跟清国签订的妨碍朝鲜独立的条约。为了赶走在牙山待命的清军，他请求日军援助。

就在这时，日本舰队的部分舰船在丰岛海面遭到清国舰队的炮击，难以容忍。日本舰队立即与之应战，日清两国之间的战争爆发了。

日本陆军不久也开始行动，进攻牙山，把清军从汉城赶到了北方。

8月1日（明治二十七年），两国一宣战，日本陆军就攻陷了平壤，海军在黄海击败了清国的北洋舰队，战局朝着对日本有利的方向发展。

山县有朋陆军大将率领的第一军渡过鸭绿江进入满洲（现中国东北部），攻下九连、凤凰、沂木、海城等城镇后，又攻陷了营口。大山岩大将指挥的第二军在辽东半岛登陆，攻陷了金州、大连、旅

川上音二郎战地见闻日记（凭借通俗歌谣风靡一时的自由民权运动的壮士——川上音二郎也赶赴当地，把战斗的高潮舞台化以鼓舞斗志。早稻田大学演剧博物馆收藏）

顺等地。第二年，即明治二十八年（1895）2月，第二军又在山东半岛登陆，与伊东祐亨海军中将合力占领了威海卫。

这样，日军完全占领了从满洲南部到辽东半岛一带的要地。

战时的日本国民

随着人们身边上战场的人数不断增加，日本国民对战争的关注迅速增多。报纸的新闻报道也从以政论为中心转向以战况新闻为中心。而且，各报纸竞相把国民导向战争狂热。不久，被称作自然主义作家之奇才的国木田独步，战争期间也作为《国民新闻》的特派记者在千代田舰上工作。他以《爱弟通信》的形式撰写从军记，发送到国内。无论什么时代，战时的情况总有相似之处。

日军发起平壤战役的9月1日，日本举行了大选，在设置了大本营的广岛召开了第七次临时议会。这是因为明治天皇在大本营。

民党①方面也停止抨击政府，宣称要通过政治休战协助战争。之后，议会仅用5分钟时间就一致通过了相当于日本两年财政收入的1.5亿日元的临时军费和高达1亿日元的公债征购。

福泽谕吉和涩泽荣一也在财阀和富豪中间四处游说，请他们协助认购国债。结果，第一批国债征购3 000万日元，认购额却高达9 000万日元。

旅顺要塞失陷时，虽然日清之间已经有了讲和的动向，但是福泽谕吉、德富苏峰、田口卯吉等领导者们讲出了振奋人心的话语。他们说："现在还不是讲和的时候。在占领北京，让其签订城下之盟前，我们不能停战。"因此，日本把清国第一次派遣的讲和全权使节赶回去时，据说国民都极力称赞政府英明果断。

---

　　① 民党是帝国议会成立时反对藩阀控制的明治政府的各政党的总称，包括自由党、改进党等。

谋求讲和的动向

伊藤博文首相反对这种舆论。他说："如果攻陷北京，清国政府就会瓦解，各地一定会发生暴动。那样的话，列强可能会以保护侨民为借口出兵。这样，日本也将失去讲和的对象，招致非常麻烦的事态。因此，进攻北京这件事值得商讨。"

根据伊藤首相的这个意见，日军占领旅顺后的作战目标没有指向北京，而是转向了威海卫。

伊藤首相和陆奥外相在日清开战之际就一直担心列强干涉，认为在战争结束之时也必须小心谨慎，讲究对策。

英国和美国从明治二十七年（1894）10 月开始，显示出想出面调停日清两国的动向。那时，清国也已经丧失斗志，在四处打探日本会提出的讲和条件。

日本方面，伊藤首相和陆奥外相之间已经确定了关于讲和的基本条件。但是，他们说如果不跟清国正式的全权大使会谈，就不能表明日方的条件，一直阻止第三国的参与。因此，到了 12 月，清国也无计可施，就任命张荫桓、邵友濂两个人为全权大使，前来求和。

日方通知清国将在广岛举行会谈，决定由伊藤首相和陆奥外相负责谈判。跟清国全权大使的谈判从 2 月 1 日开始，但是日本政府说清国全权大使手里拿的只是一份国书，没有协商讲和问题的全权，就中止了会谈。

这是因为伊藤首相考虑到万一泄露讲和的条件，难免会引起列强的干涉，因而希望和清国政府有实力的人物之间一举完成讲和事宜。

马关条约①

于是，清国政府派遣北洋大臣李鸿章到山口县的马关向日本政府求和。

两国的讲和谈判从那年（明治二十八年）3月开始，到4月份签订了所谓的《马关条约》。

结果，商定了以下各项条件：

一、清国确认朝鲜的自主权；

二、割让辽东半岛、台湾及澎湖列岛给日本；

三、清国分7年分期支付日本库平银（库平是清国纳税用的秤，库平银是指用那种秤称过的质量上等的银子）2亿两（约3.6亿日元）作为赔款；

四、给予日本最惠国待遇；

五、开放沙市、重庆、苏州、杭州的市场和港口，给予日本在长江的航行权。

日本通过《马关条约》，不仅使朝鲜完全脱离了清国的控制，而且把朝鲜置于日本的统治之下，以辽东半岛和台湾为跳板，看上去似乎获得了可以进一步侵略中国的地位。

但是，那时远比清国难以对付的欧美列强，挡在了战胜国日本面前。

三国干涉

《马关条约》签署后不久，俄国、法国和德国三大强国，开始对日本进行干涉，要求日本放弃辽东半岛。

---

① 日本方面一般称之为《下关条约》或《日清讲和条约》。

《马关条约》的第二款明文记载清国把辽东半岛和台湾、澎湖列岛一起割让给日本。但是在签约后第 6 天，即批准条约后仅仅第 3 天的 4 月 23 日（明治二十八年），俄国、法国和德国三国的公使来到外务省拜访外务次官林董，劝说道："日本占有辽东半岛，既有危害中国首都之虞，也让朝鲜之独立有名无实，有碍远东之和平，因此日本应放弃其占领。"

俄国掌握着这次干涉的主导权。在俄国，此前一年（1894）的 10 月，亚历山大三世去世，尼古拉二世继位，财政大臣谢尔盖·维特专权擅势。随着日清会谈在马关取得进展，日本将占有辽东半岛的形势日益明朗化，他提出为了开发西伯利亚，俄国需获得不冻港的必要性。此外，针对日本进军大陆，他极力主张俄国必须以武力反对，最终让宫廷会议作出决断，并倡导欧洲列强进行共同干涉。

英国对这个提案表示拒绝。但是，法国从俄法同盟的情谊出发表示赞成，德国为了把俄法同盟的锋芒转向东方也积极参加，这样形成了三国的共同干涉。

陆奥外相并非没有预料到这种事态，但是对日本政府的大部分人来说，这种干涉完全出乎意料。

4 月 24 日，日本在广岛的大本营召开了御前会议。伊藤首相在会上提出了以下三个方案：

一、拒绝劝告，以三个列强为对手作战。

二、召开国际会议，将辽东半岛问题交由该会议处理。

三、接受劝告，恩惠性地还给清国。

但是，对这三个方案进行审议的结果，第一个方案从日本的抗战能力来说不成议题，第三个方案又被认为太没有面子，最终落实到第二个方案。

陆奥外相病倒，正在舞子海滨疗养期间，接到了伊藤首相的通报。他反对说："召开国际会议，各国是否答应参加很成问题，而且有可能招致新的干涉。"他提议说："原则上说要交换批准书，保持日本的体面和威严，应该考虑与《马关条约》另行处理，归还辽东半岛。"

于是，伊藤首相也赞成这个提案。关于这个提案，得到了天皇的认可。

另一方面，陆奥外相为了挽回大势想尽了各种办法，如延迟给三国的答复、采取让英国、美国、意大利牵制三国的策略以及放弃除金州厅（关东州）之外的辽东半岛等。但是，因为没有得到英国的援助，加之三国的意志也非常坚定，日本最终无计可施。5 月 4日，内阁会议决定永久放弃辽东半岛。第二天，日本将这件事通报给三国。10 日，明治天皇发布诏书，把这个情况告知全体国民。

因为上述情况，日清两国于同年（明治二十八年）11 月 8 日签订了归还辽东半岛条约。作为归还的补偿，日本得到了库平银 3 000万两（相当于 4 500 万日元）。

据说，当时天皇曾对伊藤首相说："夺取辽东半岛，不必着急。迟早还会再战，那时再取也不迟。"但是，政府已经开始对国民高喊"卧薪尝胆"的口号，让他们对增税保持忍耐。

从结果看，三国干涉促使了日俄战争的爆发，而且加速了欧美列强瓜分中国本土的竞争。

当时，正在辽东半岛视察的德富苏峰叹息道："之所以是这样的结果，归根结底也是因为日本国力不足。如果力量不足，无论什么正义公道，都一文不值。"据说，之后他说要纪念一下这里至少曾一度是日本的领土，将一小把小石子包在手帕里带回了日本。

但是，据说内村鉴三批判说："日本要求领土和赔款，就是这场战争绝不是正义战争的证据。"他对自己曾赞成日清战争感到羞愧。

德国和俄法同盟

却说俄国反对日本进入辽东半岛，是因其试图侵略远东，正在铺设西伯利亚铁路，可以说提出反对是理所当然的。德国支持这件事，则是因为看清了欧洲的形势。

据说，德国皇帝威廉二世曾警告俄国皇帝尼古拉二世，说："正如新兴日本的动向所显示的那样，黄色人种可能会像过去的蒙古族一样，在把白人赶出亚洲之后侵略欧洲。白色人种也必须对此有所防备。"这就是所谓的"黄祸论"。

但是，威廉二世之所以这么说，并不是因为害怕黄色人种，而是为了把俄国的锋芒转向亚洲。因此，他阐述了压制黄色人种的意义。总之，这也是为了德国的利益。

这时的德国，俾斯麦已经下台，打算利用奥地利和俄国的利害关系孤立法国的政策也以失败告终。但是，由于资本主义迅猛发展，为谋取殖民地，德国已经开始行动起来。德国的资本转向了巴尔干半岛。

德国和俄国的利害关系对立，俄国为对抗德国，同法国的资本结合。法国为了强调本国的立场，也想利用俄国的军事力量。于是，1894年（明治二十七年）两国成立了俄法同盟。因此，德国想避开俄法同盟的锋芒，为此煽动俄国进军远东，如果能让俄法同盟跟英国对立就更好了。德国一直期望着这样的结果，就主动参加了三国干涉。

这样，欧洲列强对立关系的变化马上影响到亚洲，而亚洲发生的各种事变开始直接改变欧美列强的关系。就是说，世界变得狭小了。

日本扩充军备

日本政府认为要反击三国干涉，最主要的是必须扩充军备。在这一点上，藩阀和政党似乎是一致的。政府把"卧薪尝胆"这个中国的故事作为口号，通过宣传这个口号，向国民灌输复仇思想。因此，扩充军备被视为紧急课题。日清战争后，以军备大扩张为宗旨的预算在第一次议会上得以顺利通过，也是因为有国民的支持。

这项军备扩充计划进一步加速，同时也提前完成了。

日清开战时日本陆军有 7 个师团，明治三十六年（1903）增加到了 13 个师团。此外，海军计划从明治二十九年（1896）到明治三十八年（1905）的 10 年间，建造包括 4 艘战舰、11 艘巡洋舰在内的 103 艘军舰，总吨位为 153 000 吨。该计划也于明治三十五年（1902）大体完成了。与日清开战时的 63 100 吨相比，仅仅用了 8 年时间，就增加到原来的 2.5 倍。在日清战争中获得的赔款，几乎都被这项军备扩充计划花掉了。

清国遭瓜分的危机

且说俄国一直想从清国获得在满洲的特权。在三国干涉中向清国卖了人情后，俄国接下来说："我国借给你们要向日本支付的赔款吧。"但是，围绕着中国，列强各自都想主张本国利益，不甘落后于俄国，纷纷威逼清国。首先是俄法两国借款给清国让其用于支付赔款，紧接着英国和德国也竞相强迫清国借款。因此，清国从这 4 个国家的借款高达 3.7 亿两白银。这个金额是当时清国财政收入的 4 倍。但是，这些借款全部以盐税、关税等做担保，或者以铁路、矿山等的特权为补偿。这种强迫他国借款来攫取特权的做法，确实是一种侵略的手段。

列强的这种特权争夺战，到 1898 年（明治三十一年）可以说是达到了顶峰。首先，德国以传教士被杀事件为借口占领了胶州湾，获得了其租借权以及胶济铁路（从青岛到济南）的筑路权和铁路附属地带的采矿权。

俄国租借了旅顺、大连，法国租借了广州湾，英国租借了威海卫和香港对岸的九龙半岛，与德国对抗。与此同时，这些国家抢夺了很多铁路的筑路权和采矿权，其做法跟德国一样。

因此，日本把这种事态看作是瓜分清国的危机。

美国的要求

可以说，清国已经以租借地和铁路、矿山的特权为中心，开始被欧洲列强瓜分势力范围。而所谓的势力范围，就是已经进入垄断阶段的各资本主义国家的殖民地。而且，当时硬挤入进军远东行列的美国，在美西战争（美国和西班牙的战争）中刚把菲律宾搞到手，就开始关注中国大陆。1899 年（明治三十三年），美国国务卿海约翰要求欧洲列强开放中国门户。这是因为担心美国自身会失去进军中国的机会。

于是，日本也效仿列强的做法，明治三十一年（1898）与清国缔结了不割让位于其新领土台湾对岸的福建省的条约，约定清国不把那里转让或出借给他国。然后，第二年（明治三十二年），八幡制铁所和大冶铁矿之间签订了垄断性收购矿石的合同。

但是，在远东这种极其错综复杂的形势之下，日本开始考虑要进军大陆，就无论如何也要跟欧洲列强中的某一个国家结成同盟。因此，明治三十一年（1898）4 月，西德二郎外相和俄国公使罗森签署了关于朝鲜的各种协定。

但是，俄国只是约定许可日本在朝鲜发展工商业，不阻碍其发展，关于日本希望扩大政治方面的控制力一事则没能达成协议。

在日本国内，三国干涉后不久，伊藤内阁和自由党之间就开始活动，准备相互携手合作。以三国干涉为契机，日本甚至出现了举国一致的体制。

日清战争

凡　　例

◆ 参谋本部编辑的原著《日清战争》规模庞大、内容细致，共八卷、五个分册。因为将其照原貌收录过于繁杂，所以本书汇编为一册。为此，割爱了一部分我们认为不必要的内容，或仅保留其大意。

◆ 已经出版的原著分为《本篇》和《补传》，但是本书没有进行这种区分。因此，编辑的方法也有所不同。请读者谅解。

◆ 原著是用文语体撰写的，我们觉得现代的读者可能会有难以理解之处，因此，在尽量保持原著风格的同时，将其翻译成了现代日语。此外，原著的记述中有"我军""敌军"等词语，为了使本书具有客观性，分别将其修改为"日军""清军"等。

◆ 假名拼写方法也改为新假名。此外，为了使读者更加完整地理解，本书附加了《补遗　日清战争》，同时在我们认为有必要的地方用（　）加了注释。

第一章

战 前 状 况

第一节　战争的起因

■ 朝鲜、清国两国同日本的关系

日清两国交战的直接原因是由于两国围绕朝鲜问题的矛盾。

就是说，日本政府承认朝鲜是独立的国家，想通过巩固其独立地位，相互获得作为邻国的亲密交往。与此相反，清国把朝鲜作为自己的属国对待，一直采取坚决抑制其独立发展的方针。

本来中国具有非常悠久的历史，东亚各国建国之时，中国已经拥有先进的文化。因此，中国自称"中华"，把周边的各个国家视为夷狄，有着夷狄应该臣服中华这种根深蒂固的观念。

在1000多年前的隋唐时代的大约两百年间，日本持续向中国派遣使节，赠答国书。之后，宋朝、元朝、明朝时期，两国的邦交一直呈现断绝的状态。清朝的大约260年间，虽然有清国商人来到长崎做贸易，但是两国没有达到恢复邦交的程度。

朝鲜和日本因为领土邻近等原因，自古以来保持着密切的关系。从4世纪末到7世纪后半期，即在新罗、高句丽、百济并立的三国时代，一直向日本进贡。之后，在自10世纪初到14世纪的高丽时代，朝鲜不遵属国之礼，而且发生过协助元军犯日的事情。但是，14世纪末改称朝鲜以后，向足利幕府递送国书，德川幕府时期也向日本派遣使者。不过，从当时的习惯来说，两国之间没有确定邦交、缔结通商条约。

明治维新以后，日本国运大为昌盛，交通工具也十分发达。因此，前去清国、朝鲜的商人也逐渐增加。于是，日本政府开始考虑同清国、朝鲜两国缔结条约，在密切邻国友好关系的同时，为相互的人员往来提供便利。

■ 日清两国的意见分歧

明治元年（1868），日本政府向朝鲜派送使者，通报日本政情的变化，提议重温旧谊。但是，朝鲜朝廷拒绝了日本的提议，炮击日本军舰，根本不想接受谈判。但是，明治九年（1876），朝鲜终于同日本签订了友好条约（《江华条约》），并派遣修信使向天皇呈递国书，向各国表明了作为独立国家的态度。

另一方面，明治二年（1869），日本向清国递交国书，商定互通友好，签订了友好条约。但是，在日朝谈判期间，清国劝说朝鲜"不许亲近日本"。对日本则继续主张："朝鲜是我属国，但是内政、外交让其自主处理。"日朝之间刚直接缔结条约，清国就要求废除这个条约。日本政府认为清国的这个要求名实不符，就未予理睬，清国朝廷也没有显示出进一步争辩的迹象。

■ "壬午之变""甲申之变"和三个条约

明治十五年（1882）秋，朝鲜军队和民众发起暴动，杀害了朝鲜朝廷聘用的日本陆军工兵中尉堀本礼造，并包围王宫，袭击了日本公使馆。这就是"壬午之变"。

因此，日本政府跟朝鲜朝廷谈判，签订了《济物浦条约》，决定以后日本驻军保护公使馆，而且军队的营房建筑由朝鲜负责提供。日朝谈判之际，清国朝廷再次提出了朝鲜是其属国的说法，试图参与这个谈判，但是日本无视了清国的要求。对此，清国朝廷派军队到朝鲜，把朝鲜国王的亲生父亲大院君扣押到清国，同时干涉朝鲜的内政。这件事情大大助长了朝鲜国内保守派的势力。

明治十七年（1884）12月4日，与想依靠清国的保守派相对立，以金玉均为核心人物的开化派兴起，他们打算改革国政、保持朝鲜独立，为了拥戴国王进行政治革新，请求日本公使保卫王宫。这即是被称作"甲申之变"的政变。这时，清国军队和朝鲜军队一起袭击了王宫。日本军队击退了他们，但是朝鲜国王中途逃到了清国军队那边。日军的营房、粮食被焚烧和掠夺，因为公使馆也被烧毁，公使便撤退到了仁川。

日本政府要求朝鲜朝廷予以赔偿，并要求朝鲜派遣谢罪使节到日本。这时签订的条约是《汉城条约》。

日本政府随之向清国朝廷追究清军袭击护卫朝鲜国王的日军的罪行，要求赔偿。而后签订了《天津条约》，规定撤退日清两国的军队，让朝鲜朝廷训练士兵，自己维持治安。将来发生重大事件，日清两国或其中一国有必要向朝鲜派兵时，需相互以公文告知，如事情平息就立即撤退。

■ 东学党之乱和日清两国的态度

明治二十七年（1894）3月，早先在朝鲜南部地区拥有坚实群众基础的东学党（该派信奉庆尚道庆州的崔济愚首倡的东学，其教义综合集中了佛教、儒教、道教这三教的学说。崔济愚被政府逮捕，1864年被处决。之后，崔时亨宣传其教义）的信徒发动了叛乱。由于当时朝鲜国内政治也不稳定，东学党势力越来越强大，甚至发展到了朝鲜军队无法镇压的程度。于是，朝鲜朝廷请求清国出兵平定叛乱。

日本政府为了保护公使馆、领事馆以及在朝鲜的日侨，决定向朝鲜派遣一个混成旅团，而且给混成旅团发出了训令："不仅要庇护帝国臣民，而且在朝鲜国王、贵族以及在朝鲜的各国官员遭遇危机之际，当然也要加以保护。此外，我国驻朝公使如有要求，也要保护各国人民和朝鲜人。"

日本政府似乎早已预测到根据《天津条约》，应朝鲜朝廷的请求，日清两国军队救援朝鲜军队的时候一定会到来。

但是，6月7日，驻东京的清国公使汪凤藻对日本政府说："清国是应朝鲜的请求出兵平定叛乱，这是为了保护属国。"

东学党党首崔时亨

日本政府答复说："我方对清国这次出兵表示谅解，但是不承认朝鲜是清国的属国。"并且知会清国朝廷："朝鲜的骚乱事态严重，因为要保护侨民，我国也将派遣若干军队。"

清国朝廷 6 月 9 日就这个问题送来了答复："清国为了保护属国肩负有平定内乱的任务，而日本派兵只是为了保护侨民，因此不需要太多兵力。而且日军不能进入朝鲜内地。"

但是，日本政府认为日本早就承认朝鲜的独立，这次派遣军队也是根据之前《济物浦条约》的精神，将此事通知清国也无非是履行了《天津条约》。也就是说，日本不需要清国的答复，况且没有任何理由要为其答复所左右。因此，日本政府决定无视清国的答复函。

之前休假回国的驻朝鲜公使大鸟圭介已经乘坐八重山号军舰在归任的途中，6 月 10 日他率领若干海军陆战队员进入汉城。混成旅团的先头部队正好在清国朝廷的答复送达的那一天从宇品港出发，12 日到达了仁川。清国军队也陆续从本国出发，其中的一部分已经在牙山登陆。

■ 东学党之乱和朝鲜的态度

朝鲜重臣闵泳骏向清国驻朝鲜官吏袁世凯请求援兵时，事实上东学党的势力还没有发展到那么强大的地步。闵氏企图借此强化保守党的势力，袁氏则图谋增强清国在朝鲜的权威。因此，清国和朝鲜两国政府自然都不欢迎日军入朝。一看到日军在仁川港登陆，他们就说"朝鲜政府已经平定了内乱"，要求日本撤兵。然而，实际上内乱一点儿也没有平息。

本来朝鲜的政治就不顺畅，各地接连发生暴动，可以说这几年就没有过安稳的时候。日本政府的看法是：如果朝鲜不革除苛政，显示独立统治之实，将来说不定会发生什么纠纷。这对作为邻国的我国来说也是严重的问题。因此，我国政府希望借日清两国军队驻扎在这里的机会，共同要求朝鲜进行政治改革，永久断绝祸根，确立东洋永远的和平。6月16日，日本向清国朝廷提出了共同改革的议案。但是，清国政府不同意这个提案，回答说："朝鲜的内乱已经平定，因此应该将其内政交由朝鲜自己处理，日清两国军队应该撤兵。"实际上，清国在北洋沿岸发布了戒严令，命令陆军做好出征的准备，打算把陆军、海军的部队送到朝鲜。

朝鲜朝廷以内乱已经平定为借口，想阻止日军入境。但是，日本政府根据准确的情报，知道其说辞不是事实。此外，关于朝鲜的政治改革，虽然清国拒绝合作，但是日本从作为邻国的友谊出发，进而也为了自卫，都不能对朝鲜的现状袖手旁观。因此，日本决定在协商好保障朝鲜未来安全的方法之前，决不撤兵。日本政府通知清国朝廷，日本在朝鲜的军队不能马上撤回。6月23日，又给大鸟公使发出训令，让他劝说朝鲜朝廷进行内政改革。

大鸟公使6月26日谒见朝鲜国王，向其陈述内政改革的必要性，要求会见朝鲜国王选定的改革委员，详细阐述日本政府的改革意见。28日，他向朝鲜朝廷呈送质询："朝鲜是否像清国朝廷宣告的那样，自己承认是清国的属国。"

当时朝鲜的重臣虽然大部分是保守派，都依赖清国的援助，注重过去的礼节和旧例，但是他们没有严词拒绝日本政府的劝告。因此，朝鲜国王于30日发布"罪己诏"，表示"国内政治混乱的原因完全是因为自己无德和有司不思尽职"。

这样，朝鲜国王选出了三名重臣担任改革委员，命令他们与日本公使就改革进行协商。大鸟公使据此提出了关于行政、司法、财政、军制、教育的改革纲领，确定期限跟委员会谈，说明了改革的要点。但是，朝鲜朝廷的本意绝不是想发自内心地改革政治，而是想随便应付一下，避开日本政府锐利的锋芒。因此，委员们都没有决定权，只是闪烁其词，白白地拖延时日。他们最终在7月15日开口说："如果日军撤退的话，之后朝鲜朝廷自身将实施改革。"

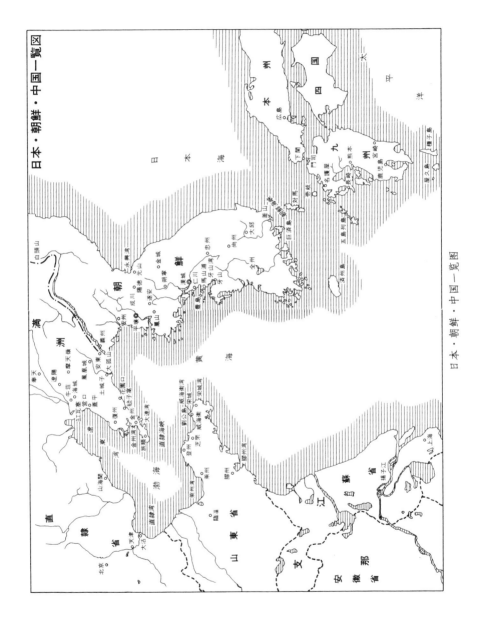

日本・朝鮮・中国一覧図

■ 俄国、英国的态度

在此之前，俄国驻清国公使为了在日、朝、清三国之间调停，曾应清国朝廷的请求，前来试探日本政府的意向，问道："如果清国撤退朝鲜派遣军，日本是否也同时撤退军队。"

对此，日本政府表明了以下宗旨："如果清国真正下决心与我国共同进行朝鲜政治的改革，或者清国即便不这么做，也在保证不阻碍我国实行朝鲜政治改革之后再撤军的话，我国军队也会撤出去。"

此外，英国驻清国公使也问日本政府："假如清国政府对日本政府的提议有想再议的意向，日方是否准备回应。"

日本政府对此回答道："如果清国同意由日清两国派遣共同委员推进朝鲜政治改革，我国也不会拒绝再议。"英国公使在清国政府的授意下，告诉日本驻清国公使小村寿太郎："清国政府希望跟日本公使会面，协商打算向日本政府提议的事项。"

但是，清国总理大臣根本没打算向小村公使提出新的议案，坚决主张："在日军撤退之前，不会有任何提议。"

于是，日本政府7月12日进一步通告清国政府："清国先是拒绝了共同改革的提议，现在又无视英国公使想统一日清两国意见的好意，依然只主张撤出日本军队，丝毫不愿接纳日本政府的意见。这是因为清国自己好事，将来由此产生的事态，应该全部由清国负责。"同时，给大鸟公使下令，让他设法促进朝鲜政治改革。

俄国之后曾数次来劝告、提醒，但是对日本政府的说明，只是在7月13日递送了如下建议："希望日本向朝鲜要求的事情，不要违背朝鲜作为独立国家跟各国签订的条约。"

另一方面，英国驻清国公使通过在东京的英国代理公使通告日本政府说："清国政府虽然对12日的通告颇感不快，但是假如日本政府还有想维持和平的意向，也并非没有重新继续谈判的希望。"接着又转告说，清国提出了一个日清共同改革的方案，如果日本在7

月 20 日之前不作出决定，将向仁川派遣 12 000 名清军。

■ 最后警告

日本政府不得不承认事情至此已经到了重要关头。

7 月 19 日，日本政府通过英国公使对清国政府发出了警告："今后即使派遣日清共同委员，也不能追溯审议迄今为止我国政府已独立完成的事项。如果清国政府认可这一点，并在自现在起 5 天的期限内提出合适的建议，日方对此不惜作出相应的考虑。但是，如果清国这时要增兵的话，我国政府将把这看作是恫吓行为。"

日本政府把这当作最后警告，同一天给混成旅团长发出了命令："如果清国今后仍继续增兵，允许你自行处置。"这一天，日本政府还命令海军联合舰队控制朝鲜西海岸海面，阻止清国增派军队。23日，联合舰队从佐世保出发了。

对于 19 日的警告，日本最终没能从清国政府得到任何回应。根据配属清国公使馆的陆海军武官的报告，搞清楚了实际情况是 20 日、21 日和 22 日，清国在源源不断地向朝鲜运兵。事已至此，和平解决事态的希望已经破灭了。

大鸟公使一直致力于朝鲜的政治改革，他看到的现状是朝鲜政府无论何事都要通过清国的权威巩固其地位，尽最大努力不违背清国朝廷的意愿。他由此痛感要进行朝鲜的内政改革，首先有必要切断清国跟朝鲜两国政府之间的难解之缘。因此，7 月 20 日，他劝告朝鲜政府对于清国和朝鲜签订的条约，哪怕是稍有损害朝鲜独立的条款，全部予以废除。同时，他劝朝鲜抵制以保护属国的名义派来的清国军队，公开日朝对等条约中明示的自主独立的内容。

但是，大鸟公使认为要解决这么重大的问题需花费相当时日，因此，为了以防万一，他打算调动驻扎在龙山地区的混成旅团的一支部队在 7 月 23 日拂晓进入汉城，令其在王宫北方的山地宿营。

这支部队通过王宫东侧时，突然遭到王宫的卫兵和附近朝鲜军

清国全权大使李鸿章

队的射击，日朝两国军队意外地在这里交战了。日军最后赶走了朝鲜军队，开始守卫王宫。朝鲜国王得知事态已经极其严重，就让大院君考虑善后措施，同时召见大鸟公使，委托他作为大院君的顾问帮助处理此事。第二天，大院君更迭了内阁成员。25 日，他通告清国领事唐绍仪（袁世凯的代理人）废除与朝鲜国的独立相矛盾的清朝条约，委任日本公使代办负责驻牙山清军的撤退事宜。

同月 25 日上午，日本的联合舰队在丰岛近海遭遇清国军舰，双方打了一仗。日本和清国之间已经到了要摊牌的地步。

第二节　日清两军的军制

清　军

■ 清国军队的统帅

清朝自建国之初开始，皇帝作为全军的首领实施统治。但是，之后皇帝成为名义上的首领。国内发生事端时，皇帝特命各省总督或将帅负责征讨逐渐成为常例。日清战争期间，直隶总督兼北洋通商大臣李鸿章专门负责处理战事。

作为统帅清国全军的机关，直接隶属于皇帝的官衙是军机处和兵部。但是，日清战争爆发后，明治二十七年（1894）11 月上旬，清国设立了督办军务处作为军务的中枢部门，掌管与本次战事有关的军令。该机构正好相当于日本军队的大本营。

平时，陆军各部队分头驻扎在各省的要地，隶属于管辖地的总督（在东三省为将军）。直隶总督兼任北洋通商大臣，担负北部沿岸（山东省以北）的防务。因此，在其管辖地域之外，还指挥驻扎在防务要地（如旅顺口、大连湾、威海卫、胶州湾等）的军队。此外，防务上如有必要，他拥有训令北部各省总督、将军的权限。两江总督也兼任南洋通商大臣，担负南部沿岸（江苏省以南）的防务。因此，南部各省的总督根据防务上的需要，必须接受其统帅指挥。

这样，清国军队的指挥权在文官、武官两派手里。即使是最高级别的武官，也不过是战术上的指挥官。战略上的指挥大体由文官即总督和巡抚等负责。就是说，清国形成了有事之时由没有军事工作经验的文官指挥大部队的制度。在日清战争中，提督叶志超、宋庆等武官指挥着一个地区的大部队，这是非常罕见的事例。

■ 练军和勇军

清国建国时确立了叫做八旗的军制，属于八旗的人叫旗人，世代享受俸禄。此外，还有八旗之后产生的叫做绿营的军制，绿营全部由汉人组成。与八旗兵仅在战时编成军队不同，绿营平时也隶属于总督、巡抚、提督、总兵、将军等，担负地方警察之类的工作。据说八旗有 20 万人，绿营有 50 余万人。

但是，八旗和绿营创建以来经过两百余年，其编制、训练都没有进步，等于说已经没有了作为军队的价值。因此，在日清战争中，清国政府主要依靠的是勇军（勇兵）、练军和新兵。勇军是嘉庆（元年是 1796 年）初年平定白莲教徒的叛乱（平叛耗时 7 年）时，为了弥补八旗、绿营的兵源不足开始招募，在咸丰年间（元年是 1851 年）太平军横行时招募壮丁创建。当时，八旗、绿营的士兵发挥不了作用。因此，招募各地的壮丁进行训练，在平定太平军时建立功勋，勇军的威名超过了八旗、绿营。当时，一般命名为乡勇，或者冠以地名，称为楚勇、湘勇、淮勇。之后，开始称作楚军、湘军等。

这些勇军是用于救急的临时性编制，因此不在军费经常支出的范围之内。平定太平军以后，清国保留下了若干功绩卓著的勇军，其余的大部分都解散了。因为当时的八旗兵、绿营兵多数不能打仗，便从八旗兵、绿营兵当中挑选特别健壮的士兵编制成军，这就是练军。练军、勇军都冠以驻地的地名或创建时首领的名字，或者以雄壮的文字命名，完全没有编制番号。

练军、勇军都分为步兵和骑兵两种类型，野战炮兵编制在步兵营中，让步兵营中的士兵使用要塞炮。而且，清军没有工兵、辎重兵的制度。步兵营中有一种叫做长夫的不拿枪械的士兵，从事野战工兵和搬运行李等工作。

各营以参将（相当于日军的中佐）、游击（少佐）、都司（大尉）为首领，称作营官。一个营大体划分为五哨或三哨，以都司或守备（中尉）为哨官，有时也以千总（少尉）为哨官。一个营的人员大约为500名。把这样的几个营合起来称作军，命名为前军、后军、左军、右军、中军等，以总兵（少将）或副将（大佐）为指挥官。进而把几个军合起来，由提督（中将）指挥（称作陆路提督，与水师提督相区别）。

■ 兵员补充、教育、给养、兵器

清国军队依据佣兵法进行兵员补充，但是由于清国原本缺乏尚武的风气，兵员多是下层阶级的子弟。而且，由于服役的年限不确定，使得老年兵和壮年兵混杂在一起，有人不能胜任同样的军务。因此，教育、训练的程度也参差不齐。

北洋大臣（北洋通商大臣的略称）属下的驻守北洋沿岸的各部队以及南洋沿岸的若干个营，在中法战争后聘请了外军军官，大多接受了外军的训练，成为清国军队中最精锐的部队。除此之外，清国还有由接受过外国军官教育的清国军官训练出来的练军、勇军。这些部队基本上熟悉近代的战法，但是其他部队因教官不足，接受教育的时间短，还停留在非常幼稚的阶段。

清国把一个军或者把几个营合在一起，配备财务官，设置医务官，处理给养、治疗、卫生事务。但是，财务官是纯粹的文官，他们与高等官衙相联系，负责军队的给养和弹药补给等。

此外，军人的薪俸非常微薄。至于哨官以下的军人，因为不能靠薪俸维持其体面，产生了各种弊端，致使军纪涣散。而且，医务官缺额很多，患者要自己负担医疗费用。即使在战时也是如此。兽医也缺额很多。

清国军队拥有的兵器种类繁多。极端的场合，一个营之中就混用数种兵器。其中，最多的兵器是"毛瑟"式步枪和"克虏伯"式野山炮，里面混杂着"雷明顿"步枪、"夏斯波"步枪、"史奈德"步枪、抬枪（两个人使用的枪）和机关炮，并且还有人携带着大刀、长矛、旗帜等。一个营大概有 500 名战斗人员，大约有 300 支枪。

■ 战时的兵力

练军、勇军以营为基本单位，通常 500 人编成一个营，然而实际上有很多营不足 500 人。而且，有些部队不称作营而称作军、勇或旗、队等，制度杂乱无章。各部队的人员也有很大差别。清国把分别驻屯在各省的军、勇、旗、队等，根据其大小拆分或合并，将其改为营的建制后，步兵约 862 个营，骑兵 192 个营，总人数为 40 余万。这是日军当时用于动员计划的基础推算出来的清军人数。根据战后详细调查的结果，可以认为最确切的数字是一个步兵营平均 350 人，一个骑兵营 250 人。这样计算一下，其兵员总数约 35 万人。

日清战役初期，清国命令练军、勇军做出征的准备，出动了隶属北洋大臣指挥的淮军和东三省的一部分八旗军、练军。另一方面，清国大量招募新兵加入现在的军队，并着手组建新的军队。为了组建新军，清国拉出了在征讨太平军和山东白莲教教徒时立下战功的老将，又下令屡次征战的文官召集雇佣兵，让这些老将和文官担任指挥官，委任候补武官当营官和哨官。候补武官是通过捐钱和考试取得资格的，他们中有很多人是在等候空缺时被录用。

这样召集起来的新兵大约有 63 万人，因此，日清战争期间，清国陆军大约是 98 万人。但是，清国的领土幅员辽阔，这些兵力分散在各个省，因交通运输不便，不能赶来应急，实际上有不少人不能用来打仗。

■ 海军

清国政府下决心创建海军，是在咸丰至同治（同治元年是 1862 年）年间。1863 年，清国在福州、上海设立船政局，在福州的船厂开办造船学校和海军学校，招聘欧洲人当教师。但是，事业迟迟不见进展。1875 年，清国购买了 8 艘炮船组成北洋水师。同时，为了长江（扬子江）的防御，又购买了 2 艘中、小型铁甲舰，奠定了南洋水师的基础。到 1880 年，清国缩减了自古就有的河防水师，又削减绿营发展海军，决定购买 4 艘铁甲舰加入北洋水师，并开始着手经营旅顺军港，建设炮台。

1884 年，清国开始跟法国交战时，委托德国建造已经竣工的镇远号、定远号等军舰还没有到达国内。因遭受法国海军舰队司令孤拔率领的 10 艘军舰的攻击，清国的扬武号等 9 艘军舰被击沉，船政局也遭到炮击。另外，清国赴台湾增援的澄庆舰、驭远舰也被法国军舰炸沉。

此后，清国政府有意扩充海军。1885 年开始建造威海卫炮台，翌年旅顺口的工程竣工。而且，镇远、定远两艘战舰和济远号巡洋舰也到达国内。1887 年，清国与英国、德国的船厂签订了建造致远、靖远、经远、来远 4 艘巡洋舰的合同，同时开始建设大连湾炮台等。清国的海军力量至此实现了飞跃性的增长。

清国的海军划分为北洋、南洋、福建、广东 4 个水师。其中，北洋水师隶属于北洋大臣，以威海卫湾为基地，包括旅顺口、大连湾在内，担负北洋的警备，是最重要的水师。南洋水师隶属于南洋大臣，以吴淞为基地，警备江苏省沿岸和长江。福建水师隶属于闽浙总督，以福州马尾为基地，警备浙江、福建、台湾三省沿岸。广东水师隶属于两广总督，以广州黄埔为基地，警备广东省沿岸。

各个水师下属的军舰总计 82 艘，鱼雷艇 25 艘，总吨位接近 8.5 万吨。除此之外，还有若干艘武装运输船。在这些水师当中，整个北洋水师（22 艘军舰、12 艘鱼雷艇）和广东水师的广甲号、广乙号、广丙号 3 艘军舰，直接参加了日清战争，其他水师仅仅做了出战准备。

北洋水师训练非常严谨细致，战斗准备也很充分，东洋各国舰队都十分敬畏。但是，其他 3 个水师不但舰船的威力不及北洋水师，而且训练和战斗准备的程度也远远比不上北洋水师，很难在外海作战。不过，前面提到的广甲号、广乙号、广丙号 3 艘军舰稍微好一些，因此，广东水师把这三艘军舰编为一队，每年派遣到北洋水师，进行联合操练。

日　军

■ 日本的军制

日本的军事自中古①以来长期委托给武士负责，明治维新后为天皇所总揽。最初是召集旧藩的武士，组成一种志愿兵，部署在近卫（当时称作御亲制）以及六个镇台。说到海军，不过是把幕府和各藩之前所拥有的破旧军舰集中起来而已。当时的国民还没能完全摆脱"军事是士族的工作"这种旧观念。

明治五年（1872）颁布的国民兵役义务法，即征兵令，彻底打破了这种旧习。根据征兵令，决定从全体国民的壮丁中招募陆海军兵员。之后，经过几次修改，根据日清战争时的征兵令，日本国民凡年满 17 周岁到 40 周岁的男子都有服兵役的义务。兵役进一步划分为常备兵役、后备兵役和国民兵役，常备兵役又进一步划分为现役和预备役。现役 2 年，服役对象是年满 20 岁的国民，17 岁以上者根据志愿可以服现役。预备役 4 年，服役对象是服完现役的人。后备兵役 5 年，服役对象是服完常备兵役的人。国民兵役的服役对象

---

① 在日本历史上，中古时期主要指平安时代（794—1192），有时也包括镰仓时代（1185—1333）。日本武士诞生于平安时代中期。

　　从全国各地选拔组建而成的天皇近卫军近卫师团，司令部设在皇居北之丸。
照片上的建筑物建造于明治四十三年，现在是东京国立近代美术馆工艺馆。
昭和四十七年被指定为重要文物。下面的照片是步兵第一联队遗迹。

是年满 17 周岁以上、40 周岁以下，不符合常备兵役和后备兵役条件的人。

此外，从颁布征兵令的时候开始，日本在陆军设立了一所军官学校、一个教导团，在海军设立了一所海军学校、三个海兵团①，负责干部的培养。

日本陆海军的编制也以征兵令颁布时的编制为基础，之后进行了几次修改。

日清战争时，陆军扩充改编了六个镇台，把全国除北海道之外的地区划分为六个师管，每个师管配置一个师团。

第一、第二、第三、第四、第五、第六师团司令部，分别设在东京、仙台、名古屋、大阪、广岛和熊本。此外，为了守卫首都，在东京部署了一个近卫师团，在北海道部署了屯田兵团，在对马部署了警备队。从第六师团交替派遣一个步兵中队到冲绳，担负那里的警备。

日本海军是把全国的海岸划分为五个海军区，第一海军区隶属于横须贺镇守府，第二海军区隶属于吴镇守府，第三海军区隶属于佐世保镇守府，第五海军区临时归属于横须贺镇守府，第四海军区临时归属于佐世保镇守府。海军把部分军舰编成常备舰队直属于天皇，其余的则作为警备舰、练习舰，分属于三个镇守府。

■ 战时的兵力

根据明治二十六年（1893）修订的战时编制，陆军有现役、预备役和后备役人员，编成野战队、守备队和补充队，而且决定必要时编成国民军。该编制从明治二十七年的动员计划开始实施。

一个野战师团由 12 个步兵大队（近卫师团是 8 个大队）、2 个骑

---

①　海兵团是旧日本海军部署在各镇守府的陆上部队，担负军港的防卫，补充海军下士官和士兵的缺额，并负责下士官和新兵的教育训练。

兵中队、6 个炮兵中队（4 个野炮中队、2 个山炮中队，但是近卫师团只有 4 个野炮中队）、2 个工兵中队（近卫师团是 1 个中队）组成，给其配备足以独立展开作战行动的各机关和辎重。每个师团总员额含军官为 18 492 人（近卫师团为 12 095 人），马 5 633 匹（近卫师团为 5 760 匹），作战人员中的步兵上等兵以下为 9 600 人（近卫师团为 5 760 人）、骑兵上等兵以下为 300 人，野炮 24 门，山炮 12 门（近卫师团没有山炮大队）。因此，日本 7 个野战师团的总员额含军官合计 123 047 人，马 38 009 匹，上等兵以下的作战人员中步兵为 63 360 人、骑兵为 2 121 人，野炮 168 门，山炮 72 门。

在作战方面，根据需要可以把几个师团合并起来编制成军，给军队配备野战电信队和军兵站部。军和独立师团直属于大纛，大纛所在地称为大本营，参谋总长担任大本营的幕僚长，受命参与谋划统帅全军。

守备队由诸后备队、屯田兵团、要塞炮兵队、对马警备队组成，其任务是守备要塞、边疆要地以及补给线。

这样，当时的日军动员编成了如前所述的各部队，可以调动总员额 220 580 人、47 221 匹马和 294 门野炮。

但是，有时在现实当中要被迫变更编成，比如出于用兵上的需要增加某师团的人员。另外，在朝鲜半岛因为可以使用野炮的地方很少，炮兵联队全部采用山炮编制；在中国北方因为很难得到马的饲料，必须尽量减少马匹的数量，辎重便随之越来越多地改用车辆编成；等等。

日军实际参与了日清战争的人员，最终统计结果如下：

军官・同等人员	6 766 名
准士官・下士・同等人员	23 923 名
士兵	209 927 名
合计	240 616 名

除此之外，还有高等判任文官、雇员、佣员等 6 495 名。另外，

雇用的军夫达到 10 万人以上。

■ 兵器

日本隶属于野战师团、屯田兵团和对马警备队的步兵，全员携带村田式步枪，后备队则携带"史奈德"步枪。村田式步枪分为明治十三年式和明治十八年式，口径 11 毫米，初速 460 米，最大射程 2 400 米。明治二十七年，日军虽然已经开始装备口径 8 毫米、初速 594 米、最大射程为 3 112 米的村田连发步枪，但是还没有配发到全军，只有近卫师团和第四师团配备这种步枪。

持有村田单发步枪的步兵，每人携带弹药 70 发，大队的辎重部队和辎重队①分别为每人准备 30 发和 100 发子弹，合计每人有 200 发子弹。

后备步兵队携带的"史奈德"步枪，口径 14.9 毫米，初速 359 米，最大射程 1 800 米，是村田式步枪定型前日军普遍装备的武器。

骑兵配备的是村田式骑兵步枪，每人携带 30 发弹药。但是，下士不携带步枪而佩带手枪，每人携带 36 发弹药。后备骑兵队则携带"斯宾塞"步枪。

野炮和山炮都是青铜炮，由大阪炮兵工厂铸造，口径 75 毫米，自明治十八年以来开始装备部队。野炮初速 428.6 米，最大射程 5 000 米。山炮初速 256.6 米，最大射程 3 000 米。

野炮由 6 匹马牵引，山炮则把炮身和炮架拆开，装在 3 匹马背上搬运。每门野炮携带的弹药是 142 发，山炮是 144 发，辎重队为每门野炮、山炮分别准备大约 144 发弹药。因此，在不等待后方补给时，每门野炮有 286 发弹药，山炮有 288 发弹药，处于随时可以使用的状态。

---

① 旧日本陆军的辎重部队有两种：一种叫做"小行李"，隶属于战斗部队，负责运输弹药等直接用于作战的物资；另一种叫做"纵列"，隶属于辎重队，负责运输弹药、粮草等。大队的辎重部队属于前者。

帝國軍艦松島號

日本军舰松岛号（和严岛号、桥立号一起被称为三景舰。纸博物馆收藏）

工兵携带的步枪与步兵相同，辎重兵携带的武器和骑兵相同。但是，工兵携带的弹药是 30 发，辎重兵则是 15 发。

■ 海军

日本自明治五年以来大力扩充海军，改变制度，建造新舰。日清战争开始前，日本海军拥有军舰 28 艘，吨数为 57 631 吨，还有鱼雷艇 24 艘，吨数为 1 475 吨，所以总吨数达 59 106 吨。此外，有 3 艘西式帆船舰。这些舰艇当中，旗舰松岛和高千穗、千代田、高雄、大和、筑紫、赤城、武藏编成了常备舰队，其他舰艇在所属的镇守府担负各种公务。

除此之外，当时的日本海军在日本邮船会社拥有的轮船中，武装了西京丸、山城丸、近江丸、相模丸 4 艘轮船，代做军舰使用。因此，这些轮船当然也要列入日本海军的战力。

战争期间日本缴获的清国海军舰艇有 12 艘，吨数合计达 18 015 吨。但是，战争中只使用了其中的一艘操江号军舰。其他舰艇需要维修，再加上乘员不足，在日清战争中没有发挥作用。

当时，日本向英国订购、正在建造的有 2 艘一等铁甲战斗舰（富士、八岛）和 1 艘水雷炮舰（龙田）。其中，龙田舰已经完工，于明治二十七年 7 月 31 日驶离英国。但是，8 月 1 日日清两国正式宣战，英国政府声明保持局外中立。因此，8 月 28 日，龙田舰归航途中被扣留在亚丁。明治二十八年 1 月 20 日，龙田舰被放行，于 3 月 19 日到达横须贺军港，21 日编入西海舰队。所谓西海舰队，原本是日清战争爆发后编成的警备舰队，之后改为这个名称。

当时日本国内也正在建造 2 艘巡洋舰（须磨、明石）、1 艘通讯舰（宫古）、2 艘鱼雷艇（第 24 号、第 25 号）。第 24 号鱼雷艇于明治二十八年 1 月 15 日竣工，第 25 号鱼雷艇于同年 2 月 28 日竣工。此外，明治二十七年 11 月 15 日，日本在美国纽约签订了从弗林特商会购买和泉舰①的合同。该舰同年 12 月 8 日从智利出发，明治二十八年 2 月 5 日到达横须贺军港后，立即动工修理，于 3 月 25 日编入西海舰队。

清 军 的 状 况

■ 整备战时体制

为了平定朝鲜东学党的叛乱，清国政府于明治二十七年（1894）5 月 6 日至月底，命令陆海军的一部分部队加强战备、准备出征。之后，6 月 3 日夜晚，命令直隶提督叶志超指挥的军队和北洋水师的一部分军队出征朝鲜。清国政府考虑到朝鲜内乱以后马上会演变成日清两国的纠纷，便于 6 月 6 日督促沿江、沿海各省加强警戒，特别给北洋水师提督丁汝昌下达圣旨，令其做好战斗准备。随后，清国政府得知日本要向朝鲜派遣一个混成旅团后，于 11 日命令山东巡抚福润完善威海卫炮台和芝罘炮台的防卫。

6 月 27 日，清国政府命令山东、浙江、广东三省调查当前的兵勇。28 日，获悉日军混成旅团第二批运输兵力已到达仁川，就进一步命令全国各省调查当前的兵勇，做征用的准备。

6 月 11 日，北洋大臣督促盛京将军制定奉天省防备计划，并迅速上报。13 日，北洋大臣给两广总督李瀚章发电报，要求他立即整备各军舰，以备有事之时。15 日，转告旅顺诸军总统领做好所属各部队的战备工作。进而 16 日命令盛京将军警备国境，18 日、19 日前后，密令驻屯小站的盛字军（步队 13 营、骑队 2 哨、炮队 2 哨，司令官是总兵卫汝贵）和驻屯北塘的 5 营（司令官是统领吴育仁）的各部队开赴朝鲜，计划让其中的一部分部队 6 月 25 日出征。但是，20 日前后，有关出征的夸大其词的传闻流传到外界。这条消息

---

① 原为智利海军的埃斯美拉达号防护巡洋舰，1884 年由英国阿姆斯特朗公司建造完工。日本购买后，改名为和泉号。

和 20 日总兵林泰曾率领的舰队从威海卫军港出发以及 20 日从大沽出发的马队、步队的动向等情况，都引起了日军的极大关注，使其认识到清国政府的本意是一门心思打仗。

之后，清国政府预料到英国和俄国的调停难以奏效，因此，7 月 3 日给刘坤一、张之洞下达诏书，命令他们发电文上奏水陆各军的准备情况和水陆两军现在的状况。

此外，李鸿章在 4 日、5 日两天，给驻扎旅顺口的各部队以及山东省新组建的炮兵发放新式武器。全国各省的水陆各军，分别忙于防备和做出征准备。而且，同月 5 日，清国政府给户部、内务府和北洋大臣下达诏书，命令迅速做好战备，指示把西太后庆典费用的百分之七十充作军费。这样，14 日，清国把为了参加西太后庆典聚集到北京的文武大臣召集起来，确定了开战的议案。会议决定首先把陆军集中到平壤附近，歼灭在朝鲜的日军。为此，决定海军掩护陆军的海路运输，同时策应在朝鲜的陆军。

当时，驻扎在北洋沿岸和东三省的军队中，可以立即投入战斗的部队，有盛字军、通永练军、义胜营、仁字营、正定练军、庆字军、毅字军、铭字军、绥字军、巩字军、北洋护军、嵩武军、广武军、奉军、盛字练军、吉林吉字练军、黑龙江斋练军的 145 营（含水雷营管 7 营）和 3 哨。

另一方面，北洋水师于 7 月 9 日完成战备，南洋水师由之前的安徽省寿春镇总兵郭宝昌新任司令，集中 5 艘小巡航舰和 4 艘炮舰到吴淞炮台附近，担负长江（扬子江）河口的警戒。7 月中旬，清国政府进一步从南洋水师派遣南琛、威靖两舰到台湾，并命令广东省南澳镇总兵刘永福率广、勇两营奔赴台湾，做好了防备态势。

北洋大臣从陆海两军的这些状况考虑，确定了要集中到平壤的陆军各部队，指示了运输方法。据此，盛字、毅字、奉军、盛字练军，7 月下旬从驻地出发前往平壤。

■ 第一批赴朝军队登陆

直隶提督叶志超奉北洋大臣之命征讨东学党。6月3日夜，叶志超下令军队分别乘坐图南号、海晏号、海定号3艘轮船，6日至8日先后从大沽和山海关出发，赶往朝鲜牙山。士兵合计2 465名，山炮4门，臼炮4门。这是清国派往朝鲜的第一批军队。

叶志超从山海关出发时，给李鸿章的幕僚发电报，请求他待先出发的图南号回港后，把芦台的350名步兵和从古北口练军马队选拔的50名骑兵派送到朝鲜。

图南号6日从大沽出发，8日到达牙山湾。作为指挥官的总兵聂士成，令先期到达的平远舰担负警备，让士兵登陆。9日，部队前进至牙山，在这里扎下大营，等候叶志超的到来。他们计划跟叶率领的各部队会合后朝全州方向前进，开始扫荡东学党。但是，10日凌晨，在汉城的袁世凯发来通知，说朝鲜国王因朝军已取得胜利，希望清军停止前进。李鸿章因日军派兵，担心发生不利事态，希望清军暂时驻屯在牙山。聂士成不得已停留在牙山附近，决定等待后续命令。

后出发的海晏号、海定号先后于9日上午、10日下午到达牙山湾，但是好像12日全体士兵才全部登陆。叶志超11日登陆，到达牙山。

叶志超此前从山海关出发时，曾催促李鸿章派遣他请求的后续部队。这支部队22日从大沽出发，24日到达牙山湾，25日登陆。部队合计有400名士兵、70匹马。

但是，聂士成反对叶志超招来这些步队、马队，他坚持说："日清之间的谈判决裂之际，我军必须再度派遣大军。现在仅招来300名左右的士兵，没有任何作用，反而徒给日本提供新的借口。"据说，叶志超最终也听从了这个建议，23日给在天津的张士珩发电报，打算让他中止派遣，但是已经来不及了。

事实上，这次出兵碰巧起到了证实当时正在流传的传言——

"清国好像要增派五六千人的大军"——的作用。这坚定了日本政府的决心，其最终导致的结果是日本把在仁川的日军第一批运输的各部队移防至龙山，让第二批运输的各部队从宇品港（广岛港）出发。

■ 第一批赴朝军队的动向

叶志超一到牙山，就马上派遣一个支队前往全州方向，去侦察东学党的情况。这个支队 6 月 14 日到达全州，送回来的报告说：东学党余党潜伏各地，如果不一举歼灭，有可能死灰复燃。但是，当时李鸿章从跟日本谈判的角度来说，不愿意把清国军队推进到朝鲜国内。另一方面，聂士成说："如果日清两国谈判进展顺利，平稳解决，决定撤军，到了那个时候，看样子我们很难留下功绩。"他跟叶志超商量后，决定进军到全州地区。

聂士成亲自率领 1 000 名步兵、骑兵，携带 3 门大炮出发，29 日早晨到达公州。东学党在全罗道西南地区一带频繁出没，其势力明显非常强，因此，聂打算继续前进。但是，袁世凯考虑到跟日本的谈判，不愿意让大部队前进，劝告聂驻扎在公州，派出数百名步兵、骑兵进行侦察，如果没有东学党出没，就返回牙山。

聂士成决定听从劝告，但是袁世凯又发来急电："朝鲜政府有二心，找了东学党已解散的借口。你部火速返回牙山！"大概是袁看到朝鲜政府有要接受大鸟公使提出的内政改革要求的迹象，又闻听日军后续部队即将在仁川登陆，感到有必要把本国的兵力集结在一个地方。但是，聂打算暂时驻扎在公州，见机行事。7 月 1 日，聂接到了去全州的支队长的报告，说全罗道的叛军闻听清国军队向前开进就解散了，但他仍然滞留在公州。

这样，聂士成 7 月 6 日接到袁世凯的电报："据说李鸿章为撤退军队派遣了船只。你做好撤退准备！不过，这事在当前还是秘密。"因为也收到了叛军已经平定的报告，聂便于 10 日上午回到牙山。电报里说的撤军，之后最终没有落实。清国派到朝鲜的军队就集结在牙山附近，继续驻扎在这里。

清国政府鉴于形势的变化，7月1日咨询李鸿章可否撤退在牙山的军队或把军队转移到仁川。2日，在汉城的袁世凯向李鸿章呈送报告，陈述了让清国军队长期驻扎在牙山的不利之处，建议应火速把军队转移到鸭绿江或平壤，等待清朝大军的到来。李对此答复说："应该把军队转移到平壤，还是应该撤退至本国另图大计，需等待朝廷会议的决定再作决断。"这可能是袁给聂打电报的背景。

■ 李鸿章的逡巡

叶志超起初请示李鸿章，说想把兵力转移到汉城和仁川，没有得到许可。但是，7月3日，他打电报说："希望进一步把兵力转移到水原地区，跟在汉城的日军对峙。"

6日，李鸿章发了如下回电予以劝诫："当前英俄两国正在调停，你部暂时停留在牙山等待时机。如果发生战争，我打算出动船只把兵力转移到边境，另图大计。因此，这时你绝不能做会引起争端的事情。听说日本已经做好了国内国外的战备，我们的战备还没有完成。你不要做我方挑起战端之类的事情。"

7日，叶志超重新提出了与之前几乎相同的请求，同时向李鸿章呈报："希望火速增派大军。日军软弱，病员也很多。他们那些人不足为惧。"

8日，李鸿章解释说："我们现在不马上增兵，不是说日军强壮而害怕他们。这是因为朝廷命令我方不得开启战端，因此不可违背。"李进而答复道："现在各国谋求和平，正在尽力让日本和总理衙门重新进行协商（指英国的调解）。这时，如果你的部队前进到水原接近日军，恐怕会给日本以借口。两国谈判是辩论道理的曲直，而不是靠武力就能得到好的解决。你要尽可能保持镇静，不得擅自行动。如果到了谈判破裂之时，我们必定增派海陆大军。"

尽管如此，叶志超仍然坚持这几天来的意见。3天后的11日，叶给李鸿章打电报说："日本的势力日益增强，朝鲜迫切期待我方救援。列国之中即便有国家试图调停，估计也不会成功。在当前的事态之下，只能采取以下两个方案。"

叶志超提出的两个方案中，所谓上策是火速派遣海陆大军，在派兵期间叶率兵前进，以保护清国商人的名义控制要地。这样，一旦谈判破裂，那时也容易推进兵力。所谓中策是派遣三四艘商船到牙山撤回军队，之后给各国公使和日本政府发送文书，提出双方同时撤军的条件。如果日本不答应，就在初秋图谋大计。

叶志超坚持说，如果不采取这两个方案，徒然驻留在牙山，朝鲜人一直尝受日本带来的痛苦，最终对清国也会感到绝望。何况不打仗却长期驻兵，会产生大量的病号，这尤其令人担忧。他迫使李鸿章采纳他提出的方案。

李鸿章终于在 12 日把叶的这个建议转到总理衙门，并附上了叶志超的意见。他说："现在我国政府正在跟日本政府协商，因而不能做突然派送大军招致日方误解的事情。也就是说，上策不可行。但是，中策跟袁的意见也一致。在朝廷也有人提出过应该撤回或转移牙山的军队的意见。当时，担忧这么做看起来像是我方示弱，没有赞同。但是，长期派兵在外地，将士有可能患病确是事实。这时，应参照叶的意见处理吧。"

不知道总理衙门对此是如何答复的。李鸿章 14 日问叶志超可否经海路把牙山的军队转送到平壤附近时，叶的回答却与近日的意见相反，他说："现在南路要紧，不应该把军队转到远处。"

■ 出动增援部队

清军确定不把牙山的军队转移到其他地方后，李鸿章反而感到有必要往这里增兵。7 月 19 日，李决定从北塘、芦台、天津等地派兵。

7 月 21 日，仁字正营、仁字副营、武毅军总计 1 300 名步兵，分别乘坐英国轮船飞鲸号和爱仁号从大沽出发，23 日驶入牙山湾，

24 日在白石浦登陆。

7 月 23 日下午，天津练军、亲兵前营、护卫营炮兵总计 1 200 名官兵和 12 门大炮，搭乘英国轮船高升号从大沽出发。该船途中遇到操江号通讯舰，于 25 日早晨相继到达牙山近海。但是，前去护卫先期出发的飞鲸号、爱仁号的济远舰、广乙舰，在那里向日本军舰开炮，正好开始了战斗。

高升号被日本的浪速号军舰击沉，自营官以下大多数人员在海上漂泊死去。船上总计 1 200 人之中，只有长期参与清国军务的德国军官汉纳根等一百六七十人漂流到蔚岛（Shopaiul），被德国军舰救起后送回本国（参照第二章第二节）。

因此，最终到达牙山的清军只有乘坐飞鲸号、爱仁号的 1 300 名步兵。结果，叶志超在朝鲜半岛掌握的兵力大约有 4 165 人和 8 门大炮。

■ 在成欢附近等候日军南下

在增援部队到来之前，叶志超 7 月 21 日收到了在汉城的袁世凯的代理人唐绍仪发来的警告："日本公使昨天（20 日）强迫朝鲜政府以三日为限把清国军队驱逐出朝鲜，并摆出了强硬的态度，说如果朝鲜政府做不到这一点，日本可能会采取其他措施。现在真正到了千钧一发的关头。在牙山的清军，必须自己做好防备。"而且，叶也侦察到了日军即将向牙山进军的动向。为应对此事，叶命令聂士成率主力前进到成欢附近，他本人则率领正定练军的右营、前营、左营和马步小队总计 1 000 人，于 28 日转移到天安。

无论如何也搞不清楚在这间不容发的危急时刻，叶、聂两位将军为什么采取了兵分两路的举动。

总之，聂士成 26 日拂晓从牙山出发，上午 9 点到达成欢，计划在这里等候日军南下。

聂带到成欢去的是武毅军副中营和老前营、正定练军中营、古北口练军中营和该练军后营马队的一部分，总计有 2 040 人和 8 门大炮。27 日上午，副将江自康率领仁字正营、副营的 1 000 人到达成欢，两支部队会师了。

这样，聂士成在成欢附近的全部兵力达 3 000 余人。聂把其中的大部分步兵部署在成欢附近，把仁字正营、副营的步兵和全部炮兵部署在牛歇里附近，下令部队在各地点修筑防御工事。此外，聂又从正定练军中营派遣 80 名右哨到稷山地区担负右侧警戒。7 月 29 日的"成欢之战"，就是在日军同这些清军之间爆发的。

■ 朝鲜沿海的清国海军

朝鲜政府为了征讨东学党请求清国提供援助时，北洋水师把平远舰（装甲炮舰，2 100 吨）出租给了朝鲜。6 月上旬，清国政府命令清军第一次赴朝，把济远舰（巡洋舰，2 300 吨）、扬威舰（巡洋舰，1 350 吨）派遣到了仁川。此外，6 月中旬，清国政府命令在北洋沿岸实施戒严，密令盛字军和在北塘诸营做好出征的准备。进而命令左翼总兵林泰曾率领镇远舰（炮塔舰，7 300 吨）、超勇舰（巡洋舰，1 350 吨）、广丙舰（水雷炮舰，钢骨木皮，1 000 吨）3 艘军舰开往朝鲜。

在朝鲜，当时已到达仁川港的济远舰、平远舰、扬威舰、操江舰（炮舰，木制，950 吨。6 月上旬，派往朝鲜的第一批军队在牙山登陆后，被派遣用作牙山、仁川的通信船）4 艘军舰也归林泰曾指挥。林让这些舰船往返于仁川和牙山之间，监视日本陆海军的动静。

6 月 23 日，林泰曾发现日本陆军在仁川港登陆，并且听说驻扎在该港的日军当天晚上全部向汉城进发，好像还要进一步运送后续部队，便向李鸿章提议："希望暂时返航威海卫，隔日再率大军回来。"但是，因为当时碰巧俄国正在调停，李鸿章把该提议转给了丁汝昌，告诫道："日本还没有跟我国开战。我方不会挑起战争，因此应该静观事态，择机而动，不可突然返航威海卫示弱。"

因此，林泰曾 25 日暂时去牙山，打算把牙山湾当作临时根据地，要求补充运送鱼雷艇和敷设水雷，但是没有得到许可。另一方面，27 日以后，日军的第二批运输部队陆续到达仁川港。林感到事态紧迫，坐卧不安。29 日，林率领平远舰回到仁川，再次给李鸿章发电报："希望让我军在朝鲜的各舰船返航，以后再率大军回来。"但是，不巧义州线不通，李迟迟没有回电。30 日，林再次给丁汝昌发了长文电报陈述意见："仁川、马山、牙山附近，日军对陆海的监视严密，我方往来、通信不便。在电信不通、舰艇孤弱的现状下，万一有事，极易给敌人发动先发制人的攻击的机会。希望率领在朝鲜的舰艇暂且返航，日后跟大舰队会合后再大举进攻。这才是必胜的条件。"

丁汝昌也持与此相同的意见，前一天（20 日）刚给李鸿章发电报提出建议。但是，林泰曾不等李和丁的答复，就召集营务处的龙某和各舰长协商进退，独断地决定返航。林一看到作出决定，马上把此事通报给袁世凯，根据袁的请求把扬威舰一艘舰留在仁川。7 月 1 日，林率领镇远、济远、超勇、平远 4 艘军舰驶向威海卫。

这 4 艘舰好像是 2 日凌晨回到了威海卫。此外，操江舰依然担负作为通信船的工作。广丙舰搭载着叶志超的公文、换装的臼炮（叶志超原来的目的是征讨东学党，因此最初带了臼炮去朝鲜。预想到可能跟日军发生冲突，把臼炮换成了镇远舰陆战队使用的 75 毫米口径的"克虏伯"炮）以及牙山患病的士兵，驶向天津。这样，清国海军在朝鲜仅剩下扬威号、飞虎号、操江号 3 艘小舰。返航到威海卫的各舰船，在 7 月 21 日往牙山运送增援部队之前，一直停泊在那里。

日 军 的 状 况

■ 设置大本营

明治二十七年（1894）3 月，东学党之乱刚爆发，参谋总长、陆军大将有栖川宫炽仁亲王担心在朝日本人的安危，就把属下伊地知幸介炮兵少佐派遣到了釜山。伊地知少佐 5 月 23 日返回东京，参谋总长由此预料到东学党势力强大，朝鲜军队不能平定，因此，朝鲜政府会向清国请求援兵，而清国政府也会答应派兵。

因此，考虑到了为了保护在朝日本人、维持日本的权势，日本也有必要出兵，参谋总长同内阁总理大臣伊藤博文进行了商谈。6 月 2 日，日本政府接到驻汉城的杉村代理公使的报告，说"朝鲜政府已经请求清国派遣援军"。于是立即召开内阁会议，参谋总长和陆军中将川上操六副总参谋长也列席会议，最终决定出兵保护公使馆以及住在朝鲜的日本侨民。根据总长的提议，派遣的兵力确定为一个混成旅团。

这时，海军军令部已经决定把隶属于常备舰队的各舰集中到釜山和仁川两个港口，并且正着手召回在清国沿岸巡航的舰船。

根据驻清国的小村公使和荒川领事 6 月 4 日至 5 日的电报，日本获悉清国决定派遣水陆各部队到朝鲜，看来事态似乎到了非常严峻的阶段。这样一来，日本派往朝鲜的陆海军在进退之际要愈发慎重，必须按照政府的意向作为统一的整体行动，因此，无论如何需要有一个统一指挥陆海两军的机关。

也有意见提出根据以前的惯例设置总督府，但是该意见没有被采纳。仅仅为了指挥统领由一个混成旅团和一部分海军组成的赴朝军队，设置总督府未免有些小题大做。最终决定设置大本营，6 月 5 日开始运作。

■ 赴朝部队的编制和动员

大本营从国防和运输两方面考虑，决定从第 5 师团派遣赴朝部队，确定在第 5 师团辖区内，给靠近宇品港的步兵第 9 旅团（旅团长是陆军少将大岛义昌）编入其他兵种，组成赴朝部队。此外，决定这支混成旅团各部队的动员不按照预定计划进行，不编制补充队，召集距离营地最近的地方的在乡军人①，迅速结束动员。

因在朝鲜内地难以使用马匹，大本营决定各部队的行李不用驮马运输，而让辎重运输兵和军夫搬运，为此需要很多人员。此外，大本营打算不编制弹药、粮食等辎重队，在朝鲜境内征募军夫，让他们搬运。为此也需要很多监视兵，因而决定编制特殊的辎重队。确定好这些编制后，大本营于6月5日下午4点发布了动员令。

6月8日，大本营给混成旅团长下达命令，在明确旅团任务的同时，指示了日军在汉城、仁川等地应该驻兵的地点，提醒了他跟公使等交往时应该遵守的事项。

一般认为，从执行任务方面考虑，混成旅团有必要把主力驻扎在汉城，因此让部队在仁川登陆比较便利。但是，仁川是通商港口，各国对此可能会有异议，而且清国军队也许已经从这里登陆了。因此，大本营决定假如因这些情况不能在仁川登陆时，就在马山浦登陆。

日本和汉城之间的通信，曾经有经由釜山的电线和经由义州的电线。但是，经由义州的电线要经过清国，京釜线位于东学党发动骚乱的地方，线路不通，暂时没有开通的希望。因此，大本营决定让通信船往返于仁川和釜山两港之间。

此外，大本营也确定了兵站基地、物资集聚的地点，将其指示给混成旅团长，待旅团动员结束（预定10日前后），依次展开运输。

当时，形势非常险恶。清国政府不欢迎日军出兵，试图予以阻止，同时声称清国出兵是为了保护属国，企图竭力维持把朝鲜作为清国属国的关系。

因此，以备不测，6月12日下午6点15分，大本营又下令动员第5师团的余部。

关于这次动员，跟之前编成混成旅团时一样，部队的行李列入

---

① 在乡军人包括预备役、后备役、退役军人等。平时在家乡从事自己的职业，战时根据需要应征入伍，担负国防工作。

军夫编制，编制了攻城厂①辎重队，由弹药大队长指挥。因为朝鲜内地的城市大都环绕着旧式的城墙，修筑有防御设施，这种编制是为了进攻这些城市。此外，野战炮兵第一大队、第二大队，进行了必要的调整，如编制山炮等。6 月下旬，部队完成了动员。

这样，7 月中旬时局更加紧迫时，大本营准备了运送该部队的运输船，制订了第三批、第四批（混成旅团的运送计划相当于第一批、第二批）的运送计划，做好了随时可以出动的准备。

■ 海岸的防备

在此之前，日本政府接到了在芝罘的伊集院领事发来的报告，说清国北洋水师 7 月 19 日至 20 日向朝鲜沿海出发，南洋水师也全部从吴淞出发了。同时也接到了在芝罘的驻清国公使配属武官、海军少佐井上敏夫发来的报告，说清国南洋舰队的一半兵力以吴淞为根据地负责长江一带和附近沿岸的警戒，另一半则被派遣到了台湾。

种种迹象表明清国政府一心要在朝鲜领土上争出胜负。虽然清国似乎还没有袭击日本的计划，但是大本营痛感日本本土海岸，尤其是东京湾、吴港、马关海峡、九州沿岸的要地等，必须做好准备，以防万一。而且，将来如果第 5 师团全部进入朝鲜半岛，那么这个师团的辖区必须让后备队守卫。另外，关于马关海峡的守卫，按照参谋总长在作战计划方面的训令中制订的预定方案，要把需要的后备兵力从第 5 师团运送到马关地区，将其划归第 6 师团长指挥。鉴于这些理由，7 月 23 日，大本营命令第 5 师团长招募后备军。

此外，当时海岸防御工事最完善的是东京湾口和横须贺军港，马关海峡次之，纪淡海峡还处于勉强开始着手的阶段。至于其他地方，则处于要么是刚动工、要么还完全没有着手的状态。而且，按照明治二十七年的动员计划，也不能满足要塞炮兵所需要的人员。

---

① 攻城厂是开发、研制、供应攻城器械的军需工厂。

于是，日军匆忙着手修筑佐世保、长崎港的临时防御设施，并且编制了临时东京港守备队司令部和临时东京港守备炮兵队，动员了要塞炮兵第一联队，并进一步下令动员第 6 师团全体人员。到了 8 月份，日本总算做好了海岸防御的准备。

■ 第一批运输部队渡海

日军原计划 6 月 10 日前后完成混成旅团的动员。但是 4 日至 5 日，驻清国的文官、武官相继发来清国军队出动的报告。特别是根据驻清国公使馆配属武官、步兵少佐神尾光臣的报告，说清国第一批赴朝部队好像 6 日将在山海关登船。因此，日军也未及混成旅团完成动员，6 日下午 2 点 50 分，命令第 5 师团长先出动一个步兵大队。

于是，第 5 师团长野津道贯中将决定派遣属于第一批运输部队的步兵第 11 联队第 1 大队（队长是一户兵卫少佐），并给该大队配备了一个工兵小队。

这支步兵、工兵先遣队，在下达动员令两天半后完成了动员。8 日傍晚到达宇品港，乘上和歌浦丸号运输船。随后，于 9 日上午出发。为了白天通过马关海峡，运输船途中在都崎灯塔海面抛锚，10 日黎明起锚。从门司港开始由高雄号军舰护卫，12 日进入仁川港。

根据 9 日进入仁川港的常备舰队的通报，日军在这里得知清军已经在牙山登陆。当天傍晚，日军完成了登陆，翌日的 13 日向汉城进发。部队的大部分行李使用船舶经汉江的水路运输。下午 6 点，部队主力到达驻汉城的日本公使馆，马上接替之前护卫公使馆的海军陆战队担负护卫工作，同时也负责居留地的警戒。

除去先遣队的第一批运输的各部队，原来预定 10 日至 11 日从宇品港出发，但是接到了在天津的神尾少佐的报告，说"清国军队 1000 人已经到达牙山"。因此，大本营 9 日命令旅团长，大部分人员乘船后，就跟护卫舰长协商出发，其余人员依次继续运输。

担负运输第一批各部队任务的运输船有 9 艘，分别是越后、远江、酒田、住江、兵库、仙台、熊本、山城、近江等。10 日夜晚，其中的近江、熊本、远江、越后、酒田 5 艘运输船完成了出发准备。大岛旅团长命令步兵第 21 联队长武田秀山中佐指挥第二批运输各部队，他本人亲自率领这 5 艘运输船于 11 日上午出港。剩余的 4 艘也随后出港，13 日赶了上来。

■ 对命令理解的分歧

11 日从宇品港起航的第一批运输船队，自 10 日上午开始被浓雾笼罩，相互看不到对面的船只，航行困难，当天夜晚停泊在仙侠岛（蔚岛西北方 3 海里）附近。翌日的 15 日，风很大，雾也很浓，吉野号护卫舰舰长命令各船进入仁川港。航行在前列的近江丸上午进港之后，各船陆续进港，最后一艘运输船于 16 日早上进港。这样，各部队除了辎重、行李外，16 日全部上岸，在仁川港日本居留地附近宿营。

在此之前，大本营 12 日给混成旅团长发电报令其待在仁川港。电文说先遣大队进入汉城，与海军陆战队换岗护卫后，应大鸟公使的请求，其他部队在仁川登陆后，原地待命。

这时，从清国向朝鲜派兵而且严密警戒等情况来看，清国好像即使通过战争手段也要执行其政策（明确把朝鲜作为属国，扩张清国在朝鲜的权势）。尽管如此，日本政府仍然希望能和平处理争端。因此，在跟清国政府继续谈判期间，日本政府暂时中止了刚开始在内阁会议上确定的派遣混成旅团赴朝之事，命令第一批运输的各部队驻扎在仁川，并暂缓出动指定第二批运输的各部队。

这样，被指定第二批运输的各部队本应在驻地待命，但是大本营和第 5 师团长之间对上述命令产生了不同的理解。步兵第 21 联队第 2 大队乘坐高砂丸，15 日下午突然从宇品港出发了。于是，大本营再次命令第 5 师团长，令其中止运送混成旅团的余部。高砂丸 18

日到达仁川港。因这支部队本应该暂缓出发，大岛旅团长令其暂时中止登陆，待在船上。

■ 第二批运输部队渡海

18日，大岛旅团长把指挥在仁川各部队的工作交给了步兵第11联队长西岛助义中佐后，进入汉城会见大鸟公使，在这里就各部队进入汉城事宜进行了协商。他又收到了先遣大队长一户少佐的报告，遂命令把先遣队的工兵进一步派遣到龙山附近，在扬花岭做好渡过汉江的准备。

这时，日本政府提议的朝鲜政治改革方案遭到清国方面的全面拒绝，决定单独推进这些改革。因此，清国军队已没有必要留在朝鲜了。但是，清国不仅不撤兵，反而打算增派大军。大本营终于下决心实施混成旅团的第二批运输。

大本营命令第5师团长24日中午之前让第二批运输部队登船，同时给第二批运输部队的指挥官武田中佐发了训令，指示该部队到达仁川后，等待残留在仁川的第一批运输的各部队转移到汉城附近后再登陆，进入汉城或汉城附近地区。万一因形势变化不能在仁川航行，则在釜山登陆，经陆路进入汉城。

24日上午，混成旅团第二批运输部队分别登上住江、和歌浦、三河、兵库、酒田、熊本、仙台、越后8艘运输船，于中午出港。翌日的25日上午在六连岛海面集结，在浪速号军舰的护卫下，从这里驶往仁川港。

大岛旅团长20日回到了仁川港。由于清国继续派兵的情报越来越确切，因此他决定两三天内让此前下令在船上待命的步兵第21联队第2大队登陆，把这个大队部署到仁川港，把第一批运输的各部队移防到龙山附近。大岛旅团长24日率领各部队从仁川出发。

当时，在汉城的清国人陆续关了店铺去仁川，一有便船就搭乘回国。形势日益紧迫是显而易见的。朝鲜人躲避日本人的雇佣，而且还有人阻碍日本军队。根据混成旅团派往各处的侦察兵的报告，在牙山的清军还没有显露出动静，东学党的残党势力衰弱，好像招讨使也把一部分兵力留在全州回来了。

第二批运输部队 27 日傍晚到达仁川港，28 日傍晚完成了登陆。这些部队自 28 日至 29 日开往龙山地区。

6 月 29 日，混成旅团的主力几乎都集结到了汉城附近。即步兵第 11 联队第 1 大队在汉城，混成旅团司令部和骑兵第 5 大队第 1 中队在万里仓。野战炮兵第 5 联队第 3 大队、工兵第 5 大队第 1 中队在万里仓的高地和溪谷，步兵第 11 联队第 8 中队在屯芝里，步兵第 21 联队（除了第 8 中队和第 3 大队以外的大队人员）在阿岘，工兵第 5 大队第 1 中队的一分队在扬花镇。第一野战医院和卫生队在孔德里的西部，步兵第 22 联队第 3 大队和第二野战医院在仁川。兵站监部设在仁川，在龙山和仁川分别设置了兵站司令部。

■ 混成旅团的动向

混成旅团先遣大队一进入汉城，马上派人到牙山、开城等地侦察、探听情况。

6 月 23 日，混成旅团接到大本营发来的通报，说清国军队总计 4 000 名步兵和炮兵已于 21 日在大沽附近乘船，另外有 1 500 名士兵好像要随后向平安道进发。因此，旅团长命令之前派遣到开城的土桥吉次中尉进一步前进到平壤探听情况，紧接着又让平田时丸中尉出发去平壤。

土桥中尉 7 月 2 日返回。他报告说清军还没有以军队的名义来到平壤，但是乔装打扮成平民的军人可能正接连不断地潜入平壤。

根据大本营的通报和来自清国的情报，说以前为了征讨东学党分遣到南方的一部分清军也已回到了牙山，这些清军或许会向汉城进发，又传达说这些清军也可能会向北航行与新来的部队会合。之后根据 7 月 9 日神尾少佐（在清国）的电报和大本营的通报，可以看出清国把大军集结在平壤，有试图在这里跟日军作战的迹象。

13日、14日，大本营又发来电报："清国计划以海军力量压制我国。我国舰队大部分集中在佐世保。清国南洋、北洋舰队均已做好了战斗准备。"

另一方面，朝鲜国民期待清军进入汉城。他们对日军不但没有表示出一丝善意，而且有不少人对日军予以阻拦。旅团长综合从各方面收集到的情报，越发感到危机在迫近。

■ 形势紧迫

日清两国的谈判越来越陷入僵局。7月19日，日本政府对清国政府发出了最后警告。同日，大本营秘密指示大岛混成旅团长，允许他在清军增强兵力的情况下自行处理事情。大本营又命令联合舰队司令官在途中阻止清军派兵。

与其说谈判破裂迫在眼前，不如说是已经到了无路可走的地步。

大本营20日又给大岛旅团长下命令："如果清军有增加兵力的迹象，就趁敌人还没增加之时，用主力部队歼灭眼前的敌人。"于是，旅团长命令步兵第21联队第2中队守卫临津镇，计划把该联队在仁川的第3大队的大部分兵力和第二野战医院转移到梧柳洞，其他部队做守卫汉城和南进的准备。但是，自21日到22日，旅团长从大本营得到了清军后续部队出发的情报。因此，他最终决定下令部队南下，前往牙山。

但是，日本政府跟朝鲜政府之间关于行政改革的谈判毫无进展。此时，朝鲜政府明显具有试图以强硬态度拒绝日本的要求的倾向，朝鲜国民相信清军即将增兵并将进京的传闻，越来越显示出抗日的态度。大鸟公使对事态感到忧虑，再次要求旅团的一部分兵力进入汉城。旅团长答应了这个要求，决定把步兵第21联队第2大队和1个工兵小队转移到王宫北部的山地。

旅团长本来打算避开民众闹事，特别选择在23日凌晨让这支部队进入汉城。但是，部队从王宫的东侧通过时，守卫王宫的朝鲜士兵突然开枪射击，日军也与之应对发生了枪战。日军把朝鲜士兵赶出城外并进入王宫，最后日军开始守卫朝鲜王宫。

■ 海军的动向

海军军令部打算把常备舰队集中到仁川、釜山两个港口时，松岛号（司令长官伊东祐亨乘坐的旗舰，海防舰，4 728 吨）尚在福州的马祖岛，千代田号（巡洋舰，2 439 吨）和高雄号（巡洋舰，1 778 吨）同在马尾港，赤城号（炮舰，622 吨）在芝罘港，高千穗号（巡洋舰，3 709 吨）去夏威夷进行夏季航海训练正在航行途中。大和号（单桅帆船舰，铁骨木皮，1 502 吨）和筑紫号（巡洋舰，1 373 吨）虽然在航行中，但是碰巧在仁川港。横须贺军港里只有一艘武藏号（单桅帆船舰，铁骨木皮，1 502 吨）军舰。

根据军令部要求集结的命令，赤城号 5 日进入仁川港同大和号、筑紫号会合，松岛号、千代田号 6 日进入釜山港，高雄号 7 日进入釜山港。为了护卫陆军运输船，高雄号又马上驶向门司港。

当时正值大鸟公使归任之际，伊东司令长官受命护卫大鸟公使进京。他率领松岛号、千代田号两艘军舰 7 日从釜山港出发，9 日到达仁川港。

此前清国在仁川港的军舰有济远号、扬威号和平远号。其中，平远号在伊东司令长官到达的前一天即 6 月 8 日上午突然出港了。因这个举动非常可疑，大和号舰长船木大佐就派遣赤城号到牙山湾、筑紫号到群山浦，侦察其动向。这两艘军舰 9 日返回仁川港，赤城号报告说清国军队 1 000 人乘坐图南号到达了牙山湾，在平远号的护卫下正在登陆。

伊东司令长官一到仁川港，就掌控了包括先期到达的赤城号、筑紫号和大和号在内的 5 艘军舰，令其交替出动，到丰岛近海、牙山湾和群山浦地区侦察。他从这些军舰当中连同军官在内选拔了 420

联合舰队司令长官伊东祐亨海军中将

人，并且配备 4 门野炮编成了陆战队，令陆战队跟随 10 日进京的大
鸟公使前往汉城，担负公使的护卫和领事馆、居留地的警戒任务。

之后进入汉城的混成旅团的先遣队，接替了这支陆战队。

此后，日清两国的谈判不断发生龃龉，形势日益紧迫。这时，
大本营决定集结常备舰队，为了进行必要的维修，并应对局势之危
急，重新进行了编成。6 月 20 日，大本营留下武藏号、赤城号、八
重山号负责仁川港的警备，让其余 6 艘舰返航到佐世保。

20 日从仁川港出发的 6 艘军舰于 23 日返回佐世保港，24 日出
发的赤城号于 27 日返回佐世保港，接受应急修理。从夏威夷踏上归
途的高千穗号也回到港口，加上同在返航途中的金刚号，7 月 15 日
各舰全部集合到了佐世保。综合在此之前得到的情报，可以断定清
国即使发起战争，也一定会自始至终采取守势。因此，日军决定采
取以下方针，即把军港、重要港口的警备交给西式帆船舰或破旧的
军舰以及鱼雷艇，勉强可担负远征任务的舰船一律编入舰队。

这些舰队称作常备舰队、西海舰队，将其合并起来成立了联合
舰队（司令官伊东祐亨中将）。这支舰队的编成于 7 月 10 日结束，
战斗和航海的准备也全部完成。

第二章

两 国 开 战

第一节　在朝日清两军的接触

■ 混成旅团南进

7 月 23 日，朝鲜军队和日军的冲突促使了朝鲜内阁的更迭，大鸟公使开始参与朝鲜的内政改革。

另一方面，清军的增援部队已经乘船，而且占据优势的清军集中在平壤附近，继续南下只是时间问题。

作为日军来说，显而易见，如果不趁现在打击清军，自己的军队恐怕会受到挟制，将南北两面受敌。目前的事态是只能击败眼前的敌人，然后在另一个方向跟敌人对抗，而且不允许有丝毫的犹豫。

因此，大岛旅团长决定 25 日南下，打算无论朝鲜政府是否向日方提出请求，首先征讨牙山的清军，然后立即返回以获得防备北方清军的充裕时间。

到了这个时候，派往平壤地区的侦察兵还没有带来确切的消息。然而，清军无疑将大举南下，汉城北方的守备也不可疏忽大意。

此外，汉城的人心不稳定，他们处于不知道是跟随日本还是跟随清国的状态。因此，汉城的防卫也很难敷衍了事，龙山、仁川等地也需要守备兵力。

结果，釜山守备队、仁川兵站守备队、龙山兵站守备队、龙山舍营医院、汉城守备队和临津镇独立支队按照原来的部署留下，旅团长调集作为战斗人员的步兵 3 000 人（步兵 15 个中队）、骑兵 47 名和 8 门山炮组成南进部队，行李辎重除了辎重兵、辎重运输兵之外，混编了大量的军夫、当地的壮工以及在当地征用的大批牛马。

旅团长根据侦察兵等的报告，获悉清军主力还在牙山，就让隶属于南进部队的各部队在水原集结，决定从这里开始行军。

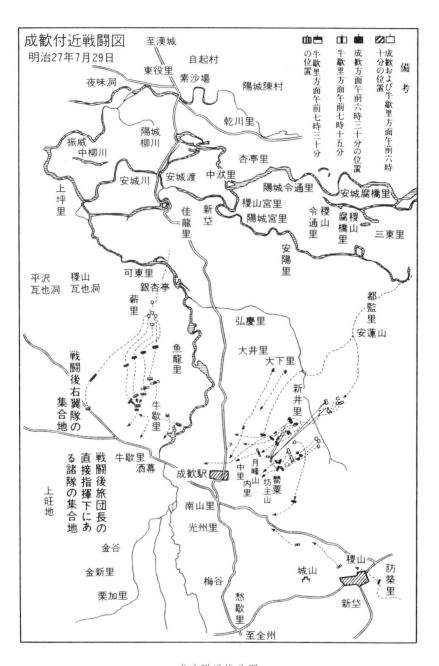

成欢附近战斗图
明治二十七年7月29日

7月25日，各部队开始朝水原出动。但是，仁川兵站支部长报告说牙山方向突然响起了炮声，于是旅团长让先锋司令官火速赶到水原。先锋司令官到达水原后，听到清军正在从牙山向南阳移动的传闻，就分别向南阳、牙山、天安方向派出了侦察骑兵，进而在26日往牙山方向派遣了侦察军官。这些侦察兵中午时分进入七原，发回报告说："在公州、天安没有见到清军。在成欢有四五十名清国士兵，素沙场有十二三名清国骑兵。"侦察兵经素沙场、上官里向平泽前进，继续搜索牙山方向。

先头部队的余部和旅团的主力部队，这天上午到达水原。

到达水原后，原计划先头部队完善编制后开始进军。但是，因为征用的朝鲜人大部分都逃跑了，便延期出发，努力充实运输力量。

同一天的26日，大鸟公使的书信寄到了水原，信件的内容是关于让牙山的清军撤退之事，25日朝鲜政府已正式委托日本代为处理。

■ 清军从牙山向成欢移动

翌日的27日，旅团开始战备行军，前进到达振威，在附近露营。

当天，旅团长从各个方向的侦察骑兵那里收到了多份报告。根据这些报告搞清楚了以下事实，即清军步兵1 500人、骑兵50名正在从牙山向上土桥方向前进。清军在成欢北部扎下了4个大营，营帐四周围着壁垒，而且筑有堡垒，约三四千名步兵、炮兵在此据守。清军好像还在继续向这个地点集结兵力。公州、天安、阳城、安城地区，一个清军也没有。

从这些报告可以判断，清军的主力占领了这个地区，正在做防御战的准备。因此，旅团长把这个情况通报给东路独立支队，并下达命令："旅团的目标转至成欢驿方向，尽可能明天前进至素沙场侦察敌情，打算后天即29日拂晓发起决战。支队稍迟于旅团参加战斗，要包围敌人的右后方，切断其通往天安郡的退路。"

日本陆军大胜利之图（于牙山纸博物馆收藏）

旅团 28 日凌晨 4 点从振威出发，8 点 30 分到达素沙场北部的高地。

在此之前，主力部队通过七原南部的三岔路时，遇到一个朝鲜人从军勿里方向过来。那个人说："清国 3 艘军舰当中，有 2 艘被击沉了。"他还说："上官里虽然有清国军队的营帐，但是那里的军队不多。"于是，旅团长立刻编成军勿里独立支队，派遣该支队到军勿里渡口北部的高地，命令其占领渡口。

此前 25 日从水原到牙山方向的侦察军官今井义一骑兵少尉，上午 11 点多归队。他报告说："昨天早晨，我从背后的稷山方向侦察了位于成欢的清军营帐，发现清军总计约 1 个大队。虽然没有看到炮兵的影子，但是听当地的人说清军有 4 门大炮，清军还在继续从牙山向成欢行进。"

下午 3 点多，又有 1 名骑兵侦察班长归队。他说："我到了平泽以南 6 公里处，最终没有发现清军。据当地的人说，在牙山的清军很少，在成欢好像有三四千人，看到有烟雾从成欢西部清军营地的树林里升起。"

旅团长这天出发之时，收到了驻汉城公使馆发来的通报："我海军击沉了一艘清国运输船，烧毁了广乙号军舰，俘获了操江号。"

■ 清军在成欢的防卫

清军主力占领了成欢，把右翼部队部署在东部的月峰山脉，其右翼边缘到达了月峰山顶东南方约 500 米的突起部。这块绵延至月峰山东北方的小突起部，山脚下光秃秃的，上部生长着松树。从远处看，与俚俗叫做一撮毛的小孩儿脑袋非常相似，因此当时称之为一撮毛。但是，清军在这个一撮毛的顶点及其东南方约 300 米的山顶修筑有碉堡。这些阵地俯瞰着毗连东北方向的山岗和新井里的山谷，而且山谷东岸的丘陵也一览无余。

从月峰山横贯至西部和西北部的两个小山岗，在成欢的北部呈截断全州大道的形状，守护着这个村落的北侧。这两个山岗上面，各有一个营帐，四周围着堡垒。此外，从鹤仙洞村落的西部向南山里突出的山岗，在南山里村落的南侧切断全州大道，从那里向北折，延伸到成欢的西部。清军面向西部的两个营帐就在这个丘陵上，这里也环绕着堡垒。

这样，成欢防御线的右翼依托月峰山脉，面向东部和东北方向控制谷地，中部通过成欢北部小山岗上的两个堡垒同时纵射全州大道，左翼通过从南山里到丘陵上的两个营帐和壁垒从高处压制着成欢西部的广阔水田。

同时，清军隔着成欢西部的水田，把一部分兵力部署在牛歇里的高地，并把炮兵全部配置在这里。牛歇里高地位于连接平泽和成欢的大起伏地的东岸，不但高度和附近的山岗几乎相同，而且周围基本上是草地。因此，在这里很难发现近距离进攻的士兵的动向，面对北方的进攻，不能说是坚固的防御阵地。于是，清军把炮兵一分为二。其中一部分在新垡北部的高地修筑掩体据守，压制全州大道的谷地；另一部分把设在牛歇里村落西侧的北营帐的堡垒作为掩体，据此面对前方鱼龙里的山岗。

通过成欢和牛歇里之间水田的主要连接道路要经过酒幕，这条道路的宽度可以通行野炮，但是其他道路非常狭窄，仅能勉强通过一列人。河流从水田中部穿过，两岸都是断崖，河床淤泥很深，人无论如何也不可能从道路以外的地方通行。

■ 大岛旅团长的作战策略

大岛旅团长于 7 月 28 日上午 8 点 30 分到达素沙场。他观察了清军在成欢附近的营帐和月峰山左侧山顶的防御工事，又综合分析了已经得到的各种报告，判断清军主力在成欢。

因此，日军当然要向成欢发动进攻。但是，假如沿着正中间的全州大道前进，士兵将暴露在广阔的水田里，一定会造成很多人员伤亡，而且也可以预测到会遭受敌人的夹击。此外，假如日军从银杏亭高地方向发动攻击，一旦占领了这里，就必须再次隔着水田攻击清军成欢方向的主力。因此，大家认为这个方案也不利。

这样，日军最终决定派出一部分兵力到银杏亭高地牵制清军，旅团长率领旅团主力部队迂回到东部山地，以一撮毛山为目标，占领这座山，接下来攻击成欢方向的营地。但是，如果在大白天采取这些行动，日军的意图有可能被清军提早发现。因此，决定 28 日只是侦察地形，第二天拂晓前开始战斗。

28 日晚上 11 点，日军根据白天派出去侦察的军官的报告，多少搞清楚了前方的地形，而且得知清军依然在营帐里。因此，旅团长把各队长集中到素沙场的宿营地，调整了部队的编成，下达了各部队的任务。根据其调整，编成如下：

右翼队　司令官武田步兵中佐
　步兵第 21 联队第 3 大队（缺第 11 中队）、第 2 大队第 7
中队、骑兵 5 名、工兵第 5 大队第 1 中队

左翼队　司令官西岛步兵中佐
　步兵第 11 联队（缺第 1 大队和第 11、第 12 中队）、骑兵 5 名

炮兵团
　炮兵第 5 联队第 3 大队、步兵第 11 联队第 12 中队

预备队
　步兵第 21 联队第 1 大队（缺第 2、第 4 中队）

独立骑兵
　骑兵第 5 大队第 1 中队

日军的作战策略是右翼队从成欢驿方向前进牵制清军，旅团长率领左翼队、炮兵团和预备队迂回到东部，逼近清军右侧。并且让军勿里独立支队（步兵第 21 联队第 4 中队）前进到锄斤里，警戒右翼队的右侧。在清军试图向牙山方向退却时，切断其退路。

■ 佳龙里附近的战斗

武田中佐率领的右翼队以步兵第 21 联队第 12 中队为先锋，29 日凌晨 2 点多从素沙场出发，沿全州大道前进。当时正赶上涨潮，因河川、沼泽泛滥（一种说法是清军毁坏桥梁，引发了沼泽泛滥），分不清道路和水田，行军非常困难。

凌晨 3 点 20 分，先头部队（第 12 中队第 1 小队）终于靠近佳龙里附近时，突然有人从前方约 30 米的房屋里猛烈开枪射击（后述左翼队先锋在令通里附近听到的枪声就是在这里响起的）。

日本士兵立刻就地趴下迎战。这时，为了确认行进路线正好在部队前列的第 12 中队长松崎大尉，负责指挥这次战斗。

交战约 10 分钟后，尖兵队长山田少尉首先负伤，接着松崎大尉战死，继而又有数名士兵伤亡。

不久，先锋队到达尖兵①的右后方，高声呐喊着前进。因此，清军把射击的目标转向新来的这支部队。

第 12 中队的第 1、第 3 小队，迅速到达佳龙里北方约 400 米的高地，开始从这里射击。

另一方面，根据武田右翼队司令官的命令，主力部队的第 7、第 10 中队 3 点 30 分在右方展开后前进，到达第 12 中队的右侧后进行集中射击。4 点，主力部队的 3 个中队开始向清军的左翼发动突击。清军终于抵挡不住，从南部的水田向成欢方向撤退。武田中佐搜索了佳龙里村落内的清军之后，5 点 20 分重新向银杏亭高地行进。

■ 成欢攻夺战

28 日午夜 12 点，旅团长直接指挥的各部队从素沙场宿营地出

---

① 军队在敌人附近行军、移动时，位于最前面担负警戒、搜索任务的小部队和士兵。

发。左翼队以步兵第 11 联队第 2 大队为先锋，其余的作为主力部队跟在后面，炮兵团、预备队、独立骑兵又跟随在主力部队的后面。这天夜里为大雨所困，四周一片漆黑，道路上覆盖着深深的泥浆。队伍陷入泥泞之中，再加上道路狭窄，不断有人掉进水田。发生了先头部队在岔路口迷失方向，跟在后面的士兵与之走散的情况。队伍屡次分开，行军极其艰难。

凌晨 3 点左右，先头部队刚刚到达令通里附近时，在感觉像是右翼队正在行进的方向响起了枪声。流弹飞到这附近，导致数人受伤。4 点左右，先头部队终于到达都监里附近。5 点 10 分，主力部队和炮兵团也到达这里，在都监里西部散开。都监里是位于成欢东北部的一个高地。

左翼队的先锋部队立即从这里向月峰山东北方的一撮毛山前进，从新井里东南高地向盘踞在一撮毛山东南方山顶的清军进行齐射。但是，清军对此没有反应。因此，日军进一步占领了前方的山背。在这里清军也开始射击，爆发了激烈的枪战。这时正好是早上 6 点 10 分。

一度在宝莲山（紧靠都监里南边）高地扎营的炮兵团，此时移动到新井里东部的高地，恰好在这个时间开始了炮击。同一时间，左翼主力部队把兵力推进到了战线左翼后方的溪谷之间。

担任先锋的第 8 中队向一撮毛山顶的清军发动了猛烈的炮火射击。清军刚显露出人心不稳的迹象，该中队立即发起冲锋，完全占领了一撮毛山东南方的山顶。这里的清军逃回一撮毛山的阵地，在一撮毛山顶和东南方的山顶之间爆发了更加激烈的枪战。这时，作为预备队的步兵第 11 联队第 1、第 3 中队也受命参加对一撮毛山的进攻。他们前进到一撮毛山东北方 300 米的山脊，开始向山顶的清军进行猛烈射击。步兵第 11 联队第 12 中队在炮兵的掩护下，也加入第 8 中队的右翼展开进攻。这时是早上 6 点 30 分。

现在日军已经对一撮毛山顶的清军发动了集中攻击，此时一撮毛山的清国军队经受不住日军猛烈的炮火射击，丢下阵地沿西北斜面下去打算逃跑。就在这时，清军将领聂士成率领成欢北部营地附近的数百名士兵赶来救援。清军实力由此得到加强，想暂时稳住阵脚。但是，日军发现了清军的救援部队后，集中力量对该部队进行炮火射击。清军终于坚守不住，开始露出败退的迹象。见此情景，日军第6、第8中队发起冲锋，闯进一撮毛山清军的堡垒，占领了这里。不过，大部分清军已经逃跑了。

这样，一撮毛山陷落了。清军无法阻挡日军的势头，聂士成也逃走了。只有成欢北部营帐的清军，一直尝试着抵抗到最后。但是这里也最终陷落，日军成功地攻占了成欢。

另一方面，攻占成欢后，右翼队攻击牛歇里也得到了左翼队和独立骑兵的支援，日军7点40分左右冲入营帐，取得了完全的胜利。

■ 日军进入汉城

成欢、牛歇里陷落后，之前在成欢的清军主力由聂士成率领，在牛歇里之战期间撤退到南方的天安。在牛歇里的清军西南两面受到攻击，一度向牙山方向撤退，后来好像调转方向朝南方行进，与其主力部队会合了。但是，大岛旅团长当时没有获悉与此相关的准确情报，因为清军主要的根据地在牙山，便推测在这次战斗中败退的清军也一定会逃到牙山，在那里重新组织抵抗。于是，他决定当天乘胜进攻到牙山附近，上午9点20分至10点30分之间出动了旅团的全部兵力。

旅团长命令各部队出发后，从28日派遣到牙山方向的侦察兵那里，得到了"清军已转移到成欢和天安，牙山没有一兵一卒"的报告。但是，他一直相信清军在牙山有强大的根据地，因此没有改变进攻牙山的决心。

但是，下午3点前后各部队抵近牙山附近时，牙山的县吏说："曾经有一些清军从成欢方向撤退回来，但是又继续往新昌方向撤退了。"旅团长由此判明牙山已没有清军。旅团的一部分进入牙山查扣兵器、粮食，并向新昌、白石浦、新院方向派出前哨，稳固了对牙山的占领。

翌日的 7 月 30 日，日军根据各种情报，做出了清军已完全溃败也不可能恢复战斗力的判断。旅团长认为当务之急不是追击软弱的清军，而是迅速回到汉城，防备可能从北方南下的清军，因而决定翌日的 31 日出发。

各部队 7 月 31 日凌晨 4 点从牙山出发，中午到达平泽，在这里宿营。因为这个季节天气非常热，日军自翌日的 8 月 1 日开始改为夜间行军，于 3 日早上 6 点到达水原。沿路的朝鲜人，突然改变了几天前的态度，拿出吃的喝的慰劳日军。而且，5 日上午 8 点半，整个旅团渡过汉江，在向龙山前进的途中，朝鲜官方和民间修建了凯旋门，国王的钦差和大鸟公使以下的日本人前来迎接，举办了凯旋仪式，大摆盛宴慰劳日军。

混成旅团参与成欢之战的兵力，是步兵 4 个大队加上骑兵、炮兵、工兵各约 1 个中队（步兵 3 000 人、骑兵 47 名、炮 8 门），总人数达 3 040 人、炮 8 门，兵力看上去和清军大致相当。但是，清军当中还包括一些非战斗人员，因此，清军的兵力略逊于日军。

假如这些清军加上叶志超的亲兵 1 000 人（当时在天安）以及 7 月 25 日因轮船（高升号）被日军联合舰队击沉而丧失的 1 200 人和 13 门炮，则清军的总人数有 5 200 多人，炮也有 21 门，在兵力方面将远远超过日军混成旅团。那样的话，不可简单地推测胜败会如何变化。

在这次战斗中，清军伤亡的人数应该不少于 500 人，日军的伤亡含军官在内是 82 人。此外，日军消耗的弹药量，榴弹、榴霰弹等炮弹合计 254 发，枪支子弹 67 801 发。

这次战斗是日清两军在陆地上第一次交战。因此，战斗胜败的结果对之后的整个战役产生了巨大影响。

第二节　丰岛海战

■ 两国军舰在丰岛海面遭遇

联合舰队司令长官伊东 7 月 19 日接受大本营的命令（参照第一章内容"海军的动向"），23 日率领联合舰队从佐世保军港出发。当时的联合舰队把吉野号、秋津洲号、浪速号作为第一游击队，由坪井少将任司令官，把其他舰艇划分为主力舰队、第二游击队和鱼雷艇队。联合舰队出发之际，给 6 月下旬以后停泊在仁川港持续担负警备、侦察任务的八重山号、大岛号、武藏号 3 艘军舰发电报，命令八重山号、大岛号赴牙山侦察，25 日在安眠岛附近的贝克岛与吉野号会合，命令武藏号迅速驶往群山湾同联合舰队会合。坪井少将命令第一游击队侦察前方，联合舰队于 25 日下午到达群山湾。

第一游击队 24 日侦察了全罗道南岸的长直路，25 日凌晨 4 点 30 分到达贝克岛。当天原计划在这里同从仁川港驶来的八重山号、大岛号会合，但是这两艘军舰还没有到达。而且，在来这里的途中，也没有遇到应该从仁川港直接航行到群山湾的武藏号。

因此，坪井少将设想了各种情况，比如从仁川港出发的各舰可能是搞错集合地点去了丰岛附近的贝克岛（所称的贝克岛位于安眠岛附近和丰岛附近），或者是因为这几艘舰已经开始战斗而没有接收到电报，进一步说可能已经被清国舰队击败了。最后，坪井少将决定去丰岛附近的贝克岛看一看。

第一游击队的 3 艘军舰以吉野号为先头舰向贝克岛航行。早上 6 点 30 分左右，日军远远地发现有两艘船从丰岛方向南下驶来，而且马上也搞清楚了那两艘船是军舰。坪井少将命令各舰进行警戒，旗舰一边做发射礼炮的准备，一边继续前进。稍微靠近些观察，原来是清国的军舰济远号和广乙号。这两艘清国军舰刚得知日本军舰要北上，就急忙加快速度，做好了战斗准备，看情况是想伏击日舰。

当时，日本觉得必须同清国交战的那一天迟早要来，然而此时两国还没有中断和平的交往，因此，坪井少将原本打算按照海军通常的礼仪，与清国军舰擦肩而过。

但是，得知清国军舰正在做战斗准备后，坪井少将判断清国军舰一定是击溃了第一游击队的八重山号等，进一步图谋歼灭日军的舰队，因而让这两艘舰打头阵。如果是那样的话，清国舰队的主力也应该在这附近的海域。坪井少将考虑到以防万一，命令各舰做好战斗准备。

■ 终于开战

早上 7 点 52 分，两支舰队之间的距离缩小到 3 000 米。济远号的大炮突然开火，这是射向吉野号的第一发炮弹。

坪井少将立即给各舰下达了作战命令，两支舰队之间开始了激烈的炮战。转瞬间，四周被硝烟和煤烟笼罩，浓烟与早上的浓雾混在一起，相互看不到对方的舰船，只能听到隆隆的炮声和汽笛声。

过了一会儿，浓雾渐渐散去。济远号仍在进行炮击，广乙号却开始缓慢地朝南面撤退。接着济远号也开始朝西面逃跑。坪井少将知道广乙号已经失去了战斗能力，对其毫不理会，命令各舰从合适的位置炮击济远号。

这时，坪井少将在西部的海面上新发现了两艘船冒出的烟柱。他判明一艘是军舰，另外一艘还不知道是什么船。但是，他感到有必要迅速归拢舰队，便给秋津洲号、浪速号发出信号，令其"跟随旗舰吉野号的航迹"。

从西面驶过来的两艘船当中，一艘是小军舰，另一艘是商船。但是，这两艘船跟正在逃跑的济远号交换信号后，小军舰马上调转方向往西方驶去，只有商船往这边行驶。

这时，秋津洲号追赶逃跑的广乙号，远在东部。另一艘军舰浪速号加快速度超越了吉野号，正在追赶济远号。上午 8 点 53 分，济远号终于挂上白旗和太阳旗，停止了炮击。浪速号对其发信号指示："停船！再不停我们向你开炮。"浪速号向旗舰报告了济远号投降的事情后，继续靠近济远号。

就在此时，一艘挂着英国国旗的商船，从西面驶向仁川方向，正要从浪速号的右舷通过。这就是刚才坪井少将发现的那艘商船。虽然是英国船，却好像搭载着清军。浪速号立即令其停船，并两次发射空炮令其抛锚。因其停下来抛锚，浪速号匆忙驶往济远号方向。济远号曾一度停船，但是在浪速号命令英国船停下来的间隙，该舰再次开动机器试图逃跑。浪速号正要追赶该舰时，接到了前面所说的"跟随旗舰航迹"的命令，由于信号的差错，济远号逃之夭夭。浪速号随后着手处理英国船。

不久，旗舰吉野号和秋津洲号前去追赶济远号和小军舰。被吉野号逼近的小军舰操江号，急忙降下国旗表示投降。吉野号进而去追赶济远号，抵近到相距 2 500 米的地方开炮射击，但是济远号往右转变航向逃往三寻堆方向，吉野号放弃了追击。这时已经是中午 12 点 40 分，吉野号位于群山湾西北偏北约 100 海里的海面上。

秋津洲号带着投降的操江号向东航行，下午 2 点遇到旗舰吉野号，按照命令径直驶向群山湾。吉野号向贝克岛航行，下午 3 点半左右，发现在丰岛海面升起了 4 缕烟柱。为了确认情况，吉野号改变航向前进，到下午 5 点搞清楚了那些烟柱是八重山号、大岛号、武藏号和浪速号冒出的。原来因为汉城和釜山之间的电报不通，联合舰队出发时伊东司令长官发出的命令没有传递到舰上，八重山号等 3 艘军舰毫不知情地停在仁川港。这天上午 8 点 30 分左右，3 艘军舰听到炮声急忙出港，在蔚岛附近目击到浪速号击沉了商船，才知道已经开战了。

坪井少将在这里根据浪速号发出的信号，得知了先前击沉英国船的情况，以及清国 5 艘运输船 22 日从大沽出发驶向大同江或义州、清国舰队在威海卫等信息。吉野号迅速驶向群山湾，当天晚上跟联合舰队会合了。

■ 击沉英国船高升号

受命处置英国商船的浪速号，上午 10 点多靠近在蔚岛附近抛锚的商船，派人见（善五郎）大尉和藁谷（年实）轮机少尉对这艘商船进行临检。通过人见大尉的盘问和文件检查，得知该船名叫高升号，船籍属于英国，为印支轮船公司所有。这次被清国政府雇用，在大沽装载了军队、兵器和弹药，正行驶在将这些人员和物资运往牙山的途中。因此，日军命令船长托马斯·莱特·高惠悌（T. R. Galsworthy）跟随浪速号航行。船长虽然非常不情愿，但是最终答应了。

根据人见大尉的报告，浪速号命令高升号起锚。但是高升号发来了"有重要事情希望面谈"的信号，而且请求说希望日军派小艇过来。大尉再次登上高升号时，船长诉说道："清军将领抓住我，不让我服从贵舰的命令。他们说从大沽出发时还没有听说两国开战，因此要求退回大沽。"船上的清军端着枪在甲板上，现场弥漫着紧张的气氛。

浪速号舰长听了人见大尉的报告，打算在不损害高升号的船体和船上清军性命的情况下解决此事，花费了很长时间多次往返，反复磋商，但是清军不同意。

浪速号最后下定决心，给高升号船员发出信号要求他们迅速从船上撤离。船员回复说："清军不许我们离船，希望你们派小艇过来。"但是，事态至此，日军不能派小艇。"你们应该乘自己的小艇来。""清军不允许我们开出小艇。"经过一番争论后，高升号在桅杆上升起红旗，鸣了几下汽笛，警报危险的瞬间已经迫近。船长等见此情景，跳入水中。浪速号发射了水雷，但是没有命中，接下来向高升号的腹部射击。炮弹击中了高升号的锅炉，蒸汽和煤烟混杂着喷出来。熟悉水性的清军争相跳入海里，不习水性的清军则用步枪从甲板上向浪速号射击，而且向游在海里的船员开枪。这时是下午1点10分。

5分钟后，高升号的船尾开始下沉，1点46分完全沉没。高升号即将沉没时，浪速号派出小艇，好不容易救起了船长、大副和舵工3人。其他船员有的溺亡，有的被击毙。清军也大部分溺亡，据说获救的只有一百六七十人。

这次海战中两国海军的实力，日军方面有3艘军舰，吨位是11 106吨。与此相比，清国海军只有2艘军舰，吨位是3 910吨。日军只有吉野号、浪速号两舰受到若干损伤，兵员没有损失。清国海军广乙号死亡40人，济远号伤亡约20人。除此之外，高升号的陆军官兵约1 030人溺亡，操江号82人投降。清军合计损失了约1 172人的兵力和广乙号、操江号两艘军舰。

第三节　两国宣战

■ 下达宣战诏书

日本政府虽然希望尽可能用和平的手段断绝朝鲜祸乱的根源，然而事已至此，天皇终于根据帝国宪法的规定，履行万国公法的规则，于8月1日颁布了宣战诏书。

■ 宣战诏书

保全天佑践万世一系之帝祚大日本帝国皇帝示汝忠实勇武之有众：

朕兹对清国宣战，百僚有司，宜体朕意，遵从陆海对清交战之事，以努力达到国家之目的。苟不违反国际公法，即宜各本权能，尽一切手段，必期万无遗漏。

惟朕即位以来，于兹二十有余年。求文明之化于和平之治，坚信万不可干预外国，努力使各有司常笃友邦之谊。幸列国之交际，逐年愈加亲善。讵料清国之于朝鲜事件，对我之举动殊违邻交、有失信义。

朝鲜乃帝国首先启诱使其与列国为伍之独立一国，而清国每自称朝鲜为属邦，明里暗里干涉其内政。其内乱之时，借口拯救属邦，出兵朝鲜。朕依明治十五年之条约，出兵以备其变，更使朝鲜永免祸乱，得保将来治安，欲以维持东洋全局之和平。先告清国，以协同从事，清国反编造种种借口予以拒绝。帝国于是劝朝鲜厘革其秕政，内坚治安之基，外全独立国之权义。朝鲜虽已允诺，清国始终暗中百计妨碍其目的，且左右托辞，延缓时机，以整饬其水陆之军备。一旦告成，即欲以武力达其欲望。更派大兵于韩土，伏击我舰于韩海，殆狂妄已极。

则清国之计，明显使朝鲜治安之责无所归。帝国率先使之与诸独立国为伍。清国意在将朝鲜之地位与示其地位之条约，皆付之蒙晦，以损害帝国之权利利益，使东洋和平永无保障，其志不容置疑。仔细就其所为而深究其计谋之所在，实可谓自始即欲牺牲和平以遂其非分之想。事既至此，朕虽一心与和平相始终，以宣扬帝国之光荣于中外，亦不得不公开宣战。依赖汝有众之忠实勇武，期速恢复和平于永远，以全帝国之光荣。①

■ 清国的宣战诏书

清国政府 7 月 31 日向驻北京的各国使节通报了日清两国之间开

---

① 此处译文参照王芸生编著《六十年来中国与日本》第二卷，生活·读书·新知三联书店 1980 年 6 月第 1 版，第 83—84 页。

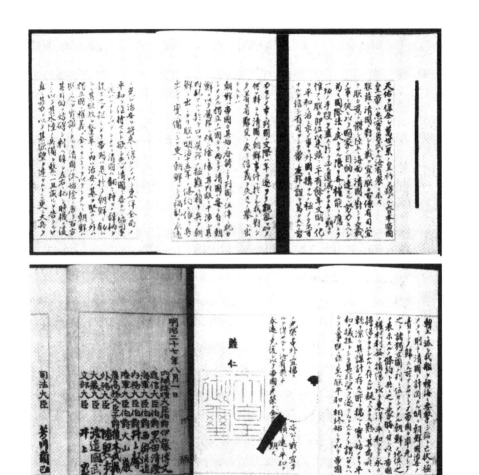

对清国的宣战诏书
（国立公文馆收藏）

启战端的事情，8月1日颁布了宣战诏书。

　　朝鲜为我大清藩属，二百余年，岁修职贡，为中外所共知。近十数年，该国时多内乱，朝廷字小为怀，叠次派兵前往戡定，并派员驻扎该国都城，随时保护。本年四月间，朝鲜又有土匪变乱，该国王请兵援剿，情词迫切。当即谕令李鸿章拨兵赴援，甫抵牙山，匪徒星散。乃倭人无故派兵，突入汉城，嗣又增兵万余，迫令朝鲜更改国政，种种要挟，难以理喻。

　　我朝抚绥藩服，其国内政事向令自理。日本与朝鲜立约，系属与国，更无以重兵欺压强令革政之理。各国公论，皆以日本师出无名，不合情理，劝令撤兵，和平商办。乃竟悍然不顾，迄无成说，反更陆续添兵。朝鲜百姓及中国商民，日加惊扰，是以添兵前往保护。讵行至中途，突有倭船多只，乘我不备，在牙山口外海面，开炮轰击，伤我运船。变诈情形，殊非意料所及。该国不遵条约，不守公法，任意鸱张，专行诡计，衅开自彼，公论昭然。用特布告天下，俾晓然于朝廷办理此事，实以仁至义尽。而倭人渝盟寻衅，无理已极，势难再以姑容。著李鸿章严饬派出各军，迅速进剿，厚集雄师，陆续进发，以拯韩民于涂炭。并著沿江沿海各将军督抚及统兵大臣，整饬戎行，遇有倭人轮船驶入各口，即行迎头痛击，悉数歼除，毋得稍有退缩，致于罪戾。将此通谕知之，钦此。①

■ 各国的反应

　　对于日清两国宣战，多国先后宣告严正中立。英国、荷兰两国是8月7日，意大利、葡萄牙、丹麦3国是10日，美利坚合众国是28日，德国、夏威夷是9月6日。

　　奥地利没有发表中立宣言的惯例，因此说不发表宣言。法国对

---

　　①　此处译文参照王芸生编著《六十年来中国与日本》第二卷，生活·读书·新知三联书店1980年6月第1版，第82—83页。

日清战争是否保持中立，各国都知道，自不待言。因此，法国把将不特别发表宣言的意思告知了日本驻法公使曾祢荒助。俄国通告驻俄公使西德二郎，只要在朝鲜国境不发生侵害俄国利益的事件，就不干涉日清之间的战事。

此外，朝鲜政府因为之前把清军撤退之事委托给大鸟公使，要求日本代办，已经处于以后日朝两国对清国无论攻守都要相互协助的地位。而且，8 月 26 日两国政府间缔结了日朝攻守同盟，即约定日本巩固朝鲜的独立自主地位，以增进日朝的利益为目的同清国作战，朝鲜则为日军的行动和给养提供一切方便。并规定这个盟约将在日清之间恢复和平的同时予以废除。

■ 筹措军费

8 月 13 日，日本政府根据紧急敕令挪用属于特别会计的资金进行借款，并且公布了募集公债充作军费之事（8 月 15 日发布军事公债条例，开始公开募集。申请者蜂拥而来参加军事公债的募集，募集金额高达 76 949 000 日元）。进而 9 月 26 日，日本政府在大本营所在地广岛召集临时帝国会议，按照宪法的规定，要求事后承认之前紧急敕令发布的事项。结果全场一致通过了该议案，并通过了临时军费特别会计法。

第三章

朝鲜北部之战

第一节　平壤之战前的两军

■ 混成旅团的情况

大岛混成旅团长 8 月 5 日回到汉城后，听取了之前派遣到平壤的町口中尉、竹内少尉的报告，收阅了大本营的通报，确认清军正在稳步把军队运送到平壤的情况，知道近日将不得不在这个方向跟清军对决。而且，当时的情况是这个地方的官民都敌视日本人，随着清军南下，正在公然反抗日军。

大岛旅团长判断暂且维持开城和中和之间的传令骑兵线是当务之急，打算让在临津镇的步兵第 21 联队第 2 中队的一部分兵力前进，同时让后方的骑兵增援。但是，骑兵在前面的成欢之战后还没有完全恢复战斗力，只能派遣少量的骑兵，因此，不足以镇压朝鲜国民的抵抗。

这时，町口中尉和竹内少尉在抵达中和侦察期间，遭到清军约150 名步兵和 50 名骑兵的突然袭击，他们两个人和带领的 3 名骑兵、2 名翻译一起战死（8 月 19 日）。旅团失去了重要的侦察机关，之后平壤方面的敌情只能依靠朝鲜的奸细，只好通过不可靠的、含糊不清的报告来推测事实，而且也不能迅速了解清军的实际情况了。

不过，旅团长预先派遣到开城的步兵第 11 联队第 1 大队，8 月12 日在开城撤回了传令骑兵哨，修理了开城和平山间的电线，14 日开设了通信站，19 日前进到平山西面约 14 公里的葱秀。他们作为町口、竹内两位军官战死后唯一的侦察机关驻扎在这里，侦探敌情。

旅团长又考虑到在从日本派遣的后续部队到来之前清军可能抵近日军的情况，制订了如下方案，即让旅团的部分兵力控制朔宁和临津附近，其间把主力部队开进到临津江附近迎击清军，并临时编成了临津镇支队和朔宁分遣支队。

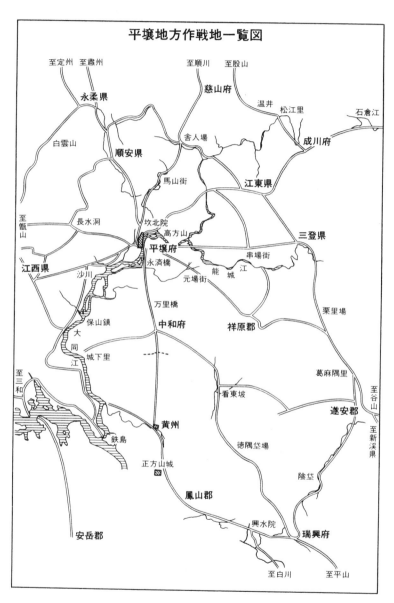

平壤地区作战地一览图

朔宁分遣支队在朔宁附近与平壤的清军对峙，在掩护汉城、掌握成欢残兵动向的同时侦察敌情，而且肩负着在临津镇、朔宁之间架设电线的任务。这支部队 8 月 11 日从阿岘幕营地出发，17 日到达朔宁东南方约 4 公里的麻田里。临津镇支队则于 13 日到达临津镇。

在此期间，第 5 师团余部的步兵第 22 联队第 2 大队在元山登陆，15 日到达汉城附近。于是旅团长决定让之前守备汉城附近的步兵第 11 联队第 2 大队和第 9 中队与临津镇支队会合，新来的大队守备汉城附近。

17 日，日军综合各种情报，搞清了有 2 000 名清军士兵在黄州西面，打算 18 日向瑞兴进军。他们在位于凤山和瑞兴中间的剑水车站好像囤积了大量的粮食（从汉城到义州的义州大道宽 3—6 米，在当时狭窄的朝鲜道路中属于一级道路。但是，这条道路从汉城开始依次连接临津镇、开城、平山、葱秀、瑞兴、凤山、黄州和平壤，瑞兴和平山之间仅相距约 14 公里）。因此，旅团长决定命令在平山的一户少佐的大队撤退，让清军产生骄傲轻敌的思想，待清军前进到开城附近时予以迎击。如果在这里击退清军，就可以夺取清军在途中积聚的粮食，日军前进时就不用再担心兵站的补给。

旅团长马上于 19 日命令一户少佐率领的大队撤退到开城，但是该命令传递到平山时，该大队已经离开平山到达了葱秀。

同一天的 19 日，第 5 师团长野津道贯到达汉城，因此，之前一直由混成旅团长担负的任务移交给了师团长。混成旅团退出战斗序列，各部队划归师团长指挥。

■ 第 5 师团余部出发

7 月 29 日，大本营收到了 25 日发生的丰岛海战的报告。日本政府根据该报告，不得不下决心进入战争这一最后阶段。大本营于翌日的 30 日，向第 5 师团长指示了作战的大方针，开始把师团的余部运送到朝鲜。

根据这时获悉的各种情报，得知已经进入朝鲜的清军大约超过 1 万人，而且还有其他部队即将向朝鲜出征。在汉城附近的日军混成旅团，危机迫在眉睫。日军现在本应争分夺秒地派遣增援部队，但是在没有掌握朝鲜西海岸制海权的情况下，要从距离汉城很近的仁川港派兵，不能不说非常冒险。但是即便让部队在釜山登陆，从釜山到汉城的道路险恶，要花费很长时间，而且土地贫瘠。因此，有必要事先派遣兵站筹备好粮食，无论如何也无法同时让大量士兵行军。于是，大本营决定克服各种困难，在汉城和釜山之间铺设补给线，让大部分士兵走这条线路。为了临时救急，决定把一部分士兵运送到元山港，让他们从这里进入汉城。

大本营在同一天的 30 日，命令第 5 师团长野津派遣兵站监和 3 个兵站司令部到釜山，负责兵站的施工和物资的筹措。为了修筑道路、保护军用电线，给兵站监配备了临时工兵中队。

大本营看到事态的紧急进展，翌日的 31 日命令第 5 师团长把步兵第 12 联队第 2 大队经釜山派往汉城，并且在 8 月 1 日令步兵第 22 联队第 1 大队经元山前往汉城（如前所述，这支部队 15 日到达汉城）。

翌日的 2 日，大本营命令第 5 师团长野津道贯率领第 3 批运输部队从釜山赶往汉城，合并混成旅团，接替混成旅团长的任务。发出这道命令数十分钟后，成欢的捷报传到了大本营。

大本营也充分考虑到通过陆路去汉城将非常困难，因而打算设法从仁川港发送第 5 师团的第 4 批运输部队。在命令第 3 批运输部队出发翌日的 8 月 2 日，大本营下令联合舰队击败清国舰队，并暂缓第 4 批运输部队出发，等候海战的报告。但是，过了一个星期也没有得到海战的报告。不久，大本营收到了进入朝鲜的清军多达 2 万人的情报，已不能再继续等待，终于在 10 日向第 10 旅团长立见尚文少将下达命令："指挥第 4 批运输部队依次出发，经釜山与师团会合！"但是到了 14 日，日本联合舰队虽然想击败清国舰队，却找不到清国军舰的影子。因此，大本营得出了釜山和仁川之间的航道现在未必危险的结论，决定在联合舰队的护卫下，经海路把第 4 批运输部队和现在还在釜山的第 3 批运输部队的第 4 梯团运送到仁川。这些部队于 21 日下午到达仁川，23 日完成登陆，进入此前混成旅团位于龙山的旧营帐。

■ 第 1 军的编成

8 月 14 日，大本营认为实在难以在本年度内实施也可称为作战大方针要点的直隶平原大决战，于是确定了冬季作战方针，决定把刚刚完成动员的第 3 师团派遣到朝鲜，令其与第 5 师团一起把清军驱逐出朝鲜。

大本营最初下令第 3 师团动员时，打算将该部队用于占领为大决战做准备的根据地，从其目的地旅顺半岛的地形考虑，命令把辎重的驮马编成改为徒步和车辆。但是，到了完成动员的 14 日，突然变更为在朝鲜半岛使用该部队。因此，大本营要求把师团辎重恢复为驮马编成，把野战炮兵联队的野炮改为山炮，并且作为兵站部使用编成军夫 2 800 名、车辆 1 000 辆。师团匆忙着手进行这些改编，到 30 日终于完成了改编。参谋本部从朝鲜半岛的地形和交通状况考虑，原以为朝鲜不适合派送驮马编成的军队。因此，最初派遣混成旅团时，为了减少马匹数量撤消了运送行李的驮马，编成做到军需品全部让辎重运输兵和军夫承担。然而，根据混成旅团在朝鲜半岛的经验，使用驮马不但没有障碍，反倒比使用军夫更具优势。因此，决定第 3 师团采取驮马编成。

虽然已经决定派遣第 3 师团，但是由于师团改变编成耗费时间，而且运输船也为运送第 5 师团第 4 批运输部队忙得不可开交，一度难以实现该计划。于是，大本营决定把第 3 师团的一半兵力编成混成旅团，划归第 5 师团长指挥，依次把该部队派遣到元山。先出发的支队（旅团的一半）27 日至 30 日在元山港登陆，后出发的支队 9 月 12 日到达元山港。

9月1日，日军合并在朝鲜的第5师团和第3师团，给该部队增加了预备炮厂、第6野战电信队，组成了第1军。这一天，大本营指示了第1军的战斗序列，同时给军司令官、陆军大将山县有朋下达训令，命令第3师团的余部出发。

9月4日，第1军司令部、第3师团余部、第3野战电信队和兵站辎重开始在宇品港分别搭乘32艘运输船，其中的29艘于6日至8日出港。途中，在门司港载上了第6野战电信队，于10日到达联合舰队的根据地长直路。山县司令官10日刚到达长直路，就马上会见联合舰队司令长官伊东，商定了登陆的相关事宜。各运输船在联合舰队的护卫下，从这里驶向仁川港，18日全体人员登陆完毕。

由于第3师团被编入了第1军，因此，大本营8月30日给第1师团下达了动员令。这个师团原计划用于直隶平原的大决战，因而辎重是徒步车辆编成。野战师团于9月8日完成了动员，后备各部队于7日完成了动员。

大本营又内定把第6师团的一半兵力即混成第12旅团编入第1军。9月8日，大本营令第6师团长征集应该随从第1军的各部队所需的驮马，10日宣布了战斗序列。

■ 包围平壤的军队挺进

第5师团长野津8月19日刚到达汉城，就听取了大岛旅团长此前掌握的敌情，判断现在集中在平壤的清军至多不过一万四五千人。

另一方面，野津师团长询问了朝鲜政府的情况，发现在政府首脑人物大院君以下大多数当局者中可以看到如下倾向，即闻听清军陆续来到平壤，觉得如果太信赖日本会很危险。

日军认为按照目前的情况，如果不击败平壤的清军，就无论如何也不可能完成朝鲜的内政改革。野津师团长决心等待师团兵力集结后，率兵北上，迅速攻击清军，务必将其赶出朝鲜国境之外。师团长制订的前进计划如下：

一、从之前的混成旅团中除去朔宁分遣支队组成混成第 9 旅团，该旅团沿义州大道前进，专门攻击敌军正面。

二、合并朔宁分遣支队以及在炮兵中佐柴田正孝的指挥下、目前正在从元山奔赴汉城的各部队（步兵第 12 联队第 1 大队、野战炮兵第 5 联队本部和第 1 中队）组成朔宁支队，该支队自朔宁经新溪、遂安、三登、江东前进，迫近敌军左侧。

三、我率领其余各部队（师团主力）逼近敌军背后，夺其退路后发起攻击，将敌军驱逐到西方即海岸地区。

此外，师团收到一份通报，内容是在已划归第 5 师团长指挥的第 3 师团的一半兵力当中，佐藤大佐率领的支队最迟也应该 8 月底之前在元山登陆。因此，野津师团长将其编为元山支队，赋予该支队的任务是经阳德、成川到顺安，切断清军的退路。

野津师团长企图 9 月 9 日之前令元山支队前进到成川、朔宁支队前进到三登、混成第 9 旅团前进到中和、师团主力前进到黄州，之后趁混成第 9 旅团在清军正面吸引对手注意之际，令元山支队经慈山、顺安前进到平壤，朔宁支队经江东前进到平壤，师团主力可能的话在黄州附近横渡大同江，如不能渡江，则从黄州经祥原到江东，跟随在朔宁支队后面，期望 9 月 15 日包围平壤发起总攻。在当前的 8 月 31 日，元山支队到达元山，朔宁支队到达新溪，混成第 9 旅团到达葱秀，师团主力中的第一行进团队到达开城、第二行进团队到达汉城，按照师团长制订的行军计划表，开始了新的进军。

■ 集中在平壤的清军

清国北洋大臣李鸿章自 7 月上旬至中旬，制订了下面的出征计划：

一、令卫汝贵率领盛字军 6 000 人，经海路向平壤前进。

二、令马玉昆率领毅字军中的 2 000 人在大东沟登陆，沿陆路向平壤前进。

三、令左宝贵率领奉军 3 500 人，沿陆路向平壤前进。

四、令丰升阿率领盛字练军 1 500 人，沿陆路向平壤前进。

五、令在牙山的各部队经海路转移至平壤。

六、令北洋水师的主力首先掩护陆军的海路运输，之后声援在朝鲜的陆军，同时守卫渤海湾口。

七、命令贾起胜招募 8 个营、宋得胜招募 5 个营、姜桂题招募 4 个营、潘万才招募 3 个营，总计新招募 21 个营、约 1 万人，填补直隶各部队的空缺。

根据这个出征计划，从直隶和满洲（现中国东北部）集结到平壤附近的各部队总计 15 400 余人，山炮 28 门，机关炮 6 门。李鸿章作为这些部队的统帅想拉上刘铭传，但刘固辞不受。因此，最后决定由卫、马、左、丰 4 位将军协商处理战事。

李鸿章 7 月 20 日接到派兵的圣旨，立即给各军发布出征命令，开始往平壤的集结行动。于是，盛字军自 21 日开始在塘沽乘船，中军 23 日在大东沟换乘驳船，沿鸭绿江逆流而上，在安东县（今丹东市）登陆，24 日在义州等待后续部队的到来。左军 27 日已经到达了义州，但是左军发来报告说看到 25 日丰岛海战的结果，忧虑黄海的危险，将在营口登陆。因此，卫汝贵率领中军和左军 28 日从义州出发。

当时，李鸿章相信了误报，即大量埋伏在平山以东或固守在黄州的日军，陆续向大同江南岸前进，企图渡河，马上就要占领平壤。李鸿章也相信在牙山的提督叶志超发来的已取得大胜的虚报（日军战死者多达两千余名，叶军战死者仅两百余名等等）。因此，李鸿章担心日军陆续渡航而来，叶军将陷入孤立无援的境地。7 月 30 日至 8 月 3 日，他命令正在朝平壤行进的卫、马、左等将军，"迅速占领平壤探索敌情，并策应牙山的叶军"！卫汝贵冒着酷暑，克服给养不足的困难行军，8 月 4 日和 5 日进入平壤。毅字军 4 个营 4 日进入平壤，奉军 4 日至 6 日进入平壤，盛字练军 9 日进入平壤。这样，清国四路大军除了担负后路守备的一部分兵力，大多数按照预定计划在平壤集结了。

■ 平壤的守备

集结在平壤的卫、马、左三位将军立即召开会议，好像商讨了主动攻击日军的策略。但是正好在这个时候，传来了牙山战败的消息（8 月 6 日）。此外，又收到了各种报告，如日军已经占领汉城、仁川一带，大量兵力也潜入黄州地区，要地全都埋了地雷，等等。因此，清军决定暂时驻屯平壤，等待后续部队的到来。

当然，由于冒着酷暑艰难行军匆忙赶来，人困马乏，不能马上投入战斗。后勤保障的准备也不到位。这些因素也是导致出征不顺畅的原因。

10 日，各位将军接到侦察队在中和跟日军数十名骑兵遭遇、击毙了 5 人的报告（町口、竹内两位军官遭伏击的事件），得知日军已临近平壤。又根据其他情报等分析，判断当前要迎击正在前来的日军，需要有 2 万名战斗人员和 1 万名后方守备兵力。因此，诸将决定在得到这些足够的兵力之前，停留在平壤，彻头彻尾地防御。他们一边开始构筑防御工事，一边催促还没有到达的部队快速前进，同时把这个意见呈报给李鸿章。

平壤只有通往义州的一条退路。假如日军在这条路上濒临海岸的地区，如安州、定州、清江站等地登陆，这条退路很快就会被切断，而且在遭到长期包围时，也无法请求援军。这是在平壤的各位将军最担心的事情。作为对策，各位将军 18 日请求李鸿章："希望另外增派守备部队到义州、安州、定州等海口，保证退路安全。"又进一步说："如果能向元山、黄州、海州各方向特派大部队的别动队分割敌军，平壤占领军就可集中全力攻击敌人。"

在这种情况下，叶志超、聂士成历尽艰辛到达了平壤。他们拖着负伤的身体，冒着酷暑，选择人迹罕至的地方，在山野和溪谷中穿行，吃了很多苦。他们每二三十人或一两百人组成一个群体，既没有武器也没有粮食，衣衫褴褛，落魄不堪，那幅情景很难用悲怆还是什么来形容。这些残兵败将的到来，使全军的士气大为沮丧。

23 日，李鸿章接到"令平壤诸将前进，歼灭日军！"的圣旨。李向诸位将军征求关于进攻的意见，诸将回答说"要发动进攻必须有大军"。李也同意这个意见，上奏道："希望待增援部队到达、后路守备稳固后发起进攻。"

此后，诸将的意见越来越倾向于专守防御。当时，李推算日军进入朝鲜的兵力达到了 5 万人。他说日军是受过训练的精锐部队，如果没有超出日军 1 万人以上的兵力，就不能与之较量（9 月 1 日发给奉天将军裕禄的电报）。李似乎也想守住平壤，进而见机行事。

平壤的守军此前没有主将，叶志超一到达平壤，李鸿章就任命他为在朝鲜各部队的总指挥官。

■ 平壤城

集结在平壤的清军自 8 月上旬开始着手构筑防御工事，至 8 月下旬大体完成了以下设施：

一、大同门外大同江　　　浮桥 1 座
二、城外北方高地线　　　堡垒 4 个
三、城北牡丹台上　　　　堡垒 1 个
四、城内西庙北侧　　　　兵营 1 座
五、城南外郭　　　　　　堡垒及兵营 15 处

之后，清军于 9 月 8 日制订了大举迎击日军的计划。该计划受挫后，就只好专注于平壤的防备。

平壤城北部的守备由奉军和盛字练军负责，该部队凭借修筑在自牡丹台绵延到垃岘的高地上的 5 个堡垒，压制爱美、坎北两座山以南的

谷地，而且在乙密台上修建了齐胸高的土墙掩体，强化了城郭的凸角。

牙山军担负平壤城西部的防御，在景昌门外的高地上修筑了一个大型堡垒，与城墙以及自文阳关至安山的堤防一起控制住普通江的河源，在位于平壤城西南方的安山修筑了坚固的堡垒。

位于平壤城南部的外郭（即外城）方向由盛字军和毅字军的部分兵力守卫，该部队主要固守在外城4公里附近的堡垒里面。

大同江从平壤城东侧流过，河床的宽度自500米至1 200米不等，即使落潮时也无法徒步通过。清国军队把城区附近10多公里处大同江上的船舶或毁坏或拉到了右岸。此外，由于8月9日前后大同门外的浮桥坍塌，清军又在城郭东南角（长城里西部）架设了浮桥联结两岸，在左岸的长城里、中碑街附近增建了3个堡垒，在永济桥畔增建了1个堡垒，在载松院附近的高地增建了1个堡垒，令毅字军的部分兵力守卫。

平壤城的城墙高约10米，其底部宽度约7米，顶部宽度为2米。在城墙里隐藏着厚约80厘米、挖有枪眼的墙壁。这些城墙是用砖石和泥土修建的，但是由于长年的风化作用自然变硬，步枪子弹穿不透墙壁，城墙对野战炮也有足够的防护作用。

提督叶志超9月12日发布了防御命令，补充了之前缺编的配备。这些装备一直保持到平壤战役，但是诸将对叶不太满意，士气低落，军纪、风纪经常比较涣散。

■ 大本营迁往广岛

6月5日，日本在东京设立了大本营。但是，到8月1日日清两国宣战，大本营才真正具备全军最高统帅的机能，开始制定作战策略。这样一来，为了对朝鲜半岛的战斗实施灵活的指挥，并且能顺利地派送本土的军团，有必要将大本营的位置推进到本州西部。

当时，纵贯本州的铁路，北部始于青森，经东京在广岛终止，而且位于广岛南部约4公里处的宇品港，港口建设工程刚刚竣工，

明治天皇在广岛大本营亲自处理军务，深夜听取川上操六参谋本部副总长报告战况（南薰造画，明治神宫圣德纪念绘画馆收藏）

成为本州岛屈指可数的良港。实际上，在这场战争开始之前，宇品港就被用作日军主力的出发基地，这里具备将来也不会改变的充足的条件。基于上述理由，把大本营迁到广岛是最合适的。

因此，广岛第5师团司令部的房舍作为新大本营驻地。天皇于9月15日进入大本营。

第二节 平壤之战

■ 总攻前夕

混成第9旅团12日到达永济桥附近，按照预定计划努力吸引清军的注意。14日早晨6点，大岛旅团长根据野津师团长的电报获悉，师团主力的先头部队13日抵达保山镇，打算14日前进到平壤附近。于是，旅团长给师团长发电报说：旅团预定从14日中午开始炮击以牵制清军，翌日的15日拂晓派遣主力前往大同门，让两三个中队在羊角岛附近渡河，跟师团主力取得联系后发起攻击。

但是，大岛旅团长下午2点半收到了师团长从保山镇发出的命令，内容是："师团主力部队大部分昨夜到达保山镇，但是由于在十二浦渡河花费的时间超出预定计划，一部分兵力尚在赶来的途中。师团长今天早上9点从保山镇出发，率领先到达的部队，计划本日内前进到沙川，明后日观察朔宁、元山两个支队的动静后再向平壤前进。旅团在该时机到来之前，主要牵制敌人，不要让敌人察觉位于其左右和后方的我军动向。"从中可以判断因师团主力渡河不顺利，师团长似乎在考虑把15日的总攻延期到16日。

这个训令中写的"明后日"，实际上是记录训令时的笔误，本来应该写作"明日"。也就是说，师团长根本没有考虑改变预定计划。

但是，大岛旅团长担心朔宁、元山两个支队不知道延期攻击的消息，前进到这里时将陷入孤军苦战的境地，两个支队因此会出现粮食不足的问题。若考虑到这个情况，旅团就应该不等待师团主力到达，翌日的 15 日大胆逼近平壤，解救两个支队的危机。然而，假如这两个支队也没能像预定计划那样行进，还在远离平壤的地方，旅团 15 日的战斗将白白遭受巨大损失，不但丧失兵力，而且可能打乱 16 日总攻的计划。虽说如此，现在时间紧迫，也无暇联系师团长请示其命令。

大岛旅团长怀着悲怆的决心，打算付出多少损失姑且不论，翌日的 15 日挺进到长城里附近，把清军困在这个方向。他决定把旅团主力部署到在朔宁、元山两个支队迫近平壤时可以很好地解救他们的地方。

旅团长刚就此事写好呈报给师团长的报告，就收到了朔宁支队长立见少将发来的通报，搞清楚了朔宁支队已于昨天（13 日）到达国主岘和国主店的中间地带，元山支队也计划 14 日到达斧山店、坎北山附近，两个支队都在等待着 15 日的总攻。大岛旅团长越来越坚定了翌日的 15 日发起进攻的决心，他在刚刚写给师团长的报告里附上立见少将的通报，增加了请求师团主力先期抵达部队增援的要点，将报告发送给了师团长。

另一方面，师团主力自 11 日开始在十二浦附近横渡大同江，昼夜兼程继续前进。14 日傍晚，其大部分兵力到达新兴洞、沙川附近，余部也彻夜跟随在大部队后面，准备着 15 日的进攻。

平壤之战 1（9 月 15 日午夜 0 点至早晨 7 点）

■ 混成第 9 旅团

14 日傍晚，大岛混成第 9 旅团长在永济桥南方的高地下达了翌日的 15 日对平壤进行总攻的部署和任务。

一、独立骑兵队明天拂晓从柯亭店出发，搜索从柯亭店通往平壤的道路至北部大同江地带，警戒我右翼，而且要尽力联络朔宁支队。

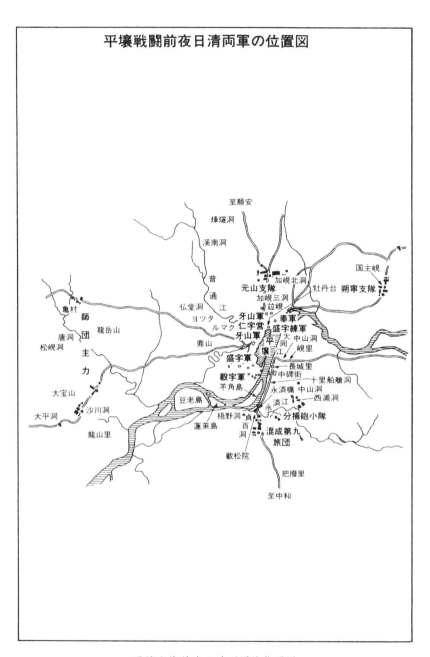

平壌戦闘前夜日清両軍の位置図

平壤之战前夕日清两军的位置图

二、柯亭独立小队继独立骑兵队之后从柯亭店出发，经赤屯地店前往船桥里，警戒我右侧，支援独立骑兵队。

三、右翼队明天凌晨4点从中山洞高地出发，向长城里的桥头堡进击。

四、中央队明天凌晨3点从横跨土器店、贞百洞的高地出发，以义州大道为左翼，向长城里的桥头堡进击。

五、左翼队可能的话明天拂晓之前横渡到羊角岛，如果看到师团主力前进到山川洞附近，就与之联系从平壤南部攻进城里。假如未能取得联系，则在旅团的部分兵力通过浮桥进入平壤之后前进。

六、预备队跟随在中央队后面出发，沿中央队右侧前进。

翌日的15日从凌晨2点到3点，缴获炮小队、炮兵第5联队本部和第3大队到达中山洞及其南方高地，开始修筑应急肩墙，凌晨4点之前完成了作业。凌晨4点，右翼队在这里集结，开始向位于中碑街东部的角面堡①前进。

中央队和预备队分别在义州大道集合，凌晨3点以长城里的桥头堡为目标出发。原来在贞百洞高地的左翼队，14日午夜把一部分士兵摆渡到羊角岛，其余部队从这天凌晨3点开始渡河前往羊角岛，5点渡河完毕。

右翼队夺取了中碑街东部的角面堡后，一个分队继续向北前进同长城里堡垒的清军交战，其余部队向西前进来到义州大道时，没料想到那里是中碑街西部河岸角面堡的前方。角面堡隐藏在村落和树木的后面，日军完全没有察觉到它的存在。当时正好来到角面堡左侧的中央队先头部队迅速同清军展开了激烈的枪战。清军固守在坚固的胸墙里，日军没有可以依托的隐蔽处，暴露在清军的炮火之下，战斗非常艰苦。而且，这时是凌晨4点40分左右，天刚蒙蒙亮，炮兵无法进行炮击。

中央队先头部队凌晨4点到达十里船舱村落的北端时，遭受猛

① 多边形的堡垒。作为临时或半永久性的阵地设置在军事要地。

烈的射击，好不容易才将敌人击退，进而冒着大同江右岸清军的炮火，追击逃跑的敌人。4 点 15 分，先头部队来到中碑街西部河岸的森林时，突然发现前方约 100 米处有角面堡，因此，在这里和右翼队携手作战。

不久，天终于变亮，右翼队炮兵集中炮火攻击大同江右岸、距外城 4 公里偏北方向的左字堡垒，预备队加入了正在攻击中碑街西部河岸角面堡的右翼队。因此，早晨 5 点 30 分，右翼队、中央队、预备队三支部队和步兵 9 个中队，在中碑街附近作战。此外，中央队的炮兵正在长林洞的南部炮击大同江右岸马字堡垒东部的炮兵。

早晨 7 点时分，攻击长城里堡垒和攻击中碑街西部河岸角面堡的战况都非常不利。当天黎明以后，经过数小时的激战，士兵疲惫不堪，携带的弹药也几乎耗尽，当时的情况是在勉强支撑着。另一方面，在羊角岛集结的左翼队，正在果敢地从那里向大同江右岸渡河登陆。

■ 朔宁支队

15 日凌晨 1 点，朔宁支队从国主岘出发，黎明前到达加岘南部的丘陵。在其西南方约 1 000 米的高地的山顶，有清军的堡垒，也看到了哨兵。这就是事先作为攻击目标的第三堡垒。但是，支队长当时还没有发现这个堡垒，认为这里可能是清军面向元山支队的堡垒线的右翼。支队尝试着向这个堡垒射击，结果对方约 30 支枪进行了回击。可是，过了五六分钟，也没有枪支数量增加的迹象。因此，支队向前推进，打算趁清军增援部队没有到达之际夺取这个堡垒。但是，在大同江岸的高岭上行进的原先锋主力部队临近战线时，突然发现前方一个堡垒。原来这是第二堡垒。同时，日军受到散开在这个堡垒前方的清军的猛烈射击，便往战线派送增援部队，炮兵也对第三堡垒进行了炮击。

清军也从第三堡垒里面开始炮击，虽然这种做法非常不正确，但是枪击实在激烈，让日军大伤脑筋。然而，日军不惧枪林弹雨，渐渐地逼近，到达第三堡垒前方三四百米的地点后进行猛烈射击。清军朝堡垒东南的山脊增兵进行抵抗，第二堡垒也从侧面猛烈射击予以协助。这时是早晨 6 点多钟。

这样，经过数十分钟激烈的攻防战之后，第三堡垒东南山脊上清军步兵的右翼首先表现出了军心动摇。日军抓住这个时机，同时向第三堡垒和该堡垒东南部的山脊发起冲锋。这时将近早晨 7 点。

原先锋主力部队的两个中队一直在跟散开在第二堡垒前方的清军作战，6 点 30 分左右击退这些清军，与第二堡垒的清军对峙。第三堡垒方向一响起冲锋号，该部队就一跃而起冲进第二堡垒。在这次突击中，首先是第二堡垒的守军溃散，紧接着第三堡垒的清军也丢下兵器和战死者，朝玄武门、七星门方向败退。

■ 元山支队

元山支队 15 日凌晨 4 点 50 分接到支队长佐藤大佐下达的进攻命令，5 点 5 分从露营地出发，目标是第四堡垒和第五堡垒。5 点 40 分，炮兵第 3 大队开始从坎北山上炮击第五堡垒，清军也从第四、第五堡垒用步枪应战。

元山支队攻陷第四、第五堡垒，与朔宁支队攻占第二、第三堡垒几乎是在同一个时间。

位于平壤北方一带高地上的清军堡垒，到此全部陷落，其守军退却到了城墙内。在这里，乙密台的谯楼、牡丹台以及城墙上的清军开始猛烈射击，与部署在牡丹台圆郭下的"加德林"机关炮兵一起，试图顽强地坚守下去。

■ 师团主力

师团主力凌晨 3 点从新兴洞村落西北方约 900 米的江西大道上

出发，向平壤前进。6点10分左右，先锋尖兵队过了鼎山东南麓的桥梁，向前行进约500米时，发现前方有清军的步兵侦察兵，便停止前进。同时，先锋主力部队在鼎山南麓受到安山堡垒清军的射击，立即占领了鼎山与安山堡垒对战。这时，从元山、朔宁两个支队和混成第9旅团方向，频频传来战场上震天的喊杀声。

为了从北部进攻安山堡垒，师团长命令步兵第12联队长友安中佐，率领第2大队越过客山桥村落的山后赶到鼎山北麓，进攻安山堡垒。在此期间，担任先锋的步兵第22联队的先头中队抵达鼎山东部约1000米处，在江西大道北侧散开。第1中队比先头中队再继续前进400米到达道路南侧，在这里构筑掩体，开始对安山堡垒射击。时间是早晨7点左右。

另一方面，景昌门的堡垒也向师团独立骑兵队左侧卫发射了猛烈的炮火。该骑兵队占领着沿普通江右侧丘陵最东端的高地，即瑶塔露马库（音）丘陵的东端，立即与敌人应战。

平壤之战 2（早晨 7 点至下午 2 点 30 分）

■ 混成第 9 旅团的苦战

早晨7点30分左右，驻守在中碑街西部河岸角面堡的清军，新增了通过浮桥到来的步兵，同时补充了弹药，把伤员送到了后方，士气大大提高。而且，协助该部队从侧面炮击的大同江右岸的炮火也更加猛烈。与此相比，日军的炮兵阵地因中碑村落遮挡，根本无法炮击这个角面堡。面对角面堡的步兵已经差不多打光了随身携带的弹药，又没有希望得到补充，只能等待清军耗尽弹药后，用刺刀冲锋。

在这种恶劣的状况下，上午8点发现有迹象表明若干清军试图从角面堡背后迂回，逼近中央队的左翼。中央队长得知此事，只好把护卫军旗的小队也投入了战场。现在的情况是中央队没有预备队，军旗由附属于联队的下士、传令兵和步兵护卫。

大概从上午 8 点之前开始，长城里堡垒中清军的炮火渐渐变得稀疏了。尽管如此，日军若要前进清军就会发出猛烈的射击，日军稍微抬头清军就会进行狙击。看到日军稍有松懈，清军就准备出击。在这样的战况下，右翼队长认为强攻不利，命令各队准备持久战。因此，长城里堡垒和右翼队的战斗暂时转为停止的状态。右翼队长在这里为了准备向后方运送死者和伤者，请求混成旅团长开设野战医院。

上午 10 点，当时在中央队战线的步兵第 21 联队第 10 中队长若月大尉，率领部下向中碑街西部河岸角面堡的南侧掩堡突击。虽然闯入了外濠，但是遭到清军猛烈反击，又退回了原地。中队长负伤，小队长以下大量人员伤亡。这时，中央队的战线没有弹药射击，又失去了许多军官，而且不用说吃早饭，连一杯水都没有喝。因此，士兵们筋疲力尽，体力已达到了极限。同时，清军的炮火越来越猛烈。

从早上 10 点到 10 点半，师团主力和朔宁、元山两个支队各方向的枪声突然减弱，仿佛战斗已经结束了似的。旅团长无法了解真相，就这样持续到了中午。旅团原来的目的——牵制清军的任务至此已大致完成，因而一般认为与其这样继续进行不利的战斗增大损失，莫如寻找机会摆脱清军才是上策。但是，根据现在的战况，很难说是否能够顺利撤离。

岂止如此，撤退之时，假如清军出击的话，可能关乎旅团的命运。

旅团长派遣长冈参谋到右翼队和中央队的两个队长身边，向他们征求白天撤退是否可行的意见。如果得到可以安全撤退的答复，就让长冈参谋立即传达退却命令。两个队长回答说"应该退却"，因此，中午 12 点 30 分收到了退却命令。此外，旅团长派遣传令骑兵到独立骑兵队和柯亭店独立小队，在碑石街附近传达了退却命令。各部队从下午 2 点 30 分左右开始撤退。

■ 朔宁支队和元山支队

早晨 7 点左右，朔宁、元山两个支队突破了城外的堡垒线，大部分会合在一起，开始进攻北面的城墙。

先突击第三堡垒的步兵第 12 联队第 1 大队，追击败兵的踪迹，占领了牡丹台西北约 400 米的山脊。闯入第二堡垒的步兵第 22 联队第 2 大队的两个中队，追击着清军向牡丹台北外城的凸角急速前进。

炮兵第 1 中队在第三堡垒西方的山脊上把大炮摆成发射队形，对牡丹台进行集中炮击。发射的炮弹接连命中，没有浪费。前线的步兵也情不自禁地大声呐喊。7 点 50 分，元山支队的炮兵大队也集中炮火射向牡丹台。

在此期间，追近牡丹台北外城凸角附近的两个中队终于夺取了凸角，并乘势于上午 8 点 10 分左右攻入牡丹台圆郭。清军抵挡不住，后退到乙密台南方约 300 米的穹窿门内。两个中队固守在圆郭及其附近地区，与城墙上的守军对战。在这里，朔宁支队的步兵、元山支队的步兵第 6 中队以及两个支队的 3 个炮兵中队，全部集中炮火攻击乙密台附近的清军。但是，清军继续顽强抵抗。

上午 8 点 30 分左右，元山支队的一个步兵小队进入玄武门，紧接着朔宁支队的一个小队也与之会合加入攻击队伍，但是未能改变战局。

乙密台的清军位于屹立在陡峭的斜面的城墙上，在坚固的掩蔽物的防护下，俯视着日军进行狙击。另一方向的日军所在的地方几乎没有藏身之所，要仰视清军。这样，双方的条件相差悬殊，显而易见，即使强攻，对日军也非常不利。

集中在箕子陵附近的元山支队也处于同样的状态。朔宁支队长决定不要太靠近城墙，静观敌情变化。上午 9 点 30 分，令士兵稍微后退。10 点，他命令朔宁、元山两个支队等待时机，不要冒险靠近敌人。

炮兵中队以摧毁谯楼为目的，进行了榴弹射击。虽然准确地命中目标，但是没什么效果。因此，炮击一度中止后，又继续零零星星地射击。

这样，这个方向保持着休战的状态，时间到了下午 2 点 30 分。

■ 师团主力

清军从安山堡垒可以俯视与安山堡垒对战的步兵第 22 联队所在的位置。该联队不但会受到刚出现在安山东北部堤防上的清军的侧面射击，而且前方有沼泽地，行动不便。因此，联队长把部队转移到瑶塔露马库丘陵，在独立骑兵队左侧卫的右侧布阵。该骑兵队正在跟景昌门外的堡垒对战。步兵第 22 联队长认为形势不利撤离了普通江畔的阵地后，步兵第 12 联队长率领的部队从鼎山北部的旱田穿过玉米地赶到这里。跟安山堡垒的清军交火约 5 分钟后，该联队沿沼泽地前进，散兵线的一部分逼近了普通江岸边。在这里，敌我双方的炮兵展开了激烈的炮战。师团长认为强攻难以达成目的，就命令步兵第 12 联队长在另下命令之前停止前进，可能的话撤退到清军枪支有效射程之外的区域。早晨 7 点 40 分，该联队长开始让各中队后撤。

上午 9 点 15 分左右，安山堡垒里面及其附近地区清军步兵的射击稍稍开始减弱。于是，鼎山的炮兵也停止了对这里的炮击。师团长立即命令炮兵第 2 大队长在瑶塔露马库丘陵东端附近，选定炮击平壤主城郭的阵地。师团长之前认为强攻安山堡垒不利，把一部分步兵转移到了瑶塔露马库丘陵，而且把大部分步兵转移到了大汤洞高地方向。根据敌情的变化，他把炮兵也转移到了这个方向，打算跟元山、朔宁两个支队协同实施攻击，因而一直在等待机会。现在看到清军的火力减弱，师团长马上将计划付诸实施。

到了 10 点 30 分，师团主力方向的清军完全停止了射击。师团长为了侦察能否夺下平壤外郭，命令位于大汤洞的步兵第 11 联队第

12 中队在不要过于硬拼的情况下，向暗门方向前进，侦察前面的敌情。

师团长又给各部队下达命令，打算用 6 个步兵中队占领瑶塔露马库丘陵和甑山大道，用 3 个步兵中队守备江西大道，把其余步兵全部集中到大汤洞。下午 1 点，日军完成了步兵的上述部署。师团部队停止了这一天的攻击，保持现在的态势等待翌日拂晓。如果敌情没有变化，而且其他方向的战局允许，就决心趁着黎明的黑暗逼近到暗门附近。

平壤之战 3（下午 2 点 30 分至当天午夜）

■ 混成第 9 旅团退却

旅团长一直担心旅团退却时清军会出击，然而下午 2 点 30 分开始退却后，清军也完全没有从桥头堡出来，各部队得以轻易地撤离战线。从下午 5 点到 8 点之间，旅团全部撤退到 13 日夜晚的战线。

旅团在这一天的战斗中，付出了军官以下战死者约 140 名、负伤者约 290 名的损失。但是，旅团牵制了平壤守军最精锐的毅字军，使师团主力和朔宁、元山两个支队的作战变得轻松，出色地完成了其任务。

■ 朔宁支队——清军投降

到了下午 3 点 30 分，战况也没有变化，看样子这一天没有希望进行决战。因此，朔宁支队决定保持战斗准备的队形在原地露营，并将此事通报给了元山支队。

但是，下午 4 点 40 分，前面城墙上的守军突然停止射击，降下竖立在乙密台上的将旗，挂上了白旗。城门其他几个地方也竖起了白旗。

日军立即停止射击。步兵第 21 联队第 2 大队长山口少佐发出了"请带领乙密台谯楼的清军派军队的使者过来"的信号，但是对方只是一个劲地招手。磨蹭着到了下午 5 点，突然雷声隆隆，大雨倾盆而下。雨稍微停息后，山口少佐派遣一个小队的士兵到乙密台南方约 300 米的穹窿门，通过笔谈或朝语翻译迫使对方打开城门，好容易得到了"明天早晨开城"的答复。

支队长听到这个报告，也派遣旅团副官桂真澄大尉到穹窿门，让他进行开城的谈判。大尉懂一点儿清国语言，劝说城墙上的清国军官开门。然而对方以日落和下大雨为借口，只是要求第二天早晨再次会面。于是，桂大尉说："如果你们不打开城门，无论竖多少白旗也不能得到投降的实际效果。"6 点 40 分左右，支队向穹窿门前进。但是，强硬要求清军开门，万一发生什么事情时，显然日军将陷入不利局面。因此，支队撤了回去，桂大尉也于晚上 8 点回到了司令部。

■ 元山支队

元山支队的主力占领了箕子陵高地后，部分兵力向玄武门前进，与清军对峙。下午 3 点左右，清军的火力开始减弱。4 点 40 分，清军完全停止了射击，接着在城墙上挂起了白旗。

过了一会儿，一个朝鲜人从城里出来，在位于箕子陵高地西南麓的日军侦察兵的带领下来到箕子陵，给支队长递交了一封信。这是平安道监察使闵丙奭的信函，告知了日军以下趣旨："清国军队已经按照万国公法请求停战，挂起白旗，打算回国，因此希望日军不要射击。"

支队长告诉这个朝鲜人"希望马上进城"，对方说："城内有很多清军，非常混乱，因此预定明天早晨开城。希望您等到那个时候。"

两个人反复争论了多次，没有什么进展。支队长准备强行进城，把这个朝鲜人留了下来。可能是打算进城时把他带过去吧。这时已经过了下午 6 点。

支队长在这里集合了支队的步兵，开始沿从立岘通往七星门的道路前进。这时从立见少将那里传来了停止进城的命令，支队决定到达第四、第五堡垒附近的位置。这时将近晚上 7 点。

■ 师团主力

晚上 7 点 30 分左右，野津师团长获悉了清军准备投降的消息。但是，师团长怀疑清军悬挂白旗可能是一种策略，想借此让进攻的一方松懈，打算夜间逃跑，于是，他令日军严密警戒。

晚上 9 点，再次下起来的雨刚停歇，清军在朦胧的月光下，三三两两，潜藏到水流低地，或躲藏到水田之中，开始巧妙地向甑山方向逃跑。各警戒队向他们开枪射击。师团长得知清军试图乘黑夜逃走后，决心第二天黎明主动攻占平壤城。

■ 攻占平壤城

原来在平壤的清国军队，大多数 15 日午夜以前已经从城里逃了出去，还留在城里的仅仅是因伤病跟不上撤退的人，以及丧失了逃脱的机会、不得已在城内转悠的极少数人。但是，日军当时还不知道这个情况，15 日午夜师团主力一完成强攻准备，就从 16 日凌晨零点 30 分开始陆续发起进攻。

凌晨 3 点 30 分，师团主力部队进入城内，在乙密台附近吹响了号角。朔宁支队觉得这号声很奇怪，派出了侦察兵，才知道日军已经攻陷平壤。支队长在 5 点半左右下达了进城的命令。

16 日拂晓，元山支队观察支队的前面，发现从立岘高地南端到文阳关方向之间，人马尸体累累，相互枕藉。仅步哨线上就有大约 300 多具尸体，除了道路上面，倒在田地里的尸体不计其数。支队由此判断城内已经没有清军，7 点从玄武门进入了穹窿门。

混成第 9 旅团因为在 15 日的战斗中损失较大，原本打算 16 日先看看各方向的情况。早上 6 点 30 分，旅团得知清军已经离开平壤城内，大同江左岸中碑街附近的堡垒里面也没有清军了。旅团各部队 8 点向平壤城进发。

大部分日军马上在平壤城集结。下午 4 点，师团长发布命令变更之前的部队编成，让新组成的混成旅团和一部分主力部队在平壤城南部宿营，元山支队和大部分主力部队在北部宿营。

■ 清军的防御战

9 月 12 日，从南方赶来的日军（混成第 9 旅团）已经到达永济江畔，驱逐了清军在永济桥附近的前进哨，占领了两个堡垒。从北方到来的部队（元山支队）于翌日的 13 日占领顺安，切断了平壤的后路，同时割断了电线。因此，平壤的清国军队同本国的通信被截断了。而且，从东方前来的部队（朔宁支队）也到达了国主岘。

14 日，南方的日军试图进攻位于长城里、中碑街的毅字军营官李大川和郭殿邦所属部队守备的堡垒。从顺安南下的日军越来越接近平壤，而且拥有众多兵力的日军（师团主力）已经渡过大同江下游，正打算从右岸逼近平壤西部。现在平壤已完全被包围了。

叶志超畏惧日军，当天傍晚召集诸将，提出"弃城向北方撤退"。总兵左宝贵对此坚决反对，撤退之事被拒绝了。但是，左担心叶可能会逃跑，就派自己的亲兵监视他。这样，叶的威信扫地，其号令无人服从。之后，战斗的指挥任由诸将各自负责。

由于上述情况，在 15 日的战斗中，诸将各自按照自己的意愿行动。大同江左岸的一部分毅字军勇敢地战斗到最后，彻底击退了日军发起的冲锋。奉军负责的城北丘的各个堡垒被日军占领。经过一番苦战之后，清军一直视为重镇的牡丹台，也落入日军手里。奉军始终图谋夺回牡丹台，但最终没有成功。城内清军要打败仗的迹象越发明显。叶志超和卫汝贵开始商量打开城门，对此表示不满的左宝贵从七星门突击出去，最后战死。但是，平壤的围郭仍然在清军手里。这天下午，清军反而重整旗鼓，呈现出要打持久战的状况。

但是，叶、卫二人已经没有了战斗的勇气。他们为左宝贵战死感到幸运，决定打开城门向北逃跑。因此，下午4点40分悬挂了白旗。这时，叶等人不知道"开城"这个词意味着开城的同时将成为俘虏。他们认为守军表示出投降的意向后，就可以不受进攻者的阻碍向任意的方向撤退，把空城交给进攻者就可以了。因此，清军通过平安道监司（监察使）闵丙奭，甚至请求挡在退路上的日本军队（元山支队长）敞开道路准许守军通过。因此，尽管作为闵的使者的朝鲜人没有回城，无从知晓日军的答复，但是清军看到日军马上停止战斗，占领箕子陵的部队向竐岘附近后撤，就判断闵的请求得到了日军的认可。于是，清军当晚9点前后开始撤退，到处遭到日军的打击。

叶志超、卫汝贵等人好容易全身而逃，于9月16日到达安州。这时，守备安州的清国军队有两千余人、两门炮。总兵卫本先和聂士成负责指挥，收容了陆续逃回来的败兵。叶志超一到这里，卫本先、聂士成两位将军就陈述了"在这里集中败兵等候日军"的意见，但是叶不予采纳，惊慌失措地逃到了义州。于是，这支安州的守备队也争先恐后地撤退。

■ 平壤攻防战的总结

参加平壤之战的日军兵力：步兵、骑兵、炮兵、工兵总计约12 000人，山炮44门。清军的兵力：步兵、骑兵、炮兵合计约15 000人，山炮28门，野炮4门，机关炮6门。

日军的死亡人数：军官以下180人，伤员506人，生死不明12

人。消耗的弹药：榴弹 680 发，榴霰弹 2 128 发，霰弹 16 发（以上为炮弹），步枪子弹 284 869 发。

清军的阵亡人数：总兵左宝贵以下多达 2 000 余人。被日军俘虏的人数，包括 127 名伤员在内，为 600 余人。

此外，日军缴获的武器有野炮 4 门，山炮 25 门，机关炮 6 门，炮弹约 900 发，步枪 1 660 支，子弹 560 000 发。除此之外，还有很多杂兵器、金银货币等。而且，日军得到米粮 2 900 余石（即大约够 15 000 人吃 1 个月），杂粮 2 500 余石。日军之后一段时间就是用这些粮食维持给养。

第三节 黄海海战

■ 联合舰队搜寻清国舰队

丰岛海战之后，联合舰队以隔音岛为临时基地，一边支援混成旅团南进，一边为粮草的海运提供方便，动用了 3 艘军舰前往牙山和仁川，一直持续到 7 月的最后一天。黄海海战时日本联合舰队的编成如下：

主力舰队——松岛（海防舰，4 278 吨）、千代田（巡洋舰，2 439吨）、严岛（海防舰，4 278 吨）、桥立（海防舰，4 278 吨）、比叡（风帆辅助动力舰，铁骨木皮，2 284 吨）、扶桑（风帆辅助动力舰，铁骨木皮，3 777 吨）。

第 1 游击队——吉野（巡洋舰，4 225 吨）、高千穗（巡洋舰，4 225吨）、浪速（巡洋舰，3 709 吨）、秋津洲（巡洋舰，3 172吨）。

第 2 游击队——武藏（单桅帆船舰，铁骨木皮，1 502 吨）、金刚（风帆辅助动力舰，铁骨木皮，2 284 吨）、高雄（巡洋舰，1 778吨）、大和（单桅帆船舰，铁骨木皮，1 502 吨）、葛城（单桅帆船舰，铁骨木皮，1 502 吨）、天龙（单桅帆船舰，木制，1 502 吨）。

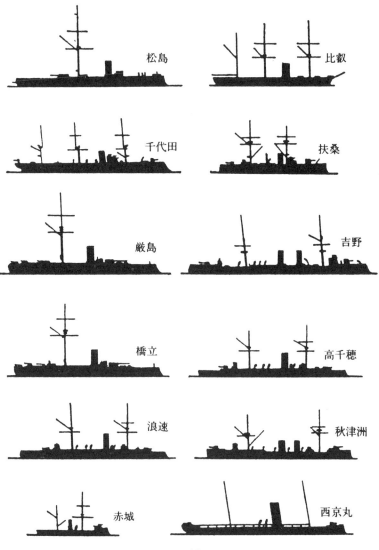

松島　比叡
千代田　扶桑
厳島　吉野
橋立　高千穂
浪速　秋津洲
赤城　西京丸

日军

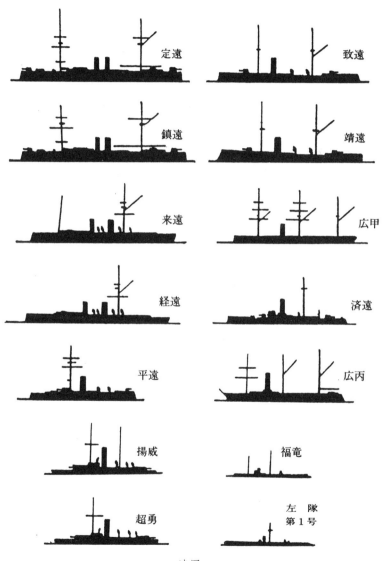

定遠
致遠
鎮遠
靖遠
来遠
広甲
経遠
済遠
平遠
広丙
揚威
福竜
超勇
左 隊
第 1 号

清軍

第 3 游击队——赤城（炮舰，622 吨）、大岛（炮舰，640 吨）、爱宕（炮舰，622 吨）、筑紫（巡洋舰，铁骨木皮，1 502 吨）、摩耶（炮舰，622 吨）、鸟海（炮舰，622 吨）。

此外，有若干艘附属舰船。

这时，大本营正在将第 5 师团的余部派送到朝鲜。因此，希望尽可能掌握制海权，把兵力直接运送到仁川。8 月 2 日，大本营命令联合舰队击败清国舰队。

联合舰队司令长官伊东也已经开始搜寻清国舰队，准备与之决战。7 月 30 日以后，他命令全舰队补充煤炭，8 月 5 日完成了该项工作。正好在这个时候，八重山舰到达，传达了大本营的命令。司令长官决定首先在大东河口和大同河口搜索，如果在这里未能发现清国舰队，就前往威海卫军港。8 月 7 日下午 4 点，联合舰队从隔音岛出发，在黄海道西部海面搜寻，结果没能发现敌人的踪影。于是，联合舰队向威海卫前进，10 日黎明靠近威海卫军港。

位于军港外面的英国军舰"墨丘利"号，向日本舰队的旗舰松岛号发射了礼炮，日方也发射了礼炮作为回应。这时，海岸的各炮台对舰队进行了猛烈的炮击。但是，因为距离海岸有四五海里之遥，舰队没有遭受任何损失就完事了。当时，看到清军有六七艘舰艇停泊在港内。

清国舰队可能在旅顺口或大连湾，因此，司令长官一直想去那里侦察。但是，由于联系不上走在舰队前面应该已经潜入威海卫军港的鱼雷艇队，而且看样子煤炭也不够用，因此，司令长官放弃了去那里侦察的念头，于 11 日晚上 8 点回到了隔音岛。

■ 北洋水师的动向

北洋水师以威海卫为基地，把主力部署在这里，用其部分舰船护送陆军。7 月 25 日，提督丁汝昌从济远号舰长那里听取了丰岛海战的详细经过。翌日的 26 日，丁汝昌接受李鸿章"率领舰队驶往汉江海面，迎击日本舰队"的命令，于当日出发了。不清楚北洋水师的舰队当时在哪一带海域巡航了，确凿可靠的是舰队没有在汉江海面巡航，于 28 日回到了威海卫。

李鸿章还想让北洋水师支援位于牙山地区的叶志超的部队，跟丁汝昌商议此事时，丁回答说：

"舰队没有可做前驱的那种速度快的巡洋舰，同时日军在汉江各口岸敷设了水雷。因此，舰队不能长驱直入进去，反而有可能遭到鱼雷艇的袭击。如果舰队在大海上航行，即使日本舰队拥有高速的军舰，配备有大量的速射炮，由于我方装备有大炮，军舰的装甲也很坚固，必定能取得胜利。因此，现在不强行去汉江口，我率领 7 艘舰（定远、镇远、致远、靖远、经远、来远、济远）随时在大同江口附近巡航，如果遭遇日本舰队，就予以痛击。"

8 月 3 日，丁汝昌率领除了正在维修的济远舰之外的 6 艘军舰，从威海卫出发驶向朝鲜海面，但是 5 日又返回港口。

之后，李鸿章担心在远洋进行海战，让北洋水师停泊在渤海湾附近。李认为，假如让水师保持猛虎背后依山的态势，日本舰队也畏惧北洋水师的铁甲舰，不会轻易挑起战事，这将加强北洋的守卫。而且，李好像觉得假如日本舰队挑起决战时，北洋水师附近有修理舰艇的军港，在非常熟悉的海面迎击日舰最为有利。

8 月 8 日，李鸿章对丁汝昌下达命令，禁止军舰前往朝鲜海面。命令的内容是："军舰赴大同江遭遇敌舰时，结果将会交战。不能再去了。如果去的话，日本舰队会追随我舰进入北洋。注意不要发生那样的事！"

丁汝昌在接到这个命令之前的 8 月 9 日，已经率领几乎整个舰队从威海卫出发了。镇远号、威远号在渤海湾口的庙岛附近巡航，10 日到达旅顺口，此后担负这里的警备。北洋水师的主力在大东沟近海巡航，13 日回到了威海卫。之后停泊在威海卫军港，似乎在威海卫和旅顺口之间巡逻警戒。

■ 根据地的移动及其后

日本舰队作为临时基地使用的隔音岛，本来不能说是一个安全的停泊地。而且，日本舰队把这里作为基地之事已经被外国军舰知道了。因此，也不知道清国舰队什么时候会探寻到这里。况且由于各舰自7月中旬以来接连不断地在海上航行，已到了无论如何也必须清扫和维修的时期。于是，日本舰队把基地新迁移到了长直路。自8月12日至14日，各舰在这里补充了煤炭，修理了机器。另一方面，舰队派遣部分舰船到浅水湾警戒近海地区，保障到仁川港的航路的安全。此外，舰队派遣若干军舰侦察大连湾、旅顺口和威海卫方向，打算根据情况的变化和侦察舰的报告，再决定下一步的行动。

8月19日，日本联合舰队掩护着第5师团第4批运输的船舶从长直路出发，21日到达安眠岛西北部的贝克岛，掩护师团登陆。24日，这项任务结束后，司令长官把牙山锚地定为仁川港方向的临时基地，把舰队的部分舰船移到这里，任命坪井少将为该方向的指挥官，而他本人于25日回到了长直路。

27日，赤城号舰长在仁川港访问俄国军舰"博布尔"号时，听说清国北洋舰队（军舰25艘、鱼雷艇5艘）25日好像停泊在威海卫湾内。翌日的28日，英国军舰"博尔博伊斯"号突然来到牙山锚地侦察日本舰队的情况后，又立即返航回到了仁川港。分遣舰队司令官坪井少将觉得这可能是清国舰队即将来袭的征兆，就派赤城舰去长直路，将此事报告给司令长官。30日，坪井少将把第3游击队和鱼雷艇队转移到浅水湾，亲自率领第1游击队前往贝克岛，一边警戒仁川港方向，一边等待清国军舰的到来。

在此之前，8月27日，第5师团参谋长给联合舰队参谋长写信，请求舰队在陆军进攻平壤之际给予援助。但是，联合舰队收到了坪井司令官的报告，而且31日又接到大本营要求舰队护卫第3师团大运输的密令，因此，只能拒绝支援第 5 师团。

9 月 5 日命令传到了舰队，要求舰队把第 1 军司令部和第 3 师团的大部分运输船从长直路护送到仁川附近。司令长官派遣联合舰队的主力舰队和第 1、第 2 游击队以及附属舰，把运输船护送到贝克岛附近。他在这里合并了第 3 游击队和鱼雷艇队，率领全舰队驶向大同江口，把这里作为临时根据地，打算用一部分兵力掩护对平壤的进攻。7 日，司令长官给第 3 游击队和鱼雷艇队发出命令："12 日到贝克岛与主力舰队会合！"

司令长官 10 日经过与第 1 军司令长官山县有朋协商，决定在知悉第 5 师团攻击平壤的情况之前，全力掩护第 3 师团登陆，并把该任务交给了第 2 游击队。然后，司令长官命令第 1 游击队的吉野号、高千穗号去侦察威海卫军港，令秋津洲号到蔚岛附近监视外海的情况，他亲自率领主力舰队和第 1 游击队的浪速号、第 3 游击队以及海门号、磐城号、天城号、山城丸、西京丸，停留在加罗林湾西部，一边掩护日军在仁川港登陆，一边等待第 5 师团的情况和威海卫的侦察结果。

■ 发现清国舰队

这样，日本联合舰队的主力自 9 月 12 日以来一直在加罗林湾附近掩护日军在仁川港登陆。在此期间，联合舰队获悉了清国将从海路向朝鲜派兵（来自驻汉城的大鸟公使的通报），日军第 5 师团先头部队 11 日同清军交战，师团主力在铁岛上游开始横渡大同江（来自第 1 军司令官山县有朋的通报），清国主战舰队不在威海卫军港（前往威海卫侦察的吉野号、高千穗号发来的通报）。

伊东司令长官此前也屡次收到清国海军正在把陆军运送到大同江的情报，但是当时还不能确认情报是否属实，这次倒是可以推测清国舰队护送陆军一定在大同江附近。为了击败清国舰队，司令长官率领主力舰队和第 1、第 3 游击队以及鱼雷艇队，加上海门号、磐城号、天城号、西京丸以及 3 艘运输船，从加罗林湾出发前往大同江。时间是 14 日下午 4 点。

翌日的 15 日早晨，联合舰队到大同江口一看，一艘清国军舰也没有。于是，司令长官命令第 3 游击队的筑紫号、摩耶号、鸟海号，加之鱼雷艇队以及磐城号、天城号，沿大同江逆流而上，声援第 5 师团进攻平壤，其余各舰停泊在黄海道小乳囊角的东北部。

司令长官考虑到清军有可能正在向鸭绿江口附近运送陆军，就让武藏号、海门号停留在鸭绿江口的周边海域，他亲自率领主力舰队、第 1 游击队以及第 3 游击队的赤城号和西京丸号，16 日下午 5 点从大同江口出发，17 日早晨到达海洋岛附近。但是，在这里也没能发现清国军舰。于是，他率军舰进一步驶向大孤山洋面的大鹿岛锚地。

这一天，天气晴朗，没有一丝云，风平浪静，海面平滑如镜。联合舰队摆成一路纵队的队形，以第 1 游击队为先导，主力舰队紧随其后，西京丸号和赤城号位于主力舰队的右侧，缓缓地航行。上午 10 点 50 分，联合舰队发现在东北偏东方向遥远的海面上有煤烟升起，推测一定是清国军舰。11 点 40 分，确认了这就是清国军舰。那数十艘军舰正朝着日本舰队驶来。

16 日拂晓，丁汝昌率领定远号、镇远号、来远号、靖远号、济远号、平远号、经远号、致远号、扬威号、超勇号、广甲号、广丙号、镇中号、镇南号 14 艘军舰和 4 艘鱼雷艇从大连湾出发，护卫搭载着铭字军的运输船，于当天下午到达大东沟海面。丁命令镇中号、镇南号、平远号、广丙号 4 艘军舰和 4 艘鱼雷艇侦察鸭绿江的情况并掩护铭字军登陆，他率领其余 10 艘军舰在距江口约 10 海里的海面上抛锚，负责警戒。翌日的 17 日，清军发现南方有黑烟升起，料定是日本舰队，因而匆忙起锚向日舰驶来。

■ 海战

两国舰队相互迎着对方的舰艇前进。中午 12 点 5 分，日本联合舰队完成了战斗部署，西京丸号和赤城号到达主力舰队队尾的左侧。这时，清国舰队试图以后翼单梯阵形冲撞联合舰队，稍微向右转换方向前进，平远号、广丙号和 2 艘鱼雷艇也跟随在后面。联合舰队的旗舰松岛号，在左舷舰首方向发现了这个情况。

联合舰队的第 1 游击队朝着清国舰队的中部前进，接着转向其右翼。主力舰队也和第 1 游击队一样行动。12 点 50 分，敌我之间的距离达到 5 700 米至 5 800 米时，清军的定远号向日本第 1 游击队打出了第一枪。但是，第 1 游击队继续静悄悄地前进。

敌我之间的距离终于缩短到约 3 000 米时，第 1 游击队的大炮开火了，一边开炮一边从清国舰队的右翼前方通过。这时，清国舰队似乎打算冲向联合舰队的主力舰队，一边猛烈地开炮射击一边驶过来。联合舰队的主力舰队用猛烈的炮火迎击清军，从清国军舰的前面横穿过去。

第 1 游击队本打算从清国舰队的右翼迂回到其背后，但是那样好像会面对主力舰队的射击，因而向左转弯。

在此期间，比睿号、扶桑号被清国舰队逼近，尤其是比睿号不得已冒着危险穿过清国舰队的队列。该舰遭到包围，多处受损，甚至还起火了。但是，终于杀出一条血路突破了包围，向主力舰队靠拢。

赤城号也因为速度缓慢脱离了主力舰队，被清国军舰围困，舰长丧生，舰体受损，好不容易才逃脱了清国军舰的追击。紧追不舍的来远号因被赤城号的炮弹命中引发了火灾，赤城号利用其他清国军舰前去救助的间隙，摆脱了困境。

在此期间，第 1 游击队接到了司令长官令其向主力舰队靠拢的信号，向左调转方向。但是，由于主力舰队这时正在不断地向右改

变航向，怎么也赶不上，而且看到比睿号和赤城号的危险状况，第 1
游击队打算先救援这两艘舰，便急忙向左调转方向。实际上这时主
力舰队发出的信号是"继续战斗"，但是第 1 游击队错误接收为"向
我靠拢"。因为第 1 游击队向左改变航向，西京丸号失去了掩护，遭
到清国军舰的攻击受到损失，而且又遭到鱼雷艇的数次袭击，好不
容易免于沉没，3 点 30 分单独向大同江口前进。

在此之前，主力舰队行进到清国舰队的背后，处于和第 1 游击
队相互夹击的位置。在这里主力舰队继续向右转，第 1 游击队向左
转，再次夹击清国舰队，进行了猛烈射击。

■ 胜利

在到此为止的战斗中，清军的旗舰定远号在日军最初的炮击中，
操舵室被摧毁，旗帜大部分烧毁，而且信号设备也遭到破坏，无法
指挥舰队了。清国舰队刚开始还一直努力保持队形，这样一来各舰
便开始各自为战了。

在此期间，超勇号、扬威号 2 艘军舰发生严重火灾，超勇号不
久沉没，扬威号准备逃往大鹿岛方向，之后搁浅。致远号、经远号、
来远号、靖远号与第 1 游击队战斗，镇远号专门跟主力舰队对战。
但是，致远号右舷吃水线以下被炸毁后沉没，经远号、来远号、平
远号也发生了火灾。这样，3 点左右济远号首先退出战场，不久其他
军舰也开始溃逃，只有定远号和镇远号留下来继续战斗。

于是，第 1 游击队追击逃跑的清国军舰，主力舰队继续跟定远
号、镇远号炮战，不久日落了。

定远号和镇远号一直相互保持着联络战斗，但是不时发生火灾，
军舰的上层建筑完全被摧毁，只剩下用铁板遮盖的舱门。日本舰队
的旗舰松岛号，前方炮台也被定远号发射的 30.5 厘米口径的榴弹摧
毁，引发了火灾。

追击逃跑的清国军舰的第 1 游击队，追上了经远号并进行猛烈

攻击，终于将其击沉。但是，第 1 游击队为此远离主力舰队。由于已经到了日落时分，司令官认为清国海军还拥有鱼雷艇，如果夜战对日军不利，而且他也想集结日方的战斗力，于是停止战斗，召回了第 1 游击队。因此，定远号、镇远号也收拢了来远号、靖远号、平远号、广丙号等舰，向旅顺口返航。见此情况，司令官判断清军将向威海卫军港退却，打算趁着第二天攻击清国舰队，便率领除了第 1 游击队和比睿号之外的主力舰队加上赤城号共 10 艘军舰出发。联合舰队天亮时到达了威海卫海面，但是不见清国军舰的踪影。在那里听说因为清国陆军的登陆还没有结束，清国舰队返回了前一天的停泊地，或许正在采取登陆及其他措施。因此，司令官只让赤城号前往大同江口，他率领其他各舰奔赴前一天的战场。联合舰队刚接近战场，就远远地看到了煤烟。然而，还没有看清船体，船舶就消失了。原来这是清国船舶利顺号正要从大东沟返回旅顺口。之后，最终也没能发现 1 艘清国舰船，因此，联合舰队炸毁了前一天搁浅的扬威号，于 19 日早晨回到了大岛锚地。

■ 黄海海战之后

定远号、镇远号收拢了其他军舰，18 日早晨回到旅顺口。最先脱离战场的济远号，比这些军舰提早几个小时回到了旅顺。广甲号途中偏离航线在大连湾外触礁，23 日看到日本浪速号、秋津洲号 2 艘军舰巡航过来，就自己炸毁了军舰。

比较一下 9 月 17 日海战中两国舰队的实力，日本舰队（辅助巡洋舰西京丸号除外）拥有 11 艘军舰，排水量总计 36 771 吨，航速从 13 节到 22.5 节（只有赤城号是 10.25 节），火炮、速射炮合计 246 门，机关炮 29 门，水雷发射管 37 具。另一方面，清国舰队拥有 12 艘军舰，排水量总计 34 420 吨，航速从 11 节到 18 节，火炮、速射炮合计 79 门，机关炮约 129 门，水雷发射管 31 具，此外有 2 艘鱼雷艇。

　　日本舰队在吨位、速度和舰炮数量上比清国舰队具有优势，但清国舰队拥有定远号、镇远号两大铁甲舰和 2 艘鱼雷艇。因此，日本舰队利用速度快的优势，始终保持着有利于射击的距离，避免冒险，依靠射击能力和作战方法，击沉了清国军舰的经远号、致远号、超勇号，烧毁了扬威号，沉重打击了平远号、济远号、靖远号、广丙号、定远号、镇远号、来远号等，这些军舰的修理需要数十天或者数个月。但是，日本舰队一艘军舰也没有失去，损伤最严重的松岛号也坚持战斗到最后，其余各舰在大岛锚地进行了修理，仅仅 5 天时间就基本恢复了战斗力和航海能力。

　　这次海战中的伤亡人数，日本舰队自军官以下，死亡 150 人，负伤 164 人，合计 279 人。清国舰队详细的数据无从得知，据说伤亡合计不下千余人（死亡 700 余人，负伤 300 余人），也有人说可能伤亡了 1 200 余人。

　　通过黄海海战，日本舰队虽然没能歼灭清国北洋舰队，但是使其几乎丧失了战斗力和航海能力。朝鲜近海当然不用说，日本舰队得以掌握了清国海面的制海权。

第四章

奉天省东南部之战

第一节　战前两军在鸭绿江畔的动向

■ 日军后续部队开赴平壤

第 1 军司令官山县有朋大将 9 月 12 日在仁川登陆，日军在朝鲜的各部队全部归其指挥。山县大将被任命为军司令官以后，起初大本营打算按照山县大将的意图谋划在朝军队的行动，以便于军司令官到达朝鲜后进行统帅。但是，山县大将说："前线的行动时时刻刻都在变化，不能靠一封电报和粗略的地图对远方下命令。"他希望自己到达现场之前，继续维持以往的态势，把详细的作战策略完全委托给第 5 师团长野津。

山县大将虽然在仁川登陆了，但是由于第 5 师团和元山支队正在向平壤前进，因此，他把进攻平壤之事仍然委托给第 5 师团长，其间打算让大迫支队（第 3 师团已经在元山登陆的半数兵力的一部分）和第 3 师团余部尽快在平壤附近集结。因此，山县大将命令第 3 师团长桂太郎中将率领直属部队向平山前进，命令大迫支队向成川前进。军司令部 14 日抵达汉城。

第 3 师团长于 13 日进入汉城，考虑到途中给养上的困难，把直属各部队划分为 5 个梯团，自 16 日至 20 日，令各梯团每天依次向平山出发。第 3 师团长跟第 1 梯团一起前进，军司令官也一同出发。

16 日夜，军司令官收到第 5 师团长关于攻占平壤的报告后，命令第 3 师团长在平山不作停留，径直向平壤前进。他亲自率领军司令部走在第 1 梯团前面，于 25 日到达平壤。

第 3 师团的第 1 梯团 26 日到达黄州，在这里接到了军司令官的命令，要求师团各部队在黄州、凤山附近集合，师团长率领师团司令部进入平壤。27 日，第 3 师团长到达平壤。直到 29 日，各部队才

第 1 军司令官山县有朋陆军大将

在黄州、凤山附近集合完毕。

在元山的大迫支队 14 日至 15 日从元山出发，21 日到达成川。之后又收到第 5 师团长"向平壤前进"的命令，于 24 日进入平壤。而后，第 3 师团长于 27 日一到达平壤，大迫支队就归其指挥了。

■ 第 1 军前往鸭绿江畔

攻占平壤后，第 5 师团长接到了正在向平壤前进的山县军司令官的命令："追击撤退的清军，23 日出击！"当时，第 5 师团长知道清军已经退到安州以北，朝鲜因平壤大捷而畏惧日本，有了服从之心，因而可以判断征用粮食和壮丁不会像以前那样困难了。而且，联合舰队通过 17 日的海战掌握了制海权，应该可以充分为海运提供方便。因此，师团长觉得跟以前行军的艰苦相比，平壤以北军队的给养要轻松得多。于是，他决定把师团分成两个梯团，逐次向义州前进。

第 1 梯团又进一步划分为两个梯队，第 1 梯队、第 2 梯队分别于 23 日、24 日从平壤出发。沿途地区在清国军队撤退之时惨遭掠夺，到处一片荒凉，难以想象能搞到粮食等物品。因此，第 1 梯队 26 日到达安州，骑兵大队从这里先行一步，30 日到达了宣川，但是第 2 梯队 29 日才好不容易到达安州。鉴于以上情况，此后第 1 梯团、第 2 梯团只好暂时分别停留在安州地区和平壤。这时，仁川和大同江之间的海上运输成为可能，但是由于大同江以北海岸地带的形势不明，没能进行海上运输。

山县军司令官 25 日到达平壤后，命令第 5 师团派出骑兵大队，侦察从义州大道和龟城到义州的道路、经云山到昌城的道路以及鸭绿江的渡河地点。

翌日的 26 日，山县军司令官派遣军参谋炮兵少佐大迫尚道经博川、云山到碧潼方向，侦察道路和鸭绿江的渡河地点。30 日，又派遣工兵第 3 大队去架设清川江和大宁江之间的桥梁。

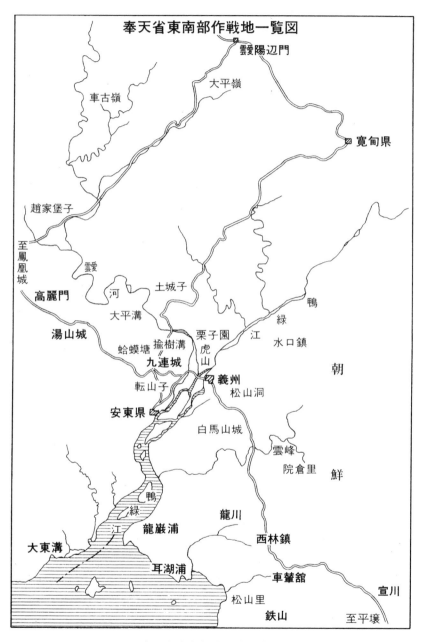

奉天省東南部作戦地一覧図

山县军司令官为到达平壤以后粮食的前送问题煞费苦心。27 日，他请求联合舰队侦察大同江口以北地区的登陆点。29 日，为了把粮草卸载到定州沿岸，他下令派遣运输船信浓丸到定州地区的海岸。30 日，他恳请联合舰队火速侦察定州、铁山附近，为卸载提供援助。

但是，形势紧迫，看样子来不及做军需品前送的准备。这时，山县军司令官得到了以下情报：

一、8 000 名清军在大沽乘船，打算去鸭绿江。

二、清国皇帝下圣旨，命令把满洲军队部署到朝鲜国境，支援派往朝鲜的清国军队。

三、李鸿章决定亲自出征。而且，清国南部新招募的士兵接连几天通过大运河调往天津方向。此外，芝罘、威海卫附近不断增加兵员人数，大部分满洲骑兵、满洲八旗已向鸭绿江进发。

山县军司令官从给养方面考虑把第 3 师团的半数留在黄州附近，准备将来可能的话通过海路运输，决定其他部队从 10 月 3 日开始依次前进。

■ 清国军队的情况

9 月 16 日夜晚，李鸿章收到了"平壤被包围，请速派援军"的电报，17 日却被告知清军早已丢掉了平壤。因此，李越发认为应该早日派兵。他此前命令铭字军统领刘盛休去安州，现命其火速赶往义州。另一方面，为了运输毅字军，他希望运输船早点返航旅顺口。但是，18 日李收到刘盛休和龚照玛发来的关于黄海海战的电报，得知黄海的制海权已基本上落入日本人手里，知道今后派遣军队必须全部依靠陆路。

在此之前，受命救援平壤的盛字军飞骑马队 5 营 1 哨约 1 300 人，在总兵吕本元的率领下于 9 月 16 日到达定州，翌日的 17 日在定州的东部听到了平壤战败的消息。接着遇到陆续逃回来的败兵，吕本元独自下决心做这些撤退的清军的后卫，率部前进到清川江右岸，监视日军。尽管吕担负后卫，但是败兵杂乱无章、不可收拾，这是叶志超对败兵放任不管的结果。因此，自 17 日至 20 日，接连不断地有败兵通过从安州到义州的道路。他们闯入沿途的民家，进行掠夺、纵火和强奸，干尽了坏事。据说朝鲜人看到这个情况，完全失去了对清国的依赖心理。

败兵的先头部队 18 日到达义州，又渡过鸭绿江继续逃窜。铭字军步队 10 营 1 哨、马队 1 哨，在刘盛休的率领下，分别乘坐 5 艘船，16 日凌晨 2 点从大连湾出发，当天傍晚开始在大东沟登陆，到 17 日午夜完成了登陆。

刘盛休做好了准备，打算从大东沟奔赴安州。17 日，他通过李鸿章的电报获悉平壤战败，接下来 18 日得知清军在黄海战败。即便如此，刘仍然按照命令开始前进，20 日到达安东县，与分统副将龚元友率领的左军 3 营一起到达九连城，计划在鸭绿江架桥。但是，因为所需材料和人员都不齐备，架桥非常困难，刘暂且让军队在九连城集合。

在平壤战败的丰升阿、聂桂林（左宝贵的后任）、马玉昆 3 位将军以及叶志超、聂士成、卫汝贵 3 位将军，先后于 20 日、21 日到达义州。

叶当天领受李鸿章发出的命令，内容是："带领现在的部下、马队和步队停留在义州，防御敌人！义州有很多粮食和军火，要利用这些资源整顿败兵！"

叶让聂等人收容败兵，禁止各部队退到鸭绿江以西。

这一天，叶会见了为侦察地形亲自来到义州的刘盛休，听他讲述了铭字军已经在九连城集合以及 17 日黄海海战的事情。另一方面，刘与叶会面后，看到了败兵目前处于很难收拾的状态，决心把一部分铭字军派遣到义州。21 日，刘一回到九连城，就马上给李鸿章发电报，呈报了以下事项，如自己的决心、鸭绿江架桥困难、平壤败兵的混乱状况、若不经过数个月的训练不堪使用以及仅靠铭字军不能阻止日军的追击等。

翌日的 22 日，李鸿章收到了刘的电报，然事已至此，除了等待毅字军的救援没有其他手段。

同一天，李接到了关于国境防御的圣旨。皇帝在圣旨中命令李本人亲赴九连城制定防守之策，提出了把防御阵地集中到九连城一地的方案，即如果叶志超的军队守不住义州，莫如进入九连城，等候各部队集结，谋求退敌之策。

李把圣旨传达给叶志超以及统率毅字军的提督宋庆，又下达了国境防御命令。

叶志超一接到这个命令，从 23 日到 25 日，就让在义州的各部队后退到鸭绿江右岸，给 22 日从九连城进入义州的一部分铭字军以及驻扎在清川江右岸的吕本元也下达了撤退命令。27 日，吕把马队 2 哨留在义州，率领其余马队渡过了鸭绿江。叶认为自己的任务到此也已完成，便抱着辞职的决心等待着宋庆到来。

宋庆让毅字军出发，他为处理后事滞留在旅顺口期间，收到了李鸿章的命令和关于国境防御的圣旨。29 日，宋从旅顺口出发，10月 8 日到达凤凰城。然后 10 日离开凤凰城，11 日进入九连城，等待黑龙江将军依克唐阿的到来。

黑龙江将军收到平壤大败的消息时，李鸿章打算在九连城一带阻挡日军，命其出征。但是，因为应该随后出发的新募兵的安排没有完成，他还呆在奉天。

依克唐阿 10 月 6、7 日左右从奉天出发，13 日前后进入九连城，与宋庆协商防御部署。

■ 清军确定防御阵地部署

依克唐阿与宋庆经过协商，决定以九连城为中心，部署从苇子沟到安东县的防御阵地。但是，他们得到了日军已前进到宽甸方向的情报，因此，迫切需要防御长甸城地区。而且，日军有从义州上游横渡鸭绿江的迹象，因此防御线发生了变化，清军最后决定把自长甸河口附近至安东县长约五、六十公里的区域划分为左右两部分，准备好防御部署。

此外，10月18日，提督叶志超和盛字军统领卫汝贵被剥夺官职。叶的部队由聂士成接管，盛字军由吕本元和孙显寅统率。

【右翼】　总指挥官　提督宋庆

一、九连城堡垒群　司令官　总兵刘盛休

　　铭字军步队10营1哨、马队1哨（约4 750人）、野炮14门、山炮15门

二、从栗子园到虎山　司令官　总兵聂士成

　　牙山军步队6营1哨、铭字军马队1营（约2 750人）、山炮10门

三、榆树沟附近至瑷河右岸　司令官　总兵马玉昆

　　毅字军步队5营和亲兵（约2 500人）、山炮6门

四、苇子沟附近至瑷河右岸　司令官　总兵宋得胜

　　毅字军的步队4营（约2 000人）、山炮6门

五、毗连鸭绿江右岸的沙河两岸　司令官　总兵吕本元　总兵孙显寅

　　盛字军步队12营1哨、马队5营2哨（约6 300人）、野炮22门、机关炮4门

六、苇子沟附近

　　亲兵（约400人）直属于宋庆

小计　人员　18 250人

野炮＋山炮　73门、机关炮　4门

【左翼】　总指挥官　依克唐阿将军

一、安平河口、鼓楼子以及蒲石河口　司令官　侍卫倭恒额

　　斋字练军步队4营、马队2营（约1 500人）、野炮4门

二、东阳河口、苏甸河口、长甸河口

镇边军步队 4 营、马队 9 营（约 4 000 人）、炮 4 门、直属
于依克唐阿

小计　人员　5 500 人
　　　　野炮　8 门
总计　人员　23 750 人
　　　　野炮＋山炮　81 门、机关炮　4 门

■ 鸭绿江畔的守卫

流经虎山和九连城之间的瑷河，大部分河段可以徒步涉水过去。
但是，横在清军阵地前面的鸭绿江，除了水口镇稍往上一点的上游
即鼓楼子附近可以徒步涉水之外，在下游完全没有可以徒步渡河的
地方。此外，鸭绿江的水深在义州附近约有 2 米，展现在鸭绿江干
流和瑷河干流之间的沙洲是高粱地，但是由于当时已经收获完毕，
那里的情况一览无余。

鸭绿江右岸大多是连绵不断的险峻山脉，只在河流附近有一点
点平地。因此，除了沿路行走，不可能翻越这些崇山峻岭。而且
虎山高高耸立，是如同刀削过一样的岩山，最多只能在山顶上部
署几个散兵。

从瑷河河口附近开始，其西南部沿鸭绿江的山地，与上游地区
相比，稍微好走些。鸭绿江左岸即虎山和栗子园之间低矮的山脉也
基本上是草地，只在虎山北方的村落附近有稀疏的树林。其右岸即
榆树沟和马沟附近的丘陵也是草地，个别地方有杂木林。九连城及
其西南方老龙头附近的丘陵是红黏土的秃山，草木稀少。

清军在从九连城北方约 1 500 米的高地开始，沿山背到九连城东
北高地的边缘一带修筑了 4 个炮台，用一连串的堡垒将其连接起来，
俯瞰着瑷河河口附近的低地。不过，因其前面有座小山，瑷河右岸
的低地成为死角。

从九连城东北方高地的底端到老龙头附近，清军在这里沿瑷河

右岸修筑了联结堡，其长度约达 3 000 米。清军在其中间一些地段设置了炮座，而且在后方的高地也面向东南方修筑了数个炮台，可压制鸭绿江全流域。

此外，在安东县附近，清军在从该地东北方约 3 000 米的堤防开始，经安东县的东端到其南方约 2 000 米之间的区域，紧紧沿着江的右岸建造了一系列的堡垒，每隔约五六米修建了有坚固断面的眼镜堡和角面堡，而且在安东县西部和北部的高地也修筑了几个炮台。

但是，由于清军是在数周前才开始建设这些防御工事，当时除了九连城附近的一部分工事外，其他的还没有完工。因此，九连城附近阵地的左侧依托瑷河的河流，前面凭据鸭绿江这个天险。到了安东县附近，正面唯有依靠鸭绿江，船舶全部系留在右岸。只是虎山孤立于这些阵地的左翼前方，地域狭窄不能部署大军，仅修建了一点点防御工事担负着守备。

■ 第 1 军的进攻计划

第 1 军先派遣出去的混成立见旅团（从平壤出发时被编为第 1、第 2 梯团的部队，旅团长是立见尚文少将）在 10 月 10 日到 17 日之间占领了义州，第 1 军的主力从 20 日到 22 日到达所串馆、龙川、铁山附近。

第 1 军司令官山县最初计划率领第 1 军的主力在安东县附近渡过鸭绿江，切断九连城清军的退路。但是，通过侦察得知安东县附近鸭绿江河面宽阔，而且沿岸一带有很多沼泽。因此，他改变了计划，决定主力部队在义州附近渡河，其余部队从水口镇附近进军。22 日下午，军司令官在龙川发布了以下命令：

一、关于敌情，之后的情况不太清楚。混成立见旅团在义州，混成大岛（久直）旅团在肃川和安州。预定第 1 军以后天即 24 日为期在义州集合。

二、第 3 师团 23 日向义州前进。

三、第 5 师团 24 日之前向义州前进。

四、预备炮厂① 23 日向所串馆前进，24 日向义州前进。

五、军司令部 23 日到达义州。

山县军司令官进一步命令第 3 师团长撤回朔州支队（步兵第 18 联队第 11 中队）的守备，将其与 2 个步兵大队、1 个野战炮兵小队一起派遣到水口镇地区，命令军炮兵部长侦察炮兵阵地，给军工兵部长下达了规划在鸭绿江架桥的任务。

24 日，第 1 军各部队全部到达鸭绿江畔。这时，清军在鸭绿江右岸的九连城和安东县附近布设阵地，向虎山附近派出了前进哨，而且用一部分兵力守备着从平安河口到长甸河口的区域。

山县军司令官一进入义州，马上亲自侦察前方清军的情况和地形，与其他各种报告一起综合考虑，了解了清军阵地的大致情况，推测虎山的清军不过是前进阵地，这附近的兵力有 2 万人左右。于是，军司令官决定首先歼灭虎山附近的清军，接下来从右侧背攻击九连城附近的清军。此外，他决定如果用一天时间难以攻下这两个地方，则第一天的 25 日攻占虎山地区，进行充分的侦察后，第二天全力以赴完成对九连城的进攻。其计划如下：

一、24 日，一个支队从水口镇附近渡过鸭绿江，击退对岸的敌人，然后向西南的栗子园方向前进，巩固用于 25 日进攻的第一立足点。

二、编成架桥队，24 日夜晚用船舶把掩护队运送到中江台，悄悄地在鸭绿江上架桥。

三、第 3 师团 25 日黎明全部渡过鸭绿江，自拂晓开始进攻虎山附近的敌人。

---

① 预备炮厂是甲午战争时期日军以高级技术军官为核心组建的临时部队，大约有 1 000 人。

四、预备炮厂的大部分部队从 24 日晚开始占领义州东北部的高地，从 25 日黎明开始支援第 3 师团的进攻。其余部队一分为二，其中大部分为继续追击做好行军的准备原地待命，其中的小部分随步兵部队派遣到古城、麻田洞附近，牵制安东县的敌人。

五、第 5 师团的位置在义州的架桥地点附近，如有需要立即渡江参加进攻。不过，立见旅团的一部分兵力跟随在第 3 师团后面通过浮桥，掩护第 3 师团的左侧。

第二节　鸭绿江畔的战斗

■ 鸭绿江渡河作战

23 日下午 6 点，山县军司令官命令第 3 师团长桂中将实施前述进攻计划的第一项。下午 7 点，第 3 师团长给佐藤支队长下达了以下命令：

一、第 1 军将于 25 日拂晓进攻从虎山到安东县布下阵势的敌人。

二、佐藤支队明日即 24 日上午渡过鸭绿江，向粟子园进军，支援第 1 军的进攻。不过，要尽量避免单独激战。此外，如果第 3 师团渡河，就与之会合。

佐藤支队长在水口镇东部约 4 公里的外杜武谷接到了这个命令，支队本打算翌日的 24 日黎明坚决渡河，但是因为应该补充的粮草没有运到，不得已在上午 10 点出发，11 点到达位于鼓楼子对岸的内杜武谷的徒涉地点。首先，为了支援日军渡河，支队长让炮兵小队在徒涉点南方的高地布好阵势，又让护卫小队占领通往徒涉点的道路两侧的高地。

这时，支队长已经发现在安平河口和鼓楼子附近有清军。但是，支队长知道其兵力微弱，决定渡河后再攻击这些清军，给第 2 大队下达了渡河命令。受命最先渡河的第 5 中队，从上午 11 点 10 分左右开始渡河。

鸭绿江的水流在这附近分成两道：第一道水流宽 500 米，水深到腰部，河中间的水势也非常湍急；第二道水流宽约 200 米，水深大致到胯部，水势也比第一道水流稍稍平缓一些。中队组成三列侧面纵队，3 人一组，肩并肩，手挽手，拿着手杖跳入河流。

11 点 29 分，中队即将到达河中间的沙洲时，清军从鼓楼子、安平河口之间一个名叫美甸子的村落附近开始了猛烈射击。日方的炮兵小队立即开始对这里进行炮击，这些清兵刚中了一两发炮弹，就马上逃跑了。但是，接下来鼓楼子、安平河右岸的清军炮台，也以陆续跳入河流的各部队为目标，突然开火了。

第 5 中队 11 点 47 分完成渡河，在对岸散开、前进。突然，前方和右前方出现了清军百余名骑兵，开始了激烈的枪战。接着完成渡河的第 7 中队在第 5 中队右侧展开，第 8 中队朝散兵线右翼后方前进，第 6 中队也全部渡过河，向第 8 中队左侧前进。

■ 结冰的军服

这样，第 2 大队占领了安平河口左岸的高地，安平河口炮台的清军退却后，下午 1 点又占领了右岸的高地。

在此期间，支队的主力部队全部完成渡河，以第 6 中队为先锋，通过沿鸭绿江右岸的小道向栗子园前进。但是，下午临近 3 点时，联系不上第 2 大队了。因此，支队停留在安平河口西南方约 4 公里的高地，给第 2 大队发送了"前进到这个位置！"的信号。然而，等了两个小时，第 2 大队也没有赶过来。因此，支队开始继续前进，到达安平河口西南方约 6 公里的高地。在这里发现前方约 800 米的高地上，竖立着 4 面清军的军旗。因为太阳快要落山，支队当天就在这里宿营。

第 2 大队因离开了支队，无法识别支队发出的信号。大队一直在先前占领的高地上等待，认为支队的主力会来这里。但是天黑了支队也没有来，因而决定在这里宿营。由于远离支队，又接近敌人阵地，整个大队这天夜里严密警戒，没有生火。因此，官兵不能烘干白天渡河时沾湿的衣服。军服冻得硬邦邦的，寒风刺骨。疲惫不堪的士兵们最终一夜没有合眼。

■ 在鸭绿江架桥

之前受山县军司令官之命侦察炮兵阵地的军炮兵部长黑田少将23日接到命令，让他在安东县对岸选定炮兵阵地，并于24日之内在义州城东北方（元化洞西北的高地）的阵地上修建6门90毫米口径臼炮、4门70毫米口径野炮的炮床。24日上午，黑田少将前往安东县对岸的麻田浦。

此外，受命制订鸭绿江架桥计划的军工兵部长矢吹大佐，23日确定在静波门北方架桥，决定架桥材料混合使用第3师团的铁舟和工兵第5大队准备的比利时式架柱。计划24日夜掩护队一到达对岸就马上着手架桥，25日凌晨4点之前完工。

24日下午6点，山县军司令官把各师团长召集到义州军司令部，下达了翌日的进攻命令：

"第1军明天25日拂晓开始攻击敌人。第3师团明天25日凌晨4点30分开始通过浮桥，进攻虎山附近的清军。预备炮厂中的4门野炮和6门臼炮明天25日4点之前到达义州北方的阵地，支援第3师团的进攻。混成立见旅团的一部分兵力随第3师团到中江台，掩护第3师团的右翼。第5师团25日凌晨5点之前在义州府内西北部集结。"

担负架桥任务的工兵第3大队第1中队第2小队，这天晚上6点开始着手第一江的架桥作业，于7点完成。工兵第5大队第2中队，晚上8点30分开始架设第二江的浮桥。但是，铁舟因长途行军而松弛，有的完全对接不起来，因此，工兵第3大队第2中队担负的铁舟对接作业变得非常困难。虽然架设部队伸手援助，但是仍然有 10 个半形舟无法对接，有 5 个在日出后才好不容易对接上。工兵费尽苦心，把已经架设好的铁舟桥的一部分变更为小幅桥，还混用了赶造的 5 只木船。加之天气已经相当寒冷，架设架柱桥的时候，担负该任务的班组人员全部跳入水中，因为浸泡在浅到腰部、深可及胸部的水里作业，手脚都冻僵了。而且，因为这里就在敌人前面，没有点灯，一片漆黑，作业不如想象的顺利。25 日早晨 6 点，终于架设完成了全长 193 米的浮桥。

■ 进攻虎山附近

浮桥开通的同时，步兵第 6 联队第 3 大队首先开始过桥。但是，由于浮桥很脆弱，步兵要两列通行，马必须间隔 3 米通过，而且有时必须中止通行。因此，通过这座桥出乎意外地花费时间。

另一方面，除了第 3 大队以外的步兵第 6 联队，从 24 日晚上 11 点 30 分开始，趁着黑夜，动用 3 艘船，从虎山东北方汇合点下游三四百米的地点，悄悄地渡过鸭绿江，在虎山东部约 2 000 米的地点集合了。

25 日早晨 5 点 30 分，部队渡河完毕，第 2 大队向虎山东北高地前进，到达了虎山北部约 1 500 米的高地。大队的先头部队到达这个高地时，其东北方约 800 米的山上有几名清军在监视日军的行动，但是看到大队到达后就退到北方去了。该大队的一线部队，6 点 40 分左右到达距山坳的清军约六七百米的地点。

约 20 分钟前，在元化洞高地的黑田炮兵部长看到日方的步兵开始陆续通过浮桥，就命令预备炮厂瞄准虎山山坳的清军炮台，开始用野炮射击。

虎山的守备队长马金叙，指挥着 3 营步队、两门炮，他把其中的 1 营步队、两门炮部署在虎山山坳附近进行警戒。马知道 24 日在安平河口发生了战斗，但是完全不知道这天夜里日军在这么近的地点架桥，而且已经有部队乘船渡河了。25 日早晨近 7 点时，马才知道日军不知何时渡过了鸭绿江，已经到了江的右岸。这时，日军已逼近虎山的阵地，其右翼的一部分出现在阵地北方的山上。

6 点 50 分左右，依托虎山山坳附近掩堡的清军步兵，开始向潜伏在渡河点西部的步兵第 6 联队第 1 大队（先渡河的大队）开枪射击。当时，清军的一个纵队从九连城方向经虎山的后方来到这个山坳，日军预备炮厂用野炮对这里实施了集中炮击。7 点 7 分，山坳附近又出现了 2 门速射炮，向第 1 大队射击。

山坳附近的清军步兵逐渐增加，速射炮也向日军猛烈射击。第 1 大队冒着枪林弹雨，逼近到距清军 500 米处，枪炮的射击更加猛烈。7 点 30 分左右，第 3 大队开始前进，打算前出到第 1 大队的左翼与山坳里的清军决战。清军的炮火从 7 点 25 分左右开始稍稍减弱，到这时终于沉默，渐渐显示出退却的迹象。时间是 7 点 50 分左右。

第 1、第 3 大队抓住这个时机，同时发起冲锋，夺下了清军阵地。此时，时间是上午 8 点。清军匆忙兵分两路，一部分向九连城方向逃跑，大部分向西北方逃跑。两个大队向前追击清军。

7 点多钟，位于虎山北部 1 500 米的高地上的第 2 大队，发现其西北方约 900 米的高地上有清军骑兵 300 人，就对这里进行了齐射，清军迅速往北方撤退。第 2 大队正打算向虎山方向前进时，7 点 30 分左右，突然在北方约 400 米的高地上出现了约 200 名清军的步兵，便与这些清军对峙。清军立即把兵力增加到 400 人左右，进行了顽强的抵抗。

这些清军好像是聂士成派遣过来的。在栗子园的牙山军首领聂士成听说日军的支队在安平河口附近渡河后沿鸭绿江岸南下，考虑到虎山阵地左侧的危险，这天拂晓，他派军队前往虎山东北部的山区。

但是此时，马金叙遭受日军来自正面的猛烈攻击，侧背面也有日军逼近，因此，他无暇扩大战线进行防御，丢下阵地朝马沟方向败逃了。

第 6 中队和千秋小队、津田小队刚才同虎山山坳附近新出现的清军步兵交战，在追击这些清军的过程中跟第 2 大队主力走散，继续向西北方前进。8 点多钟，第 6 中队到达一个海拔 87 米的高地的东北方约 500 米的山脊，千秋小队来到通往其西南方栗子园的道路附近，津田小队抵达其北方约 500 米的高地。日军在这里遇到了从虎山附近逃来的清兵，他们渡过了叆河支流，队伍混乱不堪，在继续退却。

各部队追击这些残兵败将时，清军约三四千人的精锐部队从栗子园方向赶来，从第 6 中队右侧约 500 米的高地，向日军进行猛烈射击。原来是在栗子园的聂士成率领预备队赶来救援马金叙。

清军不仅在数量上占优势，而且占据着俯视日本军队的有利地形。日军一番苦战之后不得已退却。8 点 35 分，这些日军被闻听战事危急前来支援的第 1 大队收容了。

这时，清军约 3 000 人从九连城方向呈 3 个横队朝虎山前进。与此同时，榆树沟方向清军也有五六千人的部队一边收容败兵，一边向东南方向推进。

宋庆一听到虎山方向的枪炮声，就马上给榆树沟附近的马玉昆、苇子沟附近的宋得胜下达命令，让他们率领全部毅字军前往栗子园。刘盛休也率领铭字军的一部分、约 3 个营从九连城的阵地出发前往虎山，渡过了叆河。这些部队从阵地出发时斗志高昂，打算在途中迎击日军，并一举歼灭。

清军渡过叆河的同时，九连城北方山上的炮台开始炮击虎山山坳附近的日军。来自榆树沟方向的毅字军同来自栗子园方向的牙山军会合，占领了海拔 87 米的高地的北部一带，其中部分兵力沿西部的河滩向南推进。

这时日军万分危急。8 点 15 分左右，到达虎山山坳附近的第 3 师团长桂中将，立即向军司令官报告了现在的情况，请求增援，掩护师团左翼。

步兵第 12 联队作为策应向西北方向前进。第 6 联队从友军的声援中受到鼓舞，经过前后 4 次冲锋，终于驱逐了前面的清军。因为这些突击是在坡度大的地方进行，队伍混乱，造成很多人伤亡。清军最终大部分向西北方逃跑，一部分向北方逃跑。其中，大部分清军约在 10 点 30 分之前渡过了叆河，一部分向栗子园北方撤退。

第 6 联队第 2 大队仍然在虎山北方约 1 500 米的高地，同位于其北方约 400 米处的约 400 名清军步兵对峙。虽然友军已经撤退了，这支部队还在继续顽强抵抗。到了中午 12 点 20 分左右，这些清军终于撤退了。

步兵第 12 联队第 2、第 3 大队在叆河的主流和支流之间的地区行进。他们迎着盘踞在栗子园西方高地（叆河左岸）及其对岸苇子沟东南高地、九连城北方高地的清军炮兵的猛烈炮击，相继占领了榆树沟东南高地、叆河右岸的高地、苇子沟的清军营帐以及马沟东方高地。至此，从九连城向北、到苇子沟一带的叆河两岸，全部被日军占领。叆河右岸清军的残兵败将向九连城方向和叆河上游撤退，栗子园附近的清军在步兵第 12 联队到达叆河右岸时就开始向北方撤退了。

这样，虎山的守备队长马金叙撤退到马沟之后进入九连城，宋庆跟聂士成等一起率领毅字军、牙山军的大部败逃，经石城到达通往蛤蟆塘的大道上。刘盛休好不容易在转山子附近集合了约 3 营的败退的铭字军。因此，铭字军的残部约 8 营，仅仅维持着九连城的阵地。

■ 占领九连城

山县第 1 军司令官得知 10 月 25 日在虎山附近的战斗中被击败的清军大部分进入了九连城、一部分撤退到了叆河上游，决定按照先前制订的计划，翌日的 26 日进攻九连城。下午 4 点，军司令官在虎山山坳附近发出了进攻命令：

"第 1 军自明天 26 日拂晓开始进攻九连城附近的清军。第 3 师团到达蛤蟆塘附近，从清军的侧背进攻。不过，为了警戒叆河上游，师团留一支部队在栗子园。第5师团沿叆河右岸前进，从东北面进攻九连城。奥山支队从鸭绿江左岸进攻安东县方向，牵制那里的敌人。"

26日早晨6点，第3师团的先锋部队出发。6点20分，主力部队从榆树沟东南的集结地出发。第5师团的主力部队6点15分在榆树沟集结，但是立见少将指挥的各部队6点已经从榆树沟东南出发，前往九连城西北高地。

根据师团的命令，第5师团的先锋部队定于这天早晨6点之前占领面对九连城的高地。因此，先锋司令官大岛义昌少将让步兵第11联队第3大队占领腰沟西南方的高地。尽管这里距九连城东北部的联结堡只有五六百米，却丝毫没有受到清军的阻碍，而且，堡内寂静无声。

大队长觉得敌情可疑，派出了侦察兵。然而，这时九连城地区的清军已经完全撤退了，连一个清兵的影子也没有看到。7点15分，步兵第11联队长西岛中佐率领联队占领了九连城东北的联结堡。堡内扔着14门炮和大量的弹药、粮食，这些东西在叙说着昨夜清军仓皇撤退时的状况。

25日夜晚，右翼总指挥官宋庆带领毅字军逃到了凤凰城。附近的清军见此情景大为惊慌，成为乌合之众，在一片混乱之中向西逃跑。九连城的铭字军残部听到这个消息也向南逃跑。负责老龙头、安东县地区守备的盛字军，看到九连城附近友军溃逃的情况非常吃惊，当晚紧随其后去了凤凰城。

第3师团的主力9点左右才到达石城附近。师团长桂中将收到了军司令官"九连城附近的清军好像已经退却"的通报，判断清军退却的地点可能是安东县，遂决定向安东县前进。

■ 占领安东县

另一方面，从25日开始进驻古城麻田洞的奥山支队，确认安东县西北方的高地上有大量清军的营帐，夜里又听到在安东县方向响

起了几次枪声。因此，奥山少将确信清军在防备对岸。26 日早晨 6
点 50 分，奥山支队开始对安东县北方高地的清军炮台和堡垒实施炮
击，但是对方没有还击的迹象。支队派侦察军官到对岸，确认那里
没有清军。中午 12 点 30 分支队开始渡河，下午 5 点支队全体人员
渡河完毕。这样，日军得以不费一枪一弹占领了清国国境的要
塞——九连城和安东县地区。

清国军队在九连城附近的自然要塞上进一步增加了防御工事，
拥有 19 750 人和 81 门炮，以优势兵力防备。对此，日本军队动用了
以下兵力对抗：步兵 1 300 人，骑兵 350 名，炮 78 门。但是，清军
因为在虎山附近战败，立刻丧失了士气，丢下坚固的阵地和大量的
大炮、步枪和弹药退却了。

在鸭绿江畔的战斗中，清军方面的死者在安平江口附近约 20
名，在虎山附近也有很多人倒毙于山间和嫒河中，死亡人数不详，
但是仅日军收容的人数就高达约 500 名。日军的死者军官以下 34
名，负伤 115 名。日军消耗的弹药为炮弹 493 发，步枪子弹约
95 730 发。

日军缴获的战利品有 78 门炮，约 4 400 支步枪，除此之外，还
有大量的弹药和粮草等，俘虏士卒 15 名。

第三节　占领凤凰城、大孤山地区

■ 占领凤凰城

第 1 军在鸭绿江畔的战斗中取得了完全胜利，实现了从朝鲜半
岛击退清军这个第一期的目标，也完成了支援第 2 军（后述）的新
作战任务的一部分。山县第 1 军司令官为了进一步完成新任务，决
定追击败逃的清军，进攻凤凰城。

清军方面，10 月 25 日继宋庆撤退到凤凰城之后，其他军队也陆

续集中到凤凰城，26 日拥有以下兵力，即毅字军步队 10 营、盛字军步队 12 营 1 哨、马队 5 营 2 哨、铭字军步队约 3 营、牙山军步队约 3 营、铭字军马队 1 营，合计步队 28 营 1 哨、马队 6 营 2 哨。

宋庆最初撤退到凤凰城时，好像决心固守此地进行防御。但是，集中到这里的兵力少得出乎意料，士气低落，队伍混乱，而且没有武器。鉴于这种情况，看上去似乎很难在短时间内恢复秩序，具备战斗力。况且根据凤凰城的地形，以这样的兵力对抗乘胜进攻的日军，不能期待长期抗战。因此，宋庆决心舍弃这个地方到摩天岭占领阵地，据此保卫奉天省。10 月 29 日，宋庆率领各部队出发，11 月 1 日前后到达摩天岭。在这里，他让损失较少的盛字军的一部分作为第一线守卫连山关，把其他部队作为第二线部署在摩天岭，一边整顿、休整部队，一边加紧构筑防御阵地。

第 5 师团的先锋立见旅团，在宋庆开始退却的 29 日进入凤凰城，几乎没有遭遇任何抵抗，30 日占领了这座城市。

■ 占领大孤山

10 月 26 日，第 3 师团长刚进入安东县，军司令官就马上命令该师团占领大东沟。于是，大迫少将立即率领步兵第 6 联队、野战炮兵第 3 联队第 1 大队于 27 日出发，与六道沟的独立骑兵会合后占领了大东沟，前往大孤山方向。

但是，军司令官不想动用这样的大军去占领大东沟，希望大迫少将带领另一支部队参加进攻凤凰城的战斗。因此，第 3 师团长 27 日夜晚赶快发出了召回命令，但是大迫支队在命令到达之前已经占领了大东沟。

27 日晚上 7 点，大迫支队到达了大东沟北端的桥梁。清军的步兵、骑兵约 500 名，在大东沟的村头破坏了桥梁进行抵抗，但是因抵挡不住支队先锋部队的冲锋，就烧毁了兵营和火药库，丢下 50 多具尸体逃跑了。晚上 8 点 50 分，支队占领了大东沟。

翌日的 28 日，大迫少将派遣侦察军官前往大孤山方向。根据侦察军官的报告，得知昨夜从大东沟方向有 3 000 名清军、从棋盘山方向有 2 000 名清军撤退到了大孤山方向。此外，少将按照之前接受的命令，试图联系当时位于这里近海的海军，告诉他们第 1 军已经占领了这个地方，便升起信号旗，燃起火焰，打算引起海军的注意，但是以失败告终。30 日傍晚，大迫少将派遣骑兵下士去停泊在近海的日本军舰那里，通报第 1 军的战况。

大迫少将受命参加对凤凰城的进攻，30 日暂且返回安东县。但是，由于凤凰城已轻易得手，军司令官马上着手制订占领大孤山地区的计划。

无论是为了建立同第 2 军以及海军的可靠联系，牵制前面的清军、协助第 2 军作战，还是为了开通海上运输，都一定要占领大孤山。

大迫少将于 31 日下午 5 点再次到达大东沟。30 日派遣到日本军舰的下士回来，转达了磐城舰舰长的通报。根据通报，获悉第 2 军的先头部队已于 24 日至 26 日在花园口登陆，29 日进攻金州城（第 2 军当时计划 11 月 3 日发起进攻，这个日期可能是误传），而且预定下个月 8 日协助联合舰队进攻旅顺口。通过 11 月 1 日的侦察，日军判明大孤山的清军已经往岫岩方向撤退，占领大孤山也轻松地完成了。

旅顺半岛之战

第一节　第 2 军的编成和进军

■ 第 2 军的编成

日本海军在 9 月 17 日的海战中获胜，掌握了黄海的制海权。因此，大本营按照之前制定的冬季作战方针，为了翌年即明治二十八年待冰雪消融后在直隶平原进行一场大决战，打算把军队推进到渤海湾头，策划攻占将成为渤海湾头根据地的旅顺半岛，9 月 21 日开始着手编成第 2 军。

当时，第 1 师团处于随时可以奔赴广岛的态势，而且第 6 师团的半数兵力即混成第 12 旅团计划编入第 1 军，集结在小仓附近。大本营曾考虑用这一个半师团编成第 2 军，但是用这些兵力攻占金州城绰绰有余，要攻占旅顺口就实在是太少了，因而决定把第 2 师团增派到第 2 军。大本营计划首先派遣第 1 师团和混成第 12 旅团攻占金州城，之后等待实际侦察的结果，再决定派遣第 2 师团。

9 月 25 日，大本营任命陆军大将大山岩（当时是陆军大臣）为第 2 军司令官，10 月 3 日宣布了第 2 军的战斗序列，10 月 8 日给大山第 2 军司令官下达了如下命令：

"进入朝鲜半岛的清国军队在平壤被第 1 军击败，退到了北方，现在在义州。据情报显示，清国主要在增加盛京省、直隶省的兵力。我联合舰队目前在大同江口有临时根据地，控制着黄海北部。你跟第 1 军互通情况，同联合舰队互相协助，努力占领旅顺半岛。为了间接地支援这次占领，令第 1 军牵制其前面的敌人。"

大本营在编成第 2 军之际，编成了临时攻城厂加入第 2 军。清国的大城市大多环绕着用砖砌成的城墙，预计仅凭野炮的威力难以进攻。因此，日本从开战之初，特别在大阪炮兵工厂着手铸造 120

旅順半島作戦地一覧図
至復州
大賈家屯
三官廟
大塩廠
普蘭店
貔子窩
長興島
交流島
西中島
鳳鳴島
亜得雷司湾
長店舗屯
劉家屯
李家屯
小李家屯
貲
子
河
碧流河
花園口
小沙河口
大長山島
哈仙島
小長山島
広鹿島
獐子島
遼東湾
金州湾
金州
紅旗営子
石城子
河口
荘家屯
塩大澳
塩
河
西蕾家溝
蔞家屯
小窑口
大窑口
黄龍尾
営城子
前名鎮堡
甜水淵
和尚島
老龍頭
大孤山
大連湾
八隻舩北海
王殿元
前木城駟
双台溝
土城子
鳳凰山
双島湾
于
大
山
水師営
鸡冠山
旅順口
小平島
鳩湾
塩廠
老鉄山
模珠礁砲台
白嵐子
老鉄山高角
直隷海峡

旅顺半岛作战地一览图

毫米加农炮、150 毫米臼炮和 90 毫米臼炮，这时也临近完工。大本营让留守第 1 师团长编成了攻城厂的大部分，让第 6 师团长编成了其中的一部分。此外，给军司令部在定员之外增加了测量班、照相班和军乐队。

■ 第 2 军渡海出国

大本营最初打算把第 6 师团的半数兵力即混成第 12 旅团编入第 1 军，因此，9 月 16 日一收到平壤的捷报，就马上命令混成第 12 旅团和第 6 师团第 1 辎重监视队在小仓附近集结。但是，大本营在部队集结期间收到了海战的捷报，为了把这些部队编入第 2 军，令其参加旅顺半岛的作战行动，决定将其运送到仁川和汉城附近。

9 月 24 日至 28 日，混成第 12 旅团的各部队分别乘坐长门丸运输船等 19 艘船从门司港出发，27 日至 30 日先后到达了仁川港。

10 月 8 日，大山第 2 军司令官接到大本营的命令时，混成第 12 旅团在汉城及仁川港附近，第 1 师团在广岛，第 2 师团野战队完成了动员，在各卫戍地。第 2 军司令官坚定了决心，打算根据大本营的命令，首先率领第 1 师团前往当时联合舰队的临时根据地大同江口，在联合舰队的掩护下在貔子窝东边 5 海里的地点登陆，顺便占领金州和大连湾，然后把混成第 12 旅团召集过来进攻旅顺口。貔子窝东边 5 海里的地点，是根据 9 月下旬联合舰队司令长官提交给大本营的侦察报告选定的。第 2 军司令官将该计划上报大本营，把与此相关的命令发给第 1 师团长和混成第 12 旅团长，进而把自己的决心告知了联合舰队司令长官，告诉他希望在大同江口面谈。

但是，到了 10 月 10 日，第 2 军司令官得知事先确定的登陆地点不是貔子窝东边 5 海里处，而是 20 海里处。那样不但距离作战目标地太远，而且有毕利河横在第 2 军的前进道路上。如果能在这条河的西侧登陆，就可以避免上述不利因素，也远离清军占据的大孤山港，而且可以把这条河作为对东部登陆点的掩护地点。考虑到这些情况，第 2 军司令官 12 日给联合舰队司令长官发电报，请求他寻找更靠西侧的登陆地点。

第 2 军司令官把这次要从本土带领的部队分成 3 个登陆部队，下达了关于出征的命令。这样，第一批登陆部队于 15 日、16 日乘坐横滨丸等 16 艘船，第二批登陆部队于 17 日、18 日乘坐高砂丸等 16 艘船，军司令部于 16 日乘坐长门丸，依次从宇品港出发。

军司令部、第一批登陆部队、第二批登陆部队，分别于 19 日、20 日、22 日全部到达大同江口的鱼隐洞锚地。第三批登陆部队趁着有运输船的时候，自 10 月 23 日至 11 月 22 日，先后乘坐摄阳丸等 11 艘船出发，其中，大部分直接到达大连湾登陆了。

第二节　占领金州、大连湾地区

■ 第 1 师团登陆

第 1 师团的大部分兵力 10 月 20 日之前到达了大同江口鱼隐洞锚地，从 24 日开始在奉天半岛南岸、花园口登陆。这一天是第 1 军进攻鸭绿江畔虎山附近的日子。

之前联合舰队作为第 2 军的登陆地点推荐了貔子窝东边 5 海里的地点，就此事给大本营发了以下报告："陆地大致平坦，但是海上辽阔，不利于警戒鱼雷艇的奇袭，因此有必要停止夜间登陆，把运输船移到海面上。为此登陆需要花费很多天时间。应该尽量多准备拖船和大舢板，尽可能减少马的数量。"

这里就是称作花园口的地点，位于小沙河河口的左岸。联合舰队后来发现报告中写的 5 海里是 20 海里之误，便请大本营予以订正。

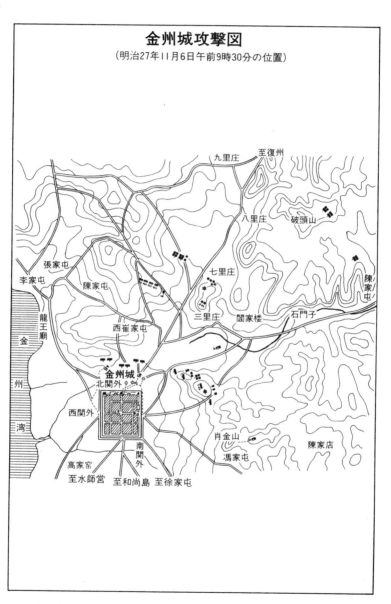

金州城攻撃図
(明治27年11月6日午前9時30分の位置)

九里庄　　至復州

八里庄　　破頭山

七里庄

張家屯

李家屯　　陳家屯

龍王廟　　西崔家屯

三里庄　　閣家楼　　石門子

陳家屯

金州湾

金州城
北関外

西関外

南関外

高家窰
至水師営　至和尚島　至徐家屯

肖金山　　馮家屯　　陳家店

进攻金州城图（明治二十七年 11 月 6 日上午 9 点 30 分的位置）

如前所述，第 2 军司令官对这个登陆地点表示不满，请求说"希望在更靠西侧的地方寻找登陆地点"。但是，由于清军的残余舰船同南洋舰队的军舰合并后以旅顺口为据点，联合舰队司令长官担心清军夜间利用鱼雷艇攻击，坚决不赞成将登陆点向西移动。他认为毕利河以西没有合适的登陆点，跟第 2 军司令官的意见针锋相对。之后，他让陆海军各 2 名参谋搭乘高千穗舰，将其派遣到奉天南岸寻求新的登陆地点，仍然没有发现合适的地点。

第 2 军司令官担心这样下去会白白浪费时间、贻误战机，最终决定听从联合舰队司令长官的意见，勉强把花园口确定为第 2 军的登陆地点。

花园口的锚地，距海岸有三四海里，波浪很高，舢板航行困难。即使用汽艇拖行舢板，一昼夜最多也就往返两三次。而且，潮涨潮落的落差很大，落潮时沿岸一带会出现一条宽达 1 500 米的海滩，淤泥可埋没膝盖。即使人可以勉强通行，马和器材也无法通过。因此，卸载器材等只能限于涨潮的时候。海岸岩石嶙峋，要架设栈桥也不容易。日军把仅仅宽二三十米、长约 150 米的沙地作为登陆场，但是因为过于狭窄，潮水经常侵袭过来，卸在这里的行李必须马上转运到断崖上的高地。

这样，即使天气情况良好、没有清军阻碍，登陆的日期也必然比预定时间延迟很多。

尽管如此，日军不管怎样毅然从 24 日开始登陆。首先是搭载着第一批登陆部队的 16 艘运输船，23 日上午 8 点 30 分在联合舰队的护卫下，编成 4 个船队依次从鱼隐洞锚地出发。船队从 24 日早晨 5 点 40 分开始，相继到达花园口海面，排成两列抛锚。各部队 8 点开始登陆，27 日第一批部队大致完成登陆。

第二批登陆部队 26 日黎明到达登陆点后开始登陆，搭载第三批登陆部队的运输船当中，有 3 艘从 28 日上午开始登陆，11 月 1 日同时完成登陆。第 1 师团的登陆至此全部结束。

■ 第 1 师团进军

第 1 师团长山地元治中将派遣了一个支队，于 28 日上午 11 点左右占领了貔子窝。最初得到的情报说这里有两三百名清军，但是清军没有开战就向金州城方向退却了。

27 日，第一批登陆部队的登陆即将结束，后萧家陌积聚的粮草也备齐了师团向貔子窝进军所需的份额，在坎子底下、王家店之间开设兵站司令部的准备工作也在有序推进。同时，26 日以来开始修筑的道路，27 日已修到了毕利河，毕利河上的徒步桥也已架好。因此，山地第 1 师团长率领第一批登陆部队，28 日向貔子窝前进。

第一批登陆部队于 29 日到达貔子窝，一直在这里停留到 11 月 2 日。他们一边等待后续部队的到来，一边集中精力侦察并修筑金州大道以及打探金州、盖平、普兰店方向的敌情。但是，几乎没能掌握清军的情报。

在此期间，位于仁川的混成第 12 旅团的先头部队，31 日早上到达花园口，接着向貔子窝前进，与大队会合。此外，第二批登陆部队 11 月 2 日在貔子窝与师团会合。

11 月 1 日下午，山地第 1 师团长得到了关于西宽二郎少将出发的报告和后续部队情况的报告，考虑到第二批登陆部队将于 2 日到达貔子窝，其余部队也将于 3 日到达貔子窝，就决定从 3 日开始向金州城前进。因此，首先编成了金州大道支队，让该支队 2 日出发，负责整修金州大道、选定师团的宿营地。支队肩负的另一个任务是前进到陈家店（当时地图上标注的陈家店位于衣家屯东北的陈家屯）附近，在这里探听金州方向清军的情况，如果时机合适，就破坏普兰店大道的电线。

1 日深夜 12 点，第 1 军派遣的参谋军官乘坐磐城号军舰到达花园口，大山第 2 军司令官得以详细了解了第 1 军的现状。2 日中午，第 2 军司令官从花园口出发，当天晚上收到第 1 师团长关于翌日前进计划的报告，因担心貔子窝兵力空虚，遂派遣现在正在花园口登陆的混成第12旅团的步兵1大队、骑兵1小队去貔子窝。

3日，金州大道支队从刘家店出发到达苍家店，第1师团主力从貔子窝附近出发，到达典家店、窑子店之间。这天，担任翻译的向野坚一回到师团司令部。向野为了刺探复州方向清军的情况，12月24日从花园口出发，在金家哨附近被清军抓获，但是向野在被押送到金州的途中逃脱，28日到复州城侦察，又于31日到金州城侦察，历经艰辛后回来了。向野的报告如下：

"守卫复州的兵力大多数前去增援金州，剩下的士兵有100人。据传闻，好像陆续有援军从盖平方向进入金州城。普兰店没有一兵一卒。金州城的东门有4门重炮，城内到处都是士兵。据说居民约有六七千人。此外，石门附近有骑马的人来往，附近或许埋设了地雷。"

■ 进攻金州城的前哨战

翌日的4日，金州大道支队才同清军遭遇。上午8点，集结在亮甲店的支队正要出发时，受到了来自陈家店南方约1 400米的高地的射击。支队追赶着这些清军来到陈家店东北的高地时，在西方高地遭遇清军步兵约100人、骑兵七八十人，将其击退到金州城方向，进而占领了陈家店北方高地。支队知道高地周边有兵力不详的清军，决定驻扎在这里。

这一天，师团主力在大黄庄、李家店、杨家店附近宿营。大山第2军司令官到达貔子窝，看到了山地第1师团长3日夜晚发出的报告，得知第1师团准备6日或7日进攻金州城，遂决定翌日开始加快步伐，追上第1师团。此外，联合舰队参谋长鲛岛员规大佐恰巧来到了这里，军司令官同他就进攻金州城和大连湾过程中舰队的配合问题进行了协商。

4日夜晚根据山地第1师团长的命令编成了复州大道支队，该支队5日早晨6点从干家屯出发前往龙口。金州大道支队黎明时分在刘家店集合，派出了多股小部队，去侦察前方和两侧的情况以及地形、道路状况。

同一天（5日），师团先锋部队早晨6点30分从苍家店出发，师团主力部队7点从大黄庄出发。但是8点左右，在途中听到金州城方向响起了数次枪炮声。先锋司令官乃木希典少将立即站到队伍的最前列，10点多到达刘家店之后，会见了金州大道支队长斋藤少佐，听他讲述了前一天以来的情况。乃木少将还亲自视察清军的状况，判断清军的兵力人数不多，决定靠自己的力量歼灭这些清军。乃木少将给各部队长下达了战斗部署的命令，同时向师团长报告了这个决心，要求金州大道支队在进攻期间根据战况便宜行事。

正好在这个时候，师团主力部队的先锋到达了刘家店东北约2 000米的高地。师团长在这里视察清军情况和地形，虽然不太清楚清军的兵力，但是清军占领的位置非常坚固，估计正面进攻不利。因此，师团长决定把一部分兵力向前面推进，主力迂回到清军视野之外的复州大道上的三十里堡附近，进而前进到清军的左侧背，进攻金州城，并随即下达了进攻命令。

根据这个命令，即将面对前面清军的是步兵第15联队和金州大道支队加上跟随在先锋部队后面的骑兵小队、炮兵第6中队。此外，师团长决定让乃木少将率领步兵第1联队从刘家店附近开往复州大道，掩护师团的左侧。

这个命令传到乃木少将手里时，他指挥的各部队已经开始了进攻。乃木少将立即把师团长的命令出示给各部队长，把骑兵、炮兵、卫生兵交给了与前面清军对抗的刘家店支队长，命令步兵第1联队北上。

联队从花皱沟附近开始斜着向右前进，迎着金州大道两侧清军的猛烈炮击，向破头山进军。所谓的破头山，是一个海拔233米的高地，是当时日军习惯称呼的名字。清军在十三里台的南侧架设了3门炮开始炮击，日军也在战线的右翼增加了一个中队，向这些炮兵射击，清军的炮兵终于撤退了。但是，清军更加猛烈地用步枪射击，看样子企图进行反击。因此，第2大队的粟屋少佐下午5点又把第5中队增加到右翼，因天色已晚，决定保持着战斗队形宿营。位于第一线的各中队修建了掩堡固守在里面，清军整个晚上都在开枪打炮，日军对此没有进行反击。

另一方面，师团主力部队这天中午从衣家屯出发，下午4点30分到达三十里堡，从那里沿复州大道向南前进。傍晚时分，在烟雾之中看到日本步兵第1联队正在十三里台的东南高地上交战。师团长让先锋部队在二十里台停止前进，新先锋司令官伊濑知好成大佐认为从作战方面考虑有必要占领十三里西南高地，在得到师团长的许可后，占领了这里。

■ 金州地区清军的情况

清国集中力量在鸭绿江畔防御，其结果是金州地区的防备渐渐薄弱。10月23日是日方的第1军准备进攻鸭绿江畔的日子，同时也是第2军的先头部队从鱼隐洞锚地出发的日子。这天以后，清军驻防金州地区的部队如下所示：

一、捷胜营步队1营、马队2哨
  司令官：副都统连顺（步队守卫金州城，马队在魏子窝监视附近的海岸）

二、拱卫军步队3营、马队1营、炮队1营
  司令官：总兵徐邦道（步队3营在徐家山附近，炮队驻扎在金州城外的南方，马队在金州东北一带，侦察各地敌情）

三、怀字军步队6营2哨
  司令官：总兵赵怀业（驻扎在和尚岛2营，老龙岛、黄山2营，南关岭1营，苏家屯1营2哨）

这三支部队没有统率全体部队的总指挥官，连顺归奉天将军裕禄指挥，徐邦道、赵怀业则接受北洋大臣李鸿章的命令。

10 月 24 日，赵怀业接到在九连城的铭字军统领刘盛休的电报："日军从蒲石、安平两个河口包抄过来，正在跟倭恒额的部队交战（佐藤支队的战斗），看样子义州的日军也要攻过来。"赵知道鸭绿江畔的形势越来越紧迫，但是没有发现日本方面的第 2 军这天拂晓已经开始在花园口登陆了。不过，赵一直担心金州、大连湾的军备水平低下，因此，他跟徐邦道商议后，给旅顺口的道台龚照屿打电报，请求他调拨数营兵力过来。

在此之前，在貔子窝监视海岸敌情的捷胜营马队的营官荣安，24 日早晨听说日本有 30 余艘船只停泊在花园口，大为震惊，派出了数骑侦察兵。这些侦察兵在东橙村附近抓获了日方的翻译官钟崎三郎。25 日，荣安拷问钟崎获悉了日军的登陆情况，报告给了连顺。这天夜里，钟崎与在貔子窝被捕的翻译官山崎羔三郎一起被押送到金州。

荣安的报告 26 日送达金州，旅顺口的龚照屿又发来了以下电报："据说有 36 艘日本舰船从花园口登陆，其人数达 3 万人。但是，日军是打算袭击安东县的后路，还是打算进攻大连湾、旅顺，其意图尚不明确。"当时在金州的各位将领难以判断日军将向哪个方向进攻。

■ 等待援军的金州城

清军根据接连送来的报告和拷问钟崎、山崎的结果，判明日军好像是以金州、大连湾为进攻目标。赵、徐二人把该情况告知李鸿章，请求说："希望您命令北洋水师早日来大连湾救援"。此外，二人给龚照玙也打了电报，恳求他命令舰队救援，而且"希望派遣两三营训练有素的部队，帮助带领着清一色新募兵的徐邦道"。

但是，李鸿章对此只答复道："貔子窝在金州的北边。你们要相互配合、严加防范，不要惊慌失措。新募兵都是生手，不要轻易交战。派散兵埋伏在敌人的来路上，在重要的隘路布满地雷！"

27 日，连顺收到了荣安"日军已经前往蓝家屯子"的报告，还收到了"鸭绿江友军战败"的电报。

连顺请求龚派送援军，徐邦道也恳求龚派遣旅顺口的守备军过来。但是，龚不愿意分割其兵力，就请求李鸿章说："大同军正在从营口方面前去驰援旅顺口的途中，希望派遣该部队支援大连湾"。

这时，赵、徐两位将军接到了李鸿章如下带有斥责语气的命令："两位将军要利用现在的各营努力备战、严密布阵，巡逻、侦察不可疏忽大意。旅顺也同样紧急，怎么能腾出兵力呢？南方来的楚军守备山海关，也不能让这些部队去援助你们那边。你们不要过分惊慌。"

28 日，李命令金州诸将："据说大同军已经到达营口，赶快打电报令其速赶往金州。"李又命令提督丁汝昌："率舰队巡游大孤山（大连湾口）一带，进行救援。"连、赵、徐三位将军联名请求程之伟（大同军的总兵）昼夜兼程来金州救援。

这天夜里，连顺收到荣安的报告："日军约四五百人向貔子窝前进，我军不得已退却了 12 公里。"他坐卧不安，催促程之伟加快速度赶来救援，并恳请奉天将军裕禄招募步队 2 营。29 日，李鸿章也要求大同军的程之伟快点去金州，但是程到达熊岳城后，在原地犹豫不前。

30 日，丁汝昌率领舰队来到大连湾时，金州的各位将领因此对湾口的防备稍微放心了一点。但是，丁在这里只待了一个晚上，就马上去威海卫方向了。

31 日，获悉日军进攻情况的清军，确定了金州城的防备部署。

徐邦道防御东路，赵怀业部下的一部分兵力对其予以协助。连顺守备金州城，赵怀业守卫大连湾。

但是，日军占领貔子窝之后，就在那里止步不前了。徐邦道认为日军可能是把部队分割在大孤山方向，在等待后续部队，或者是在等待着往前方运送粮草。他主张姑且不谈其理由，现在正是出击的时候。但是，因为赵怀业对出击犹豫不决，这个想法并没有付诸实施就不了了之了。于是，徐决心只要时间和兵力允许，就在金州附近做好防御准备。

奋战的松崎中队长（熊泽喜太郎作，纸博物馆收藏）

徐首先把大和尚山定为右翼，并扩展到自大和尚山麓格条沟的西方高地至破头山一带，左翼则占领了一直延伸到复州大道十三里台南方台地的地区，让部下的步队、炮队各营占领这个阵地，着手修建临时堡垒。

此外，为了侦察敌情，徐派遣马队到貔子窝大道上的石拉子附近，还派了少数步兵到刘家店附近负责掩护防御工事。11月4日，最初与日军遭遇的可能就是这些马队。

■ 进攻金州城外

11月5日晚上9点，山地第1师团长为了进攻金州城外的清军阵地，发出了如下命令：

一、师团明日进攻前面的敌人。

二、刘家店支队根据主力部队的行动而行动。

三、乃木少将前往复州大道，上午7点之前与主力部队会合。

四、先锋部队在现在的位置等待命令。

五、各主力部队上午7点之前在乾家子集结。

但是，乃木少将认为把步兵第1联队调离现在的位置不利，便派遣副官到师团长那里，陈述了这个意见。于是，师团长变更了命令，决定乃木少将指挥步兵第1联队和刘家店支队，根据主力部队的行动而行动。按照这个命令，乃木少将接受了刘家店支队长提出的"明天早晨6点攻击清军炮兵阵地的计划"，命令步兵第1联队长从第2天早晨6点开始进攻前面的清军。

6日早晨6点10分，金州大道方向响起枪声的同时，步兵第1联队开始向破头山进攻。刘家店支队突然袭击陈家屯东方高地的清军肩墙时，清军步兵约1个中队、1队炮兵惊慌失措向金州城逃窜，前面的枪声或许是清军逃跑之际射出的唯一的一发炮弹。

破头山的清军频频开枪应战。第2大队全体人员散开，第1大队加入其左翼。清军仍然继续顽强防守，及至作为预备队的第 3 大队前进时，清军渐渐开始显示出动摇的迹象。在此紧要关头，第 2 大队发起冲锋，第 1 大队也紧随其后冲锋，6 点 45 分终于占领了破头山。这时，刘家店支队夺取了陈家屯附近的清军肩墙（陈家屯东方高地及北方高地）。清军丢下大量的枪械弹药和 50 余具尸体朝金州城方向败逃。这样，城外的高地全部被日军占领了。

守卫这个阵地的是总兵徐邦道下属的拱卫军，有步队 3 营 1 500 人、马队 1 营 250 人、炮队 1 营 500 人、山炮 10 门，还有捷胜营的马队 2 哨（副都统连顺的部下）。但是，步队大多数是新招募的士兵，因此，他们打了败仗后没有进入金州城，一部分滞留在南关岭，其余的大都朝旅顺口逃跑。

■ 攻占金州城

金州城的城墙高 6 米，顶部宽 4 米，外沿修建有女墙，因此，无法攀登上去。整个城墙呈长方形，东西长 600 米，南北长 760 米。每面墙的中部各有两重城门，安装着坚固的大门。外护城河在城墙外约 10 米的地方，河岸低、水流浅，步兵渡河也并非难事。清军在城墙上架设了 10 多门炮，在北门外埋设了大量地雷，用来守卫这座城市。

师团主力部队 6 日早晨 7 点从乾家子出发。山地第 1 师团长到达十三里台，看到步兵第 1 联队已经占领了破头山，就发出了进攻金州城的师团命令：

"西少将率领步兵第 2 联队和炮兵第 5 中队，占领距位于主干道左侧的金州城最近的高地。炮兵联队在主干道西侧，准备面对城的北门把大炮摆成发射队形。主力部队剩余的各部队向十三里台南部开进。"

西少将率领的步兵第 2 联队的先头兵上午 8 点到达了七里庄南面的高地，但那里没有清军。联队接着向西崔家屯前进，冒着炮火在其南端散开，开始向北侧城墙上的清军射击。炮兵第 5 中队也于 9 点在七里庄南面高地把大炮摆开阵势，开始同北侧城墙上的清军炮兵展开炮击战。炮兵联队也在西崔家屯北面高地上摆开阵势，加入炮击。步兵第 3 联队则正在向其左侧后方开进。

这时，清军约百名骑兵分成两队，从金州城东西两侧的城墙外往前冲，打算进攻步兵第 2 联队第 5 中队、第 6 中队的两翼。但是，两个中队立即将其击退，并击退了来到北关外的约 300 名清军步兵。

此外，这时步兵第 15 联队占领了金州城东北方约 1 500 米的山冈，炮兵第 6 中队也在这里把大炮摆成发射队形，开始炮击金州城东侧城墙上的清军炮兵。而且，步兵第 1 联队长率领第 1 大队在其右侧散开，开始射击。清军的步兵、炮兵集中在城的东城墙和北城墙，继续拼命抵抗。日军在这里加大了进攻的力度，看到了清军军心动摇，在城墙上乱跑，并马上开始从城的西门败退。于是，炮兵联队转而进行一阵急射，清军的大炮终于沉默了。这时是 9 点 30 分。

在这里，作为预备队的步兵第 3 联队开始追击清军，师团长下令吹响了冲锋号。步兵第 2 联队临近金州城的北门时，工兵第 1 中队来到了北门的城墙下，发现地雷后切断了电线，命令其中的一个小队炸毁城门。10 点 10 分，第一门、第二门相继被炸开，日军冲进了城里。

乃木少将当时在炮兵第 6 中队的阵地，10 点左右接到师团的命令，让他率领所指挥的部队向金州城的东南角前进。乃木少将命令步兵第 1 联队长、第 15 联队长进军。于是，步兵第 1 联队第 1 大队向东门前进；步兵第 15 联队第 3 大队向肖金山前进，负责左侧警戒；第 2 大队向金州城的东南角前进，逼近清军的背后。

一部分清军从 9 点 30 分左右开始三三两两地退却，但是大多数清军仍在顽强地防守。然而，临到三面受到夹击时，清军终于从 10 点左右开始陆续向旅顺口、大连湾方向败退。

步兵第 2 联队从北门冲进城里，各中队对城内进行了扫荡，步兵第 1 联队也于 11 点从东门进城，金州城至此完全落入日军手里。

占领大连湾地区

虽然金州城的清军向旅顺口方向撤退了，但是大连湾地区的炮台还完好无损，不断炮击师团在金州城南部的集结地。而且，日军直到此时对这个地区清军的情况还几乎一无所知。

6 日下午 1 点 45 分，乃木少将收到了之前派出去担负左翼警戒的侦察军官的报告。报告里写道："在七里庄南面的高地上（徐家山炮台所在的高地）看到有像是城廓的建筑。约 200 名敌军从小松栅方向前往这个高地，随后开始向大房身附近炮击。从远处眺望，在正面散开的清军约 200 人，左侧大约有 4 门炮。"

乃木少将确认了该情况后，命令骑兵第 1 中队向七里庄方向前进，可能的话不让败逃的清军去小松栅方向。日军通过这个中队，确认了清军由诸兵种编成的一支部队在徐家山炮台及其附近的村落里。

山地第 1 师团长听到这个报告，研究了攻占大连湾的策略，决定翌日拂晓发动突然袭击，夺下这个地方。这是因为师团长认为使用野战炮进攻具有强大威力的永久性炮台十分不利。因此，师团长命令运用突袭战，让乃木少将指挥的步兵第 1 联队、骑兵第 1 中队的一个小队和工兵第 1 中队占领和尚岛海岸炮台，并且命令步兵第 15 联队派骑兵第 1 中队的一个小队和工兵第 2 中队占领大孤山半岛（这座大孤山和之前进攻鸭绿江畔时出现的大孤山是两个地方。之前的大孤山位于大东沟西侧、大洋河口，这里的大孤山临着大连湾的半岛）的炮台。决定由步兵第 15 联队队长河野大佐负责指挥袭击大孤山炮台的支队。

第 2 军司令部 6 日在关家店接到了日军已攻占金州城的报告，下午 4 点到达位于金州城南关外的第 1 师团司令部。

7 日，河野大佐午夜从宿营地出发，打算以黎明为期限攻下徐家山炮台和附近的兵营。但是，到达目的地一看，清军已经逃走了，兵营里和炮台上只有四五个残兵。支队早晨 7 点占领了徐家山附近。9 点 30 分，支队看到日方的军舰大岛号和摩耶号进入了大窑口，便与之联系，留下若干守备士兵后返回了主力部队。

乃木少将也计划在黎明之前同时偷袭和尚岛的 3 个炮台和各个兵营，凌晨 2 点他把支队集中在高家窑南部，让部队轻装前进。各部队从合适的地点分头前进，分别接近目标炮台和兵营，但是这里的清军也已经逃走了，只有几个残兵。因此，该支队也自 5 点至 6 点 30 分之间轻易夺取了和尚岛的 3 个炮台、3 座兵营、水雷营和火药库，占领了这个地方。

这个支队根据师团命令留下若干守备士兵后返回了主力部队。作为支援部队的第 1 大队 10 点左右到达柳树屯，虽然在这里的任务被解除了，大队却继续前进，下午 6 点左右占领了清军撤退后的老龙岛炮台。该大队于翌日的 8 日早晨，又占领了同样是清军已经撤退的黄山炮台。这样，大连湾的各炮台全部被日军攻占了。

■ 清军防备情况

副都统连顺属下的官兵退出金州城后，大多数前往大连湾和旅顺方向，一部分在高家窑、苏家屯或南关岭附近，他们与总兵赵怀业的部下或徐邦道的败兵会合后，尝试着进行抵抗，但是最终向旅顺口方向撤退了。6 日早晨，连顺编造了一个借口出城，最后去向不明。

翌日的 7 日，日军占领了大连湾的各炮台，但是清军迅速逃窜，完全没有进行抵抗。

大连湾的防御工事这时虽然还没有原定计划那样完备，但是在和尚岛有东、中、西 3 个炮台，与老龙岛、黄山等炮台一起控制着海上，那些炮也可以用于控制陆地。另外，还有徐家山炮台，压制着大和尚山南方的平地，也防备着日军从大窑口方向登陆。

另一方面，总兵赵怀业率领怀字军步队 6 营 2 哨守备着这个地方，其兵力部署为老龙岛和黄山 2 营、南关岭 1 营、苏家屯 1 营 2 哨，他亲自率领 2 营在和尚岛。

6 日早晨，守卫金州城外阵地的徐邦道请求赵怀业救援，赵拒绝了他的请求，努力防备自己的守地。但是金州城落入日军手里，连顺、徐邦道两位将领手下的士兵开始向旅顺口方向溃逃时，赵部署在苏家屯、南关岭的部下也在别人的劝诱下逃跑。因此，各炮台的守军也担心退路被切断，6 日夜晚毁坏或掩埋了大炮设备后向旅顺口方向逃亡。赵也率领在和尚岛的部队，于当天夜里转移到老龙岛。7 日早晨，他又从这里对乃木支队进行了数次炮击，但是看到日本舰队进入大连湾，就率领部下向旅顺口逃跑。

第三节　攻占旅顺口

■ 第 2 军向旅顺口进军

11 月 1 日，混成第 12 旅团在花园口完成登陆，10 日到达貔子窝，13 日到达金州城。

大山第 2 军司令官开始向旅顺口进军之前，打算先了解旅顺口附近清军的兵力，再决定是否召集还在本土的第 2 师团过来。为此，军司令官到达金州以来一直在搜集与此相关的各种情报。13 日，得到了以下情报：

一、旅顺口原来的守备军
　　亲兵 3 营、庆字军 5 营、庆字军马队 1 哨、桂字军 5 营、和
　　字军 5 营——8 500 人
二、在金州以及大连湾的拱卫军、怀字军两支部队的败兵约

3 600人，捷胜营的败兵数百人

合计　约12 000人（其中，约9 000人是新招募的士兵）

此外，关于正在从北方复州方向接近金州城的清军，军司令官自花园口登陆以来时常收到报告。根据攻占金州城之际搜集到的清军文件和各方面的情报，得知大同军的步队、骑队7营（总兵程之伟率领的部队）在日军攻占金州城的11月6日到达普兰店附近，翌日的7日前进到五十里堡后再次撤退到了普兰店，李鸿章11月2日曾命令在鸭绿江战败的铭字军救援金州。

因此，大山第2军司令官判断要进攻旅顺口，依靠第1师团和混成第12旅团加上11月10日从宇品港出发且估计最迟15日也能到达大连湾的临时攻城厂就足够了，于是决定不召集第2师团过来。

同一天的13日，大山第2军司令官制定了关于进攻旅顺口的计划，并把该计划告知伊东联合舰队司令长官为了陆海军协同作战派遣过来的代理参谋岛村速雄少佐。计划里写道：准备11月21日对旅顺发起总攻。混成旅团和左翼纵队从旅顺口的北方及东北方牵制清军，第1师团向水师营的东南凸角进攻，舰队迫使清军的兵力前往海面方向。

16日，军司令官发布了部队编成，指示骑兵第1大队和第6大队第1中队担当搜索骑兵，步兵第14联队、骑兵第6大队的一个小队、野战炮兵第6联队的一个山炮中队、工兵第6大队第2中队和第6师团卫生队的半数为左翼纵队，第1师团、混成旅团、攻城厂为右翼纵队，并发出了进攻旅顺的命令。

左翼纵队17日上午7点从苏家屯附近出发，途经通往三道沟、盘道、岔沟各村落的道路，20日向旅顺东北方前进。右翼纵队按照第1师团、混成旅团、攻城厂的顺序，沿从金州通往旅顺的大道前进。

■ 旅顺口的防备

旅顺口相当于渤海的门户，是清国在北洋最重要的军港。因此，清国从很早开始就着力加强这个地区的防备，投入了巨额资金，花费十数年的时间修筑了新式炮台，配备了新式大炮，其正面临海方向的防备大致完成了。自日清战争开始以来，清国不懈地筑城做临时防备，弥补了之前以背面防御的编成迎接开战时的不足。

旅顺口临海正面防备以黄金山、唠律咀、馒头山炮战炮台为主干，此外设置了9个辅助炮台。在港口的东岸设立了水雷营，在西南岸即峦子营炮台的西南麓建了探照灯台。各炮台采用永久性筑城法修建，备炮及弹药齐备，有守军8营和水雷兵、鱼雷兵驻守。防御区域以港口为界，分为东西两个区。

此外，旅顺口陆地正面的防御在大道的东部延伸到蟠桃山、大坡山、小坡山、鸡冠山、二龙山、松树山一带，呈半圆形环绕着旅顺口，修筑了9个半永久性炮台和4个临时炮台。而且，在从大坡山到松树山的各炮台之间以及从松树山到刘家沟西北端的山脊上，构筑了高约2米、上部厚度约1米的胸墙，由此构成了一条长长的大堡垒群。大道的西部，在案子山采用半永久性筑城法修建了东、西、低3个炮台，用胸墙联结西炮台和低炮台，而且在山的东麓毅字前军左营附近修建了临时小炮台，构成了一个堡垒群。不过，这两个堡垒群的备炮、弹药库、营房等设施还不完备，特别是备炮在混用各种制式的大炮。

11月6日，旅顺口的守备军增加了总兵卫汝成率领的成字步队5营、马队1哨。但是，这些守军接到金州陷落的报告大为吃惊，翌日的7日又闻听大连湾失守，越发胆战心惊。总兵姜桂题（桂字军）立即请求宋庆派送援军。

从这一天到9日，金州和大连湾的败兵接连不断地涌入旅顺口，使得士气非常低落。

　　道台龚照玙处于类似各部队参谋长的位置，同时其实权在各位统领之上。金州、大连湾落入日军之手后，他意识到旅顺口的命运也危在旦夕，就战战兢兢、六神无主，编造借口去了芝罘，还打算去天津向李鸿章求救。但是，他胆怯的内心想法被大家看破，遭受谴责后只好回到了旅顺口。

　　当时，旅顺口除了道台龚照玙之外，还有姜桂题、程允和（和字军）、张光前（庆字军）、黄仕林（庆字军）4 位统领，以及来自金州、大连湾的败将徐邦道、赵怀业两位统领。但是，清军没有统率这些部队的主将，他们的主张各不相同，简直可以说是乌合之众。

　　徐邦道屡次主张应该向远方出击迎击日军，但是黄、赵、龚早就有想逃跑的念头，因此他们的意见根本不可能一致，只是热烈议论，以徒然浪费宝贵的时间而告终。

　　这些清军躲避在堡垒里，不出去打探远处日军的情况，仅仅偶尔派侦察兵到堡垒线前方十七八公里的地方警戒。其间只有姜桂题在山东省招募的步队 1 营作为增援部队到达了旅顺口。

　　在这种情况下，13 日左右日军的骑兵开始在水师营附近出没。因此，龚十分恐慌，17 日乘鱼雷艇去了芝罘，不知所终。姜、徐、程等将领感到形势越来越不利，打算前进到土城子附近扫荡日军，设法振作一下士气。

■ 土城子附近的激战

　　18 日，日本的搜索骑兵以第 2 中队为先锋，早上 7 点从营城子出发。这支部队的任务是搜索、警戒第 2 军的前方。主力部队 10 点左右到达山涧堡时，发现土城子南方的高地上有清军骑兵约 50 人、步兵约 200 人。秋山少佐打算展开全部兵力，让先锋部队在土城子警戒前方，主力部队在山涧堡的东部散开。但是，清军不肯轻易退却，逐渐增加兵力。10 点 40 分左右，清军的步兵达到五六百人，而且还在陆续增加，并从阵地向前推进。

这一天，清军的姜桂题、徐邦道、程允和三位将领分别率领部下，从前一天开始在土城子南方高地安营扎寨。而后看到日军的骑兵要进入土城子便设下埋伏，待日军靠近到四五百米的距离时才开始攻击。

另一方面，秋山少佐认为：敌人可能是想占领双台沟西南的高地。如果在这里败给敌人，第 2 军的前进将极为不利。因此，必须想方设法阻止敌人前进，至少要给第 1 师团的先锋部队提供能够占领那个地方的充足时间。

于是，秋山少佐让先锋退到自己的坐骑附近，命令他们警戒散兵线的右侧。先锋中队一后退，清军就在其左翼增加了约 50 名骑兵、500 名步兵向前推进。清军从正面前进的部队到达土城子的东北端，左翼占领了蒋家屯，其他部队前进到付家甸子后形成一个钩状，开始猛烈射击。

骑兵中队拼死防守，然而清军依仗着人多势众继续前进，逼近到日军前方两三百米之遥的地方。日方的弹药也即将耗尽。上午 11 点左右，秋山少佐在这里命令第 2 中队袭击从右侧迫近的清军。

当时，第 2 中队因为往各个方向派出了侦察兵，骑兵仅剩下了 30 余人。但是，该中队赶走了清军的骑兵，接着攻击清军步兵线的左侧，令其阵脚混乱，一度踟蹰不前。

这时碰巧步兵第 3 联队第 3 中队来到这里，在骑兵散兵线的右后方散开，开始急射，清军也有些畏缩。趁此间隙，日军骑兵两个中队终于抓住了撤退的机会。

但是，清军各个将领因为看穿了日军没有后续部队，便鼓励部下再次开始前进，这次试图包围步兵第 3 中队。周家屯方向的清军也向前进军，从东北沟方向迫近中队的左侧，其势头愈加猛烈。第 3 中队不得已后退，坚守许家窑的南端，搜索骑兵的一部分兵力警戒其右侧，主力警戒其左侧。

于是，看到了清军从周家屯方向前来的约 50 名先头骑兵，试图从洪家屯东方凹地逼近日军的退路。秋山少佐令骑兵第 6 大队第 1 中队将其赶走。这时，丸井少佐率领的 2 个步兵中队到达。时间是

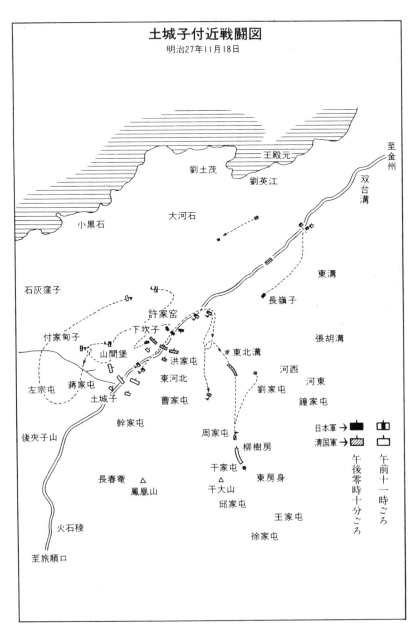

土城子付近戦闘図

明治27年11月18日

至金州

双台溝

王殿元

劉土茂

劉英江

小黒石

大河石

東溝

石灰窪子

長嶺子

許家窰

張胡溝

下坎子

付家甸子

東北溝

山間堡

洪家屯

河西

河東

河東

左宗屯

蔣家屯

東河北

劉家屯

鐘家屯

土城子

曹家屯

後夾子山

幹家屯

周家屯

柳樹房

長春菴

干家屯

東房身

鳳凰山

干大山

火石稜

邱家屯

王家屯

至旅順口

徐家屯

日本軍 →　清国軍 →

午前十一時ごろ

午後零時十分ごろ

明治二十七年11月18日土城子附近战斗图

11 点 30 分左右。

清军看到日军新增加了约 400 名步兵，但是知道日军没有可以再继续增加的兵力，就重新激起了斗志。

丸井少佐看到第 3 中队艰苦作战的情况，让率领的第 2 中队在其左方展开队形，让第 4 中队抵挡来自左侧的清军。战斗越来越激烈，双方都有大量人员伤亡。

中午，姜桂题的 2 门山炮面向东北沟东南的部队摆开阵势，开始炮击。而且，清军的步兵、骑兵也开始猛烈射击。在这里，丸井少佐明白无论如何也抵挡不住，因此首先让第 3 中队后退，接着下令按照第 2 中队、第 4 中队的顺序，开始向双台沟西南高地撤退。搜索骑兵也行走在中队的两侧一起撤退。清军开始乘胜追击，势头迅猛。

恰好在这个时候，步兵大队副官坂井源八中尉去双台沟西南高地附近补充弹药，返回的途中到达长岭子西部时，远远地看到清军正试图包围日军的左侧。

坂井中尉考虑到如果不压制住这些清军，日军将非常不利，便根据自己的判断，命令"第 1 中队沿低地前进攻击清军的右翼炮兵"。第 1 中队长接到命令后把阵地的守备交给工兵第 1 中队，开始向长岭子的西端前进，袭击清军的侧面，阻止了其前进。

由于该中队的掩护，正在后退的各部队下午 1 点 30 分得以平安地撤退到双台沟西南高地，在这里布阵等候清军进攻。但是清军前进到前方约 2 000 米的地方按兵不动，不再继续前进。

参加这一天战斗的清军，步兵约 5 000 余人，骑兵约 100 人，山炮 2 门。与此相对，日军的兵力只有约 600 名步兵、200 名骑兵。

日军伤亡人数，军官以下死亡 11 名，负伤 37 名，消费子弹约 6 000 发。此外，有 7 匹马死亡，10 匹马受伤。

清军因为在长岭子方向出现了 200 名日军步兵而停止前进，取了日军遗弃的尸体的首级，得意洋洋地返回旅顺口。

同一天，有一个名叫郑宝顺的僧人，把日方的步兵少佐神尾光臣 11 月 16 日在金州写给张光前统领及其他各位将领的劝降书送到了道台衙门。这名少佐曾经作为日本驻清国公使馆的武官驻在清国。但是，清国刚刚获得小胜的各位将军对此根本未予理睬。

■ 进攻旅顺口前一天的情况

11月20日，日本的搜索骑兵上午9点向大东沟（这个大东沟不同于第1军占领的大东沟）前进，一边掩护第2军的右侧，一边派遣一个小队去方家屯和案子山炮台方向侦察地形和敌情。侦察结果判明清军约500名步兵从方家屯移动到夏家屯，顺便向其西南高地前进，清军在案子山炮台附近有二三百步兵和四五个骑兵。

第1师团的步兵第2联队，上午7点指挥第1大队前进占领了于大山，第2大队则前进到大王庄附近。与此同时，西少将指挥的部队向火石稜北方高地的北麓前进，由步兵第3联队第2大队守卫这个高地。师团主力部队在泥河子的西南方集结，山地第1师团长向于大山前进，侦察前面的地形。此外，师团长派遣随行的野战炮兵第1联队、工兵第1大队和参谋去盘龙山侦察炮兵阵地及进入阵地的道路，而且派出了7组侦察军官去侦察水师营以西的敌情、地形及各条道路。

早晨6点之前，混成第12旅团步兵第24联队第3大队的主力在长春庵的南部抢占地形，占领了从土城子、火石稜之间的山颈到东北沟（水师营东北方约2 500米）的北方山坳一带。第2大队的主力位于周家屯的南端，占领了从第3大队的左翼到邱家屯西南约1 000米的山坳之间的地区。第1大队的主力位于周家屯的东端，占领了从第2大队的左翼到柳树房之间的地区。其他各部队在周家屯。

长谷川旅团长的意图是当清军从团山子方向朝第2军的背后突击时，暂时以少数兵力在柳树房阻击，其间集中全力进行反击。因此，旅团长从这天早晨开始让工兵第1中队的小队和步兵第24联队第4中队在柳树房南面构筑阵地，并派出了4组侦察军官去侦察水师营、大孤山之间的敌情、地形及各条道路。

旅順口戦闘図
（明治27年11月21日）

旅順口战斗图（明治二十七年 11 月 21 日）
备考：步兵第 24 联队第 4 中队的一个小队在周家屯负责护卫辎重部队

左翼纵队占领了英各石西方高地，把先锋部署在传家庄，固守在其西北方的高地脉进行警戒。前一天被分遣到左侧的步兵第3中队到达了龙头南方高地的北端。

第2军司令官大山大将，从早晨开始到火石稜西北方高地侦察地形，并派参谋军官出去侦察，让军炮兵部长侦察炮兵阵地，让军工兵部长侦察旅顺口背面的堡垒及其前方的地形。收到这些侦察报告后，军司令官才下达了进攻旅顺口的命令。

■ 于大山之战

20日，清军从早上开始一直没有一点动静。中午12点30分，在水师营出现了约4 000名步兵。其中一半前往水师营的北端及其东北高地，另一半不规则地展开向于大山前进。

时间稍早一点，即中午12点10分，步兵第2联队长伊濑知大佐让第2大队接替第1大队守备于大山。因此，清军出击时，该联队的第5中队、第6中队分别占领着于大山以及紧邻其西侧的高地，第7中队占领着金家屯附近，第8中队作为预备队跟大队本部一起在于大山的北麓。大队长汤地少佐得知敌人即将来袭，就把第8中队推进到第5中队、第6中队的正后方等候清军。这时，清军另一支约1 000人的部队从案子山方向来到盘龙山附近的高地脉，向于大山前进。

伊濑知大佐接到清军出击的报告，立即让第1大队前进到第2大队背后，亲自去于大山视察敌情，又派第4中队到右翼协助第7中队。

下午2点30分左右，第1师团主力部队开始从泥河子向石嘴子前进。这时，推进到水师营北端及其东方高地的清军停止前进。但是，从盘龙山开进的清军的一部分向碾盘沟南方高地前进，其余大部分下了盘龙山一边散开一边向紧邻于大山西部的高地前进。清军行进到水师营的部队也随着前面的部队向于大山前进，接近到与日军相距约1 900米的距离后，开始猛烈射击。转眼间，在刺兔沟北方的高地和水师营南方高地分别出现了2门炮。这些炮和松树山炮台一起开始向日军炮击。

这样，由于清军只攻击于大山及其西邻的高地，因此，埋伏在那里等待清军靠近的步兵第2联队第2大队，突然向前面的步兵进行猛烈射击。清军逡巡着停止了前进，协同炮兵以射击壮胆，后来向碾盘沟南方高地前进。只有小部队继续前进，试图包围于大山西邻的高地。

这时，野战炮兵第1联队赶来，开始跟清军的炮兵互相炮击。当时激战正酣，日军的步兵正为清军的炮火大伤脑筋。

日军得到炮兵的支援，士气高涨。第8中队也加入了前线，步兵、炮兵协同，向清军猛烈射击，好不容易才让清军的炮兵沉默了。而且，原来守备金家屯附近的步兵第2联队第4中队、第7中队独自决定向前挺进，绕道碾盘沟西方高地的西侧登上了这个高地，进攻清军的左侧背。因此，清军彻底动摇，左翼首先开始撤退。

案子山的炮台这时开始射击，但是已无法挽回战局，清军终于全线溃败，向旅顺口方向撤退。第4中队、第7中队追击这些清军到了盘龙山附近，4点50分，在这一带没有发现一名清军。

师团长在石嘴子派遣步兵第1联队到战线的右翼，令其护卫炮兵并掩护日军的右侧，把该联队的第2大队作为预备队部署在战线的背后。由于清军退却，这些部队没能直接参加战斗。

日军在这次战斗中消耗的弹药为步枪子弹2 488发、炮弹493发，伤员只有2人。

■ 攻占案子山堡垒群

21日凌晨1点15分，步兵第2旅团长西少将率领第1师团的部分兵力从石嘴子西边的旱田出发。凌晨2点，第1师团长山地中将亲自率领师团的预备队从洪家沟西南的旱田出发，跟随在西少将部队的后面。

凌晨 1 点月亮出来了，多少有些亮光。但是，日军当时使用的地图不精确，前一天派出去侦察道路情况的军官也受到清军的阻碍，没能充分侦察这条线路，因此，各部队行进在完全陌生的土地上。特别是自胡家屯、大东沟到方家屯附近的区域，只能靠指南针指示的方向行进，行军非常困难。

6 点 40 分，日军先头部队到达案子山西方约 3 000 米、海拔 203 米高地的北麓后，开始把队形由纵队变为横队。这时，山谷里浓雾笼罩，日军不知道清军堡垒的位置，吃了不少苦。过了一会儿，烟雾渐渐消散。6 点 50 分，面对野战炮兵第 1 联队的炮击，清军案子山各炮台开始开火，日军终于确认了作为进攻目标的案子山西南端低炮台的位置。

于是，西少将命令野战炮兵第 3 大队从 203 高地炮击案子山低炮台，命令步兵第 3 联队进攻该炮台。

步兵第 3 联队以第 1 大队为第一线，迅速向目标前进。但是，这个地点的东部是开阔的低地，从案子山炮台看去一览无遗。而且，从黄金山及其西面的海岸炮台，可以一眼望尽日军前进的道路。因此，清军一看到日本的联队连绵不断地从高地的斜坡上下来，就进行猛烈的炮击，试图阻止日军前进。

第 1 大队不顾清军的炮击，勇往直前，沿着凹谷，越过石板桥的西侧，快速行进到北太阳沟东部低炮台高地的基脚。这里地处炮台的死角。

在这里喘了口气之后，7 点 15 分左右，大队长丸井少佐让第 1 中队、第 2 中队散开，把第 3 中队、第 4 中队作为预备队，以仰望低炮台的队形开始进攻。后续而来的第 3 大队把第 9 中队、第 10 中队在北太阳沟北边的山丘上散开后开始齐射，接着把第 11 中队的 1 个小队增加到了右翼。联队长木村中佐进而把第 2 大队推进到两个大队的中间，让第 7 中队、第 8 中队在第一线散开。

清军也动用了约 1 000 名步兵和数门机关炮，从上面往下面射击，展开激烈的防御战，因此，日军死伤的人数也很多。

这时，野战炮兵第 1 联队和徒步炮兵①联队第 6 中队集中炮火攻击案子山东、西两个炮台，野战炮兵第 3 大队则炮击低炮台附近的清军，支援这次进攻。

日军鼓起勇气前进，7 点 25 分，第 1 大队的第一线推进到敌前 200 米，第 2 大队、第 3 大队推进到敌前 500 米。清军的射击越来越猛烈，充分发挥了杀伤的威力。木村联队长认为这时减少损失的策略只能是急速前进，便鼓励各大队前进。第 1 大队逼近到敌前约 100 米处，其他两个大队也前进到敌前三四百米的地方。联队长在这里命令部队做冲锋的准备。7 点 30 分，终于联队全体人员冒着硝烟、迎着弹雨猛冲上去。

第 1 大队首先冲进了低炮台。大多数清军狂奔而逃，勇敢的清军留下来挥剑抵抗。大队击败了这些清军，7 点 35 分占领了这个炮台。紧接着其他两个大队也到达炮台。低炮台一陷落，东、西两个炮台的清军就惊慌失措地撤退，联队接连占领了这些炮台。

■ 攻占二龙山堡垒群

第 1 师团进攻案子山炮台期间，混成第 12 旅团保持着待命的态势。

案子山陷落以后，第 1 师团还没有开始进攻松树山。因此，长谷川旅团长决心依靠旅团自身的力量进攻作为攻击目标的二龙山炮台，同时进攻原定为第 1 师团攻击目标的松树山。于是，旅团长上午 8 点 20 分命令步兵第 24 联队第 2 大队进攻二龙山炮台，并于 8 点 30 分给步兵第 24 联队下达了攻击命令。

步兵第 24 联队长以第 3 大队为第一线，以第 1 大队为第二线，9 点 45 分开始向二龙山前进。9 点 30 分，步兵第 24 联队第 2 大队

---

① 即传统的炮兵，大炮由马匹牵引，炮兵则徒步前进。

根据旅团长发出的前进命令，已经开始前进了。

看到日军各部队向前推进，清军二龙山、松树山及其附近的炮台，不理会日军徒步炮兵的炮击，同时向日军抵近的各部队射来密集的炮弹。而且，清军步兵固守在各炮台之间的联结堡里向日军集中射击。

联队的各部队迎着清军集中的枪炮射击前进。9点50分，第2大队到达东八里庄的南端，开始射击。10点10分，野战炮兵第6联队第6中队开始从水师营东北约1 000米的山丘上炮击二龙山炮台。同时，步兵第24联队第3大队到达八里庄西北约800米的山丘后开始射击。这时，第2大队把射击目标变更为二龙山东面的炮台。

联队长把第1大队增派到第3大队的右翼，令其交替前进。10点20分，这两个大队到达八里庄以及龙眼的南端，第2大队也前进到八里庄东北方的高地。

日军徒步炮兵联队从头开始一直负责支援这次进攻。该联队的炮击渐渐地减少，这时突然停止了。

这个炮兵联队的炮击，刚开始是瞄准松树山炮台的。9点40分前后，第2中队、第4中队把进攻目标改变为二龙山炮台，但是第6中队说因为距离远、打击效果不好，便于9点停止了炮击。然而，在其他中队，这时大炮的闭锁器故障频出，另外，还有一些没有做好射击准备，因而不得不数次停止炮击。

在这种情况下，清军的炮兵、步兵集中全力攻击日军的步兵，日方担负进攻的各部队陷入非常艰苦的战斗。联队长吉田中佐留下护卫军旗的一个分队和工兵小队，把全部兵力投入前线，逐步前进，逼近清军。

正好在这个时候，野战炮兵第1联队把阵地变更到刺兔沟东方高地，第1大队开始向松树山猛烈炮击，支援其进攻。这时24联队的士气大为振作，第1大队、第3大队派遣第1中队的一个小队去松树山牵制松树山清军的炮击，其余部队全部向二龙山前进，攀登上了斜坡。第2大队也派遣一个中队到望台北方的炮台，其余部队全部朝二龙山东面的炮台奋勇前进。

这时，日军的炮弹命中了松树山炮台的火药库。火药库冒出白烟，发出轰隆巨响，同时发生了爆炸，紧接着引起大火，火光冲天。这里的守军向二龙山方向退却，日军的第 1 大队、第 3 大队斗志昂扬地冲锋到敌前一百四五十米的地方时，5 颗地雷突然爆炸，伴随着炮台的火灾，黑烟遮蔽了天空，周围一下子变得一片漆黑。但是，由于这些地雷点燃导火线的时间太早了，日本各部队没有一个人死伤。

吉田中佐立即率领全部兵力，和工兵小队一起猛冲，闯入了二龙山炮台。这时是 11 点 30 分。之后没过几分钟时间，第 2 大队也冲进了二龙山东面的炮台和望台北面的炮台。清军在日军闯入炮台的前一刻，向南方逃跑了。

■ 其他战斗

步兵第 2 联队第 3 大队接到从案子山的低炮台前往黄金山炮台追击清军的命令，从案子山炮台出发了。但是，清军从黄金山、人字墙、白玉山猛烈炮击，而且毅字前军左营的前方、白玉山有占据优势的清军步兵。如果不先击败这些清军，就无法突击到黄金山方向。因此，第 3 大队打算向左迂回，利用射击死角靠近毅字前军左营。这时，已经占领了这个兵营的步兵第 3 联队第 14 中队的两个分队孤立无援，与依托从松树山到白玉山一线的清军交战，陷入了苦战。

9 点 15 分，渡边大队长派第 9 中队去占领兵营及其东侧高地，对抗刘家沟附近的清军。这时，从案子山逃出来的清军与旅顺大道的守备军会合后，占领了松树山到白玉山一线。这些清军的野炮协助松树山、黄金山等炮台，集中炮火射击毅字前军左营的高地，势头相当强劲。

清军好像打算趁日军为炮击所困之机进行反击，约 200 名骑兵从武器库附近猛冲到毅字军操练场，约 200 名步兵看样子也要紧随其后出动。日方的步兵第 2 联队第 3 大队和第 3 联队第 6 中队、第 7

中队从兵营东侧高地向清军骑兵进行一齐射击，第 3 联队第 3 大队则从兵营的墙壁上进行一齐射击，第 3 联队第 5 中队、第 8 中队也从兵营南方高地予以协助。清军的骑兵被日军的集中攻击搞得一片混乱、四散溃逃。步兵一部分逃往南方海岸，其余的停留在原来的位置继续抵抗，日方的各部队也同清军相互对峙了许久。

当时，二龙山和松树山的炮台在努力抵御混成第 12 旅团的进攻。白玉山、武器库附近清军的野炮队知道第 1 师团的部队正在毅字前军左营附近苦战。日军野战炮兵第 1 联队正在盘龙山补给弹药，但是没等补给完成，就把阵地转移到了刺兔沟东方高地。联队第 1 大队开始炮击松树山、二龙山这两个炮台，第 2 大队开始炮击武器库附近的清军野战炮兵。10 点 45 分，步兵第 2 联队第 1 大队和工兵第 2 中队也向刺兔沟北方前进。此后不久，松树山炮台的火药库发生了爆炸。

清军的战线马上开始动摇。步兵第 2 联队第 3 大队长认为不能错过这个机会，令第 9 中队、第 12 中队逼近松树山炮台，其他部队和步兵第 3 联队第 6 中队、第 7 中队一起，向武器库附近的清军集中射击。第 9 中队、第 12 中队前进到松树山的山腰时，看到松树山炮台的守军正在向东南方向逃跑。

之后，武器库附近的清军也终于溃败，逃往旅顺市区及其东部。第 2 联队第 3 大队向白玉山顶前进，第 3 联队第 6 中队、第 7 中队向毅字后军左营附近前进，该联队第 10 中队、第 11 中队向武器库附近前进。

日军左翼纵队从团子山附近攻占了东鸡冠山炮台，而且占领了小坡山、大坡山的两个炮台以及蟠桃山、北山的两个炮台。

■ 完成对旅顺口的占领

大山第 2 军司令官从早上开始一直在火石稜西北高地。旅顺口背面的堡垒群陷落时，军司令官前进到了李家屯东南的山丘。中午 12 点半，他下达了确保占领旅顺口的命令。

4点50分，第1师团的步兵第2联队第1大队占领了黄金山、东人字墙、摸珠礁等炮台以及马家屯附近的兵营。清军几乎没有进行像样的抵抗，或逃往东部，或乘坐汽艇、小船等逃往港口外和老铁山方向。

这样，日军占领了旅顺口的背面防御线和东海岸的各炮台。清军西海岸各炮台守军的退路在鸭湖嘴和方家屯附近被切断，他们打算从鸠湾附近向海上逃跑时遭遇联合舰队的阻挡，不得已协同陆地正面的败兵，把野炮部署在田家屯西方高地的边缘，固守馒头山、城头山等炮台。但是，因为太阳即将落山，军司令官把歼灭这些清军的计划延迟到了第二天。

在这一天的战斗中，日军的死亡人数军官以下为40人，伤员241人，下落不明7人。这一天消耗的弹药为榴弹247发、榴霰弹1526发、步枪子弹179 562发。从这天到翌日的22日，缴获的主要武器有约1 650支步枪以及装备在旅顺口的全部炮台的备炮。

旅顺口西面的清军，这天夜里沿西海岸逃走，巧妙地穿过了警戒这个地区的日军搜索骑兵和步兵第1联队的前哨线。

但是，这天夜里的气温下降到华氏35度，狂风大作，暴雨倾盆，因此，日军不能控制这里。22日早上7点，步兵第1联队长亲自登上鸭湖嘴东侧高地眺望，清军一方的阵地寂静无声，不见人影，只看到败兵三三两两、成群结队地往西南方向逃跑。

第2军工兵第1大队完成了拆除旅顺口内水雷的任务。24日下午3点，日军完全攻占了旅顺口。参加这次战斗的日方兵力有15个步兵大队、3个骑兵中队、8个野战炮兵中队（48门炮）、6个徒步炮兵中队（30门炮）、4个工兵中队。与此相对，清军的兵力在陆地正面有大约9 500人、18门重炮、48门轻炮、19门机关炮，在临海正面有大约3 200人、58门重炮、8门轻炮、5门机关炮。

■ 联合舰队的配合

自第 1 师团的第一批登陆部队于 10 月 23 日从大同江鱼隐洞出发以来，联合舰队负责掩护第 2 军的登陆，而且协助配合 11 月 6日、7 日进攻金州城和大连湾的战斗。

9 日以后，联合舰队一直停泊在大连湾。但是，联合舰队司令长官打算在第 2 军进攻旅顺口之前，率领舰队主力进入渤海湾，搜寻并歼灭清国舰队，因而决定 15 日从大连湾出发。

但是，14 日听到清国舰队在威海卫的报告，联合舰队准备把清国军队引到外海后予以歼灭。

15 日下午 4 点，联合舰队率领主力舰队、第 1 游击队、第 2 游击队以及 6 艘鱼雷艇和近江丸母舰从大连湾出发。翌日的 16 日早晨，舰队停留在威海卫军港外约 20 海里处，令第 1 游击队靠近军港引诱清国军舰。但是，定远号等 11 艘清国军舰突然改变锚地躲到了刘公岛后面，避而不出。联合舰队整个晚上在渤海湾口巡航，鱼雷艇在军港外巡逻，试图抓住机会进入港内，但是没能捕捉到好的时机。

翌日的 17 日，伊东司令长官再次尝试引诱清国军舰出港，最终没有达到目的。但是，由于进攻旅顺口的日期迫近，伊东司令长官最后让第 1 游击队的高千穗号、秋津洲号留下来监视清国舰队，他率领其他军舰踏上归途，于 18 日早晨到达大连湾。高千穗号、秋津洲号也于这天傍晚踏上返航之路，翌日的 19 日早晨回到了大连湾。

伊东司令长官回到大连湾，看到大山第 2 军司令官的来信，得知日军预定进攻旅顺口的日期是 21 日，第 2 军希望舰队给予配合。

21 日凌晨 1 点，伊东司令长官率领主力舰队和第 2 游击队、第4 游击队以及浪速号、秋津洲号从大连湾出发。早晨 5 点，联合舰队在唠律咀台海面与前一天出来侦察敌情的八重山号相遇，得知清国舰队依然在威海卫港内。早晨 7 点左右，唠律咀、摸珠礁、黄金山各炮台开火，隆隆的炮声响彻海面。联合舰队冒着炮火向老铁山海面前进，然后转变航向再次前往先前的炮台前方。之前分道向右侧前进的第 4 游击队正在同唠律咀炮台相互炮击。联合舰队边观望边前进，进而于 8 点 10 分第三次改变方向前往老铁山。

为了牵制海边炮台，伊东司令长官率领联合舰队的主力舰队和第 1 游击队、第 2 游击队在炮台前方来回游弋，上午 10 点左右再次到达老铁山海面。

到达龙王塘海面的第 4 游击队，下午 1 点左右发现在唠律咀炮台东部海岸聚集了很多清军。筑紫号接近海岸，向清军开炮射击。这些清军在第 2 军的左翼纵队闯入东鸡冠山以南的各炮台之前逃离炮台，好像是打算去大连湾方向。

在此期间，鸟海号在龙王塘与第 2 军司令官派遣过来的使者会面，听使者说第 2 军已经攻陷了旅顺口的部分背面防御线，而且接受了其建议，即第 2 军计划今明两天之内接近海岸炮台，因而希望军舰停止对海岸炮台的炮击。鸟海号托付第 3 鱼雷艇队把该情况报告司令长官，第 4 游击队为了把该情况告知第 3 游击队，把鸟海号护送到了大连湾。

日军旨在牵制海岸各炮台清军的作战策略，因联合舰队的积极作为而奏效了。

24 日，日军完全拿下旅顺口后，伊东司令长官为了在这里建设联合舰队的根据地，由第 2 军接收了该地的造船厂、兵工厂、水雷营、各仓库、材料、船舶等一切设施，开始构筑根据地。

■ 清军的实际情况

11 月 16 日土城子的战斗让日军吃了苦头。这一天，清国在旅顺口的 8 艘鱼雷艇全部去了威海卫军港。因此，清军失去了守卫旅顺口海面的唯一利器。

黄仕林、赵怀业、卫汝成 3 位统领对战局感到绝望，相继逃往芝罘。他们属下的机动部队公然掠夺银库的银子，造船厂的大小官

吏争相盗窃储备的贵重物品，装到民船上逃亡。旅顺市区陷入恐怖
与混乱的漩涡之中。

但是，姜桂题、徐邦道、程允和、张光前等将领虽然处境困难，
却镇定自若，决心设法通过背面防御线阻挡日军，这导致了 11 月 21
日的战斗。11 月 20 日，清军在陆地正面的防御部署如下：

一、从右翼蟠桃山到松树山的堡垒群
指挥官　总兵：姜桂题　总兵：徐邦道
桂字步队 4 营、和字步队 1 营、拱卫步队 3 营、炮队 1 营、
马队 1 营、怀字步队 6 营 2 哨
二、案子山堡垒群
指挥官　总兵：程允和
和字步队 2 营
此外，成字步队 5 营、马队 1 哨作为总预备队驻扎在白玉山
东麓。

此外，在临海正面的东岸堡垒群有庆字 4 营，西岸堡垒群有庆
字 4 营共 3 200 人以及水雷营、鱼雷营的若干兵力。同时，清军在港
口布设了水雷，面对城头山西边的浅洲增建了临时堡垒，调拨西岸
炮台的部分兵力到老铁山，架设了 9 门山炮，警戒日本军舰登陆。

11 月 21 日，受到日军的攻击，案子山堡垒首先陷落后，清军顿
时丧失了斗志，一部分守军沿东、西两边的海岸向北方逃跑。但是，
因为清军布下了背水之阵的队形，因此，大多数守军依托从白玉山
到松树山的堡垒群的防线继续抵抗。

但是，二龙山、松树山相继被日军占领后，清军各部队陷入极
大的混乱，局面不可收拾。有不少士兵或者乘坐民船逃往海上，或
者进入附近的村落，脱下军装，伪装成市民。但是，大多数清军趁
日军不备逃往金州方向。他们以穷途之鼠的势头，袭击沿途的日军兵
站地区，最终同驻守金州、大连湾地区的日军守备队发生了冲突。姜、
徐、张、程等将领也混杂在成群的败兵之中向北逃跑，于 22 日加入了

宋庆的部队。

　　宋庆率领铭字军步队 10 营、马队 1 哨和毅字军步队 10 营，合计 21 营有余，约 6 920 人。这些部队于 10 月 29 日从凤凰城出发，退到摩天岭之后，11 月 7 日前往海城。而后，宋庆接到李鸿章让他救援旅顺口的命令，21 日早上开始向金州城前进。赶走了石门子、十三里台的日军前哨兵后，宋庆的部队发起猛烈进攻，试图一举拿下金州城。守城的日军在城外布阵，而且拥有炮兵，继续顽强防守，而宋庆率领的清军连一门炮也没有携带。

　　刘盛休（九连城的败将）20 日在金州北边的四十里堡跟宋庆等会合后，让铭字军分统总兵龚元友的 3 个营从左翼进军，试图包围日军，但是功败垂成，最终丢下大量尸体败逃，日暮时分到达四十里堡。

　　右翼指挥官马玉昆（九连城的败将）一直坚持到晚上，因为左翼败退而最终溃逃，当天夜晚撤退到四十里堡，又收容了旅顺口的败兵撤退到盖平。

■ 北洋水师的实际情况

　　9 月 17 日黄海海战之后，北洋水师提督丁汝昌进入旅顺军港，花费了 30 天时间对军舰进行紧急修理。关于黄海海战的结果，李鸿章最初得到的情报说日清两国舰队的损失大致相同，因而认为日本舰队暂时不会来到外海。但是，9 月 18 日有 8 艘日本军舰在鹿岛附近游弋，23 日又有 2 艘日本军舰在威海卫附近航行。得知该情况后，李鸿章非常失望。

　　李鸿章给丁提督发出训令："北洋水师今后不要去太远的地方。不过，为了告诉敌人我舰队仍然有战斗力，你要让舰队在近海巡航。"

　　但是，北洋水师遭受的损失使之不能马上巡航。丁提督给李回电报说："舰队的维修至少需要半个月到两个月的时间。"

北洋舰队提督丁汝昌肖像

在此期间，关于日军动向的情报接连不断地送达李鸿章手里。李推测日军主要关注金州附近，打算切断旅顺口的后路，破坏那里的船坞，而且金州地区的军备极其薄弱。29 日，李鸿章再次给丁提督发电报，命令他"督促各舰的抢修工作，把能开动的军舰派到旅顺港外面，大造声势"。

丁汝昌严厉督促各舰的维修，但是工作完全没有进展。这是因为旅顺口的造船人员知道这里是危险区域，一门心思考虑着要设法逃走，因而效率低下。

李责怪丁舰船修理进展缓慢，丁最后作为权宜之计，只好用应急的维修去敷衍。

10 月 3 日，丁向李鸿章报告说："定远号、镇远号、靖远号、济远号、平远号、广丙号这 6 艘舰，本月中旬大概都能出海。但是，舰上还有一些火炮和炮具不能使用。不仅如此，广丙号仅携带了 60 发榴弹，平远号没有携带炮弹。"

丁汝昌率领终于修理完毕的 6 艘军舰和若干艘鱼雷艇，10 月 18 日从旅顺港出发，19 日进入威海卫军港。之后，日本军队的第 2 军开始在花园口登陆（自 10 月 24 日开始），并顺势攻下金州和大连湾（11 月 6 日、7 日），进而攻陷旅顺口（11 月 21 日）。在此期间，北洋水师仅仅开往大连湾一次，其他时间一直潜藏在威海卫军港内。

起初，丁打算待全部舰船修理完工后，抱着舰毁人亡的决心奋力一战。但是，丁后来却对日军登陆袖手旁观，不太清楚其中的缘由。原因之一可能是清国政府总是不信任丁提督，屡次责备李鸿章，干涉北洋水师的作战，其结果导致丁几乎丧失了独自决策处置的权力。

11 月 12 日前后，丁从威海卫军港出发，在渤海湾航行时，得到报告说 11 月 8 日金州沦陷，大连湾危在旦夕，旅顺口也难以保全。与此同时，丁收到了李鸿章的电报，电文说："事已至此，已无计可施。但是，我们不能坐视失败。请你赶快制定挽救之策！"

丁知道如果旅顺口失守，渤海将失去门户。他感到非常震惊，立即率领舰队进入大沽，然后自己去了天津。丁在这里拜见李，说："舰队打算全力以赴援助旅顺，死战到底。"

不料，李把丁大骂了一顿，说："你只管待在威海卫，保护好你的舰队不受损失就行。其他事情，不用你操心。"李丢下这句话扬长而去。

实际上，李鸿章此前一天跟德国人汉纳根等进行了会谈。之后，他似乎得出了以下结论："北洋水师当中，可以信赖的只有定远舰和镇远舰。如果失去了这两艘舰，就不能重振军威。因此，应该将其隐藏在威海卫军港内，协助炮台完成使命。旅顺口的防备非常坚固，粮食、弹药可以维持3年之所需。让海军援助这里并非上策。"

或许李因此才断然拒绝了丁的请求。丁无可奈何，13日从大沽出发，14日回到了威海卫。

因此，北洋水师自14日以后就没打算去外海，即使日本舰队多次来到港外求战，北洋水师也躲在刘公岛的背后，接受海岸炮台的庇护。直到旅顺口陷落，水师一直坐视旁观。

但是，丁因此受到了革职留任的严厉惩戒，即虽然被剥夺职权，却继续留在任上。

第六章

辽河平原之战

第一节　攻占海城

■ 迎接冬季来临的作战计划

11月1日早晨6点，第1军参谋青木少佐根据山县第1军司令官的命令，首先搭乘磐城舰从大东沟出发，前往位于花园口的第2军司令部，在这里互通了两军的情况。青木少佐于6日返回大东沟，把第2军的情况报告给了山县军司令官。10日，山县军司令官又接到伊东联合舰队司令长官的电报，得知金州和大连湾已先后于6日和7日落入日军手里。11日，山县军司令官通过大山第2军司令官发来的通报获悉，第2军司令部6日已进入金州城。

在此期间，第1军占领了凤凰城，预计再过两三天也可实现对大孤山的占领，预期的任务很快就可以完成。而且，目前离这个地方的结冰期大约有30天的时间。虽说是早就定好的计划，日军打算舍弃这段宝贵的时间，停止两个军的行动，进入冬季的守备态势。但是，这样做不仅对日军不利，而且会给清军先发制人的机会和进行战备的时间，徒然增强清军的实力。山县军司令官打算抓住这个机会，为将来的大规模作战创造便利的立脚地。11月3日，山县奏请大本营，希望大本营从下面三套方案中选择一个。

一、从第2军的登陆地点附近再次乘船到山海关附近登陆，进攻并占领真正目标的根据地。

二、突击进入旅顺半岛与第2军会合，把兵站要地迁移到不结冰的海岸。

三、立即进攻奉天府。

当时，大本营也预料到冬季或许可以在渤海北岸登陆实施作战。

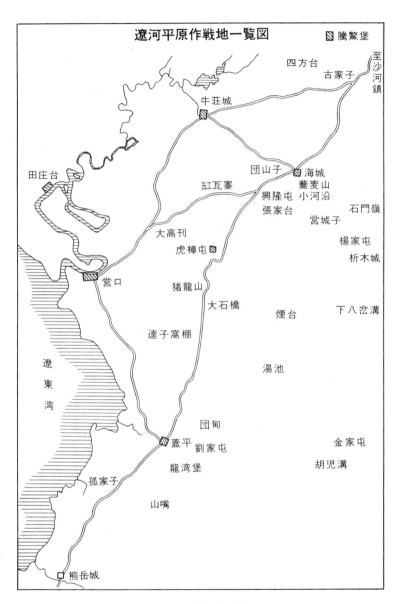

辽河平原作战地一览图

因此，如果第2军能占领旅顺口，联合舰队也能歼灭威海卫军港里的清国军舰，开放渤海湾口，可以实地勘察在渤海北岸登陆是否可行，日军就有希望变更冬季的作战方针，在整个冬季进军，进而在直隶平原进行大决战。但是，现在的形势是能否占领旅顺口还不明朗，清国军舰还停泊在威海卫军港，也不清楚渤海北岸冬季的情况。而且，要在直隶平原作战，就必须调整各部队的编成。因此，现在不可能匆忙实施上述第一套方案。

第二套方案不符合日军的作战方针，金州以东地区可以利用的民房不如第1军目前所在地那么多。在冬季作战方针中预想到了第三套方案的情况，但是当时由于运输困难，无论如何也没有把握可以坚决付诸实施。

11月9日，山县第1军司令官得到了参谋总长大意如此的答复。按照这个答复的要点，显而易见，大本营将来是要第1军在瑷河、大洋河两个水域扎下冬季营地，等待下一步命令。山县军司令官未等大本营下达关于冬季扎营的训令，就发出了第1军冬季扎营的命令。这样，山县军司令官进行着冬季扎营的准备，同时根据敌我双方陆海军的情况，也没有完全放弃实施前述第一套方案的希望。16日，山县军司令官再次给大本营打电报，上奏了大胆执行第一套方案的必要性。

大本营对此未必不赞成，但是一直不能下决心这么做。因为大本营担心将来战争中一旦有间隙，列国就有可能乘机进行干涉。

■ 山县军司令官的决心

此后到了25日，山县第1军司令官接到了第2军发来的已攻占旅顺口的通告，又得知这时清国军队好像正在往析木城、海城、盖平附近增加兵力，便让第5师团停留在九连城一带，决心率领第3师团攻占海城。他这么做基于以下理由：一是如果不先发制人攻击敌人，将会妨碍第1军日后向直隶平原前进；二是现在的时节便于展开这些行动。山县军司令官只是感觉这个决心当时有点违背大本营的宗旨，因而一直在犹豫是否付诸实施。

正好这时，山县军司令官有机会看到了兵站总监川上操六中将给第1军兵站监盐屋方国少将下达的命令，他由此推测大本营的意图，决心坚决进攻海城。12月1日，山县军司令官命令第3师团长进攻海城，同时给大本营发出了以下电报：

"川上兵站总监11月25日给兵站监盐屋下达了命令，其宗旨是说第1军的大部将转移到陆路、大连湾方向，因而要求部队提前做好相关准备。或许是大本营采纳了先前有朋上奏的愚见，在大作战的计划方面，打算把第1军的大部向大连湾推进。如果是这样，第1军就必须收缩右翼，扩张左翼。但是，位于我左翼的潘家堡子、析木城以及海城附近的敌军正在逐步增加。因此，现在当务之急是赶快击退这些敌军，预先做好能够适应大作战计划的准备。但是，我军要向大连湾前进，必须侧敌行动。按照现在的敌情，即使不侧敌行动，如果不击退这些敌军，对我军也极为不利。因此，我认为击退这些敌军是两全之策，把第3师团调到岫岩、大孤山附近，令其执行该任务。特此报告。"

12月2日，大本营收到了这封电报，得知第1军的进攻方向跟大本营的意图不一致。大本营打算让第1军的大部参加将来的大作战，似乎不愿意第1军立即前进去接近清军。但是，若为此禁止第1军司令官清除他认为日后侧敌行动时有害的敌人，又有干涉过多之嫌。大本营曾于11月29日发出了一封电报，大意是让两个军暂时停止在预定位置，等待时机来临。12月3日，大本营接到电报说该命令已到达第1军司令部，才明白第1军司令官是在这个命令到达之前下决心进攻海城的。大本营暗自祈求山县军司令官能改变他的决心，但是山县第1军司令官的决心很大，在坚决推进该计划的实施。

■ 第3师团的进攻

12月1日，桂太郎第3师团长接到山县军司令官令其进攻海城的命令，把师团主力集中在岫岩，打算首先攻占析木城，制订了如下计划：

即把位于安东县的各部队划分为两个梯团，令其9日之前到达岫岩。让位于大孤山的各部队先行出发，7日进入岫岩。师团司令部和第1梯团一起行进。

为了牵制清军，山县军司令官于9日派遣了由1个步兵大队、若干骑兵组成的1个支队到盖平方向，而且让2个步兵中队负责岫岩和海城之间的兵站守备。把其他部队编成两个纵队，从两个方向首先前往析木城，11日或12日到达。

第3师团长8日一到达岫岩，就接到了之前受命侦察敌情的大迫少将的报告，报告说从岫岩西北、王家堡子通往牛心山的道路良好。此外，师团长也大致搞清了岫岩、析木城之间的道路和村落等的情况。

综合第3师团长到目前为止能够掌握的敌情，好像在析木城及其附近有马玉昆、聂桂林、丰升阿等率领的四五千名士兵（本来有步队22营、马队5营、炮队1营，但是马玉昆当时在盖平），在盖平有宋庆率领的三四千名士兵（步队44营、马队1哨），在海城只有500名左右的新兵。此外，11月29日到达析木城方向的侦察兵，发现在二道河子的南端有大约40名清军的骑兵。

在这里，第3师团长按照之前在安东县制订的计划，决定编成左侧支队，将其派遣到盖平方向，掩护师团的左侧背。把师团主力一分为二，一部分由大迫少将率领从王家堡子、贾家堡子、牛心山道前进，另一部分由师团长亲自率领经大偏岭、小孤山前进，从两个方向进攻析木城的清军。

11月24日，日军已经架设完成了从安东县到大孤山的野战电线。第1军司令官决定进攻海城后，命令兵站电信队把电线进一步延伸到沟连阿，这项工作于12月9日完成。第3野战电信队归属第3师团长指挥后，4日从安东县出发，8日到达沟连阿，9日之前架设了岫岩和沟连阿之间的电线。但是，因为发生了事故，电线到11日才开通。

大迫支队12月9日中午从岫岩出发，第3师团主力翌日的10日早上开始出发，途中交织着小规模的战斗前进。大迫支队11日下午4点左右到达花红峪，师团主力部队同一天下午2点30分到达西羊拉峪。

翌日凌晨1点左右，松崎特务曹长回来了。松崎是师团为了同大迫支队联系，前一天早晨由先锋部队派遣出去的侦察兵。而后，师团接到了以下报告：

"松崎说在回来的路上走到了日本军队前哨线的外面，但是没有碰到敌人。第3师团长怀疑敌军可能已经退却，立即命令先锋司令官侦察。4点20分，先锋司令官报告说清军在小井子西方高地的步兵和炮兵趁着夜间退却了。逃亡地点可能是析木城。"

第3师团长根据这个报告判断清军已经开始退却，立即发布前进命令，准备尽早追击这些清军。先锋司令官大岛少将在师团长发布这个命令之前已经下决心追击清军，他早晨5点左右命令先锋部队前进并追击清军。

搜索骑兵队7点20分左右到达析木城。与此同时，这天早晨先锋部队派出的一小队侦察军官也到达这里，一起进入村落里面。但是，村内没有清军，只看到一栋大厦在熊熊燃烧，村民说那是清军将领的营部。此外，看到清军骑兵约20人往海城方向逃跑。据村民说，清军从前一天夜里就开始向西北方向撤退。

大岛先锋司令官6点10分左右从二道河子出发，比先锋主力部队先行一步，于8点20分进入析木城。大岛少将听居民说："这个地方的敌人是奉军，数量有3 000人。有1门大炮，将领姓叶。驻扎在白草凹沟的敌人大约有1 500人，有2门两个人扛得动的小口径炮，将领姓张。昨天在二道河子附近的战斗中，敌人有四五十人受伤。"

师团主力部队 10 点 30 分到达了析木城。

■ 占领海城

第 3 师团长让师团主力部队前进，在杨家屯宿营。师团长认为从析木城败退的清军一定会在海城抵抗，决定 13 日集中全力进攻，于 12 月 12 日中午 12 点 30 分下达了关于进攻海城的命令。

在先锋部队当中，步兵第 7 联队第 4 中队的 1 个小队（宾道小队），早晨 5 点从营城子北端出发。其任务是侦察沿河流右岸可以前进到荞麦山的道路以及荞麦山附近的高地，并迅速报告。该小队途中在钟家台赶走了清军的侦察兵后继续前进，临近海城的城墙外面时，才发现走错道路，迷失了目标。小队立即折回，往回走大约 1 000 米后改变方向朝东边走，进而向东南方向前进，黎明时分到达大新屯。从这里朝着荞麦山向北挺进，即将到达尚①喤西部的村落时，发现约 200 名清军步兵正要从东元子登荞麦山。小队停下来观察动静，马上受到清军的射击，于是从大新屯向钟家台方向后退。

另一方面，先锋部队先遣的另一支部队是步兵第 19 联队第 5 中队（今村中队）。其任务是沿着从钟家台到水鸭屯的道路前进，掩护日本军队的左侧，悄悄占领水鸭屯东南的高地（唐王山），监视营口和盖平方向。今村中队黎明时分到达唐王山。但是，今村大尉对这里的位置偏西有点疑惑。天渐渐发亮，看到东北方的荞麦山，今村大尉觉得好像那里才是上级命令占领的高地。中队立即从唐王山下来，在前往荞麦山的途中，快到达刘家八里河时，遇到了大约 20 名清军骑兵，将其击退后占领了这个村落。在那里又发现在北方约 1 000 米的箭楼子附近有大约 200 名清军骑兵，这些清军登上了荞麦

---

① 原文为"口 + 尚"。

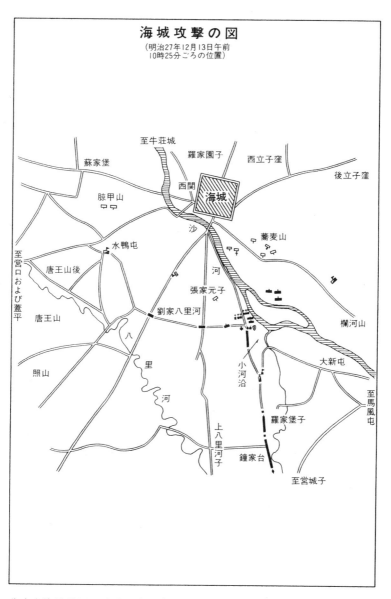

海城攻撃の図

(明治27年12月13日午前
10時25分ごろの位置)

至牛荘城

蘇家堡

羅家園子

西立子窪

後立子窪

腺甲山

西関

海城

瞭甲山

沙

蕎麦山

水鴨屯

河

唐王山後

張家元子

至営口および蓋平

唐王山

劉家八里河

欄河山

八

照山

里

河

小河沿

大新屯

至馬風屯

上八里河子

羅家堡子

鐘家台

至営城子

进攻海城的地图（明治二十七年 12 月 13 日上午 10 点 25 分左右的位置）

山及其附近的高地担负守备。同时，发现在京甲山①也有大约 300 名清军步兵。

此外，担任先锋骑兵的第 2 中队看到数百名清军沿着小河从海城方向蜂拥而出，约 200 名步兵进入右边东元子附近的村落，其余约 200 人进入左边箭楼子附近的村落，进一步增加了人数向张家元子前进，而且右边的清军正要从东元子登荞麦山。这是宾道小队看到的情况。荞麦山的清军兵力此后逐渐增加，达到了约 400 人，又架设了一两门大炮。

9 点 15 分，大岛先锋司令官接到报告，说清军在钟家台北部占领着荞麦山。他马上带着炮兵大队长沿小河赶了过去，看到这时在荞麦山有五六百名清国士兵，在海城东南的村落里也有若干清国士兵。大岛少将立即下决心用先锋部队进攻荞麦山。9 点 20 分，他把此事报告给桂师团长，同时下达了进攻荞麦山的命令。

步兵第 19 联队长走在先锋主力部队的前面。他率领第 2 大队离开干线道路向杨家元前进，侦察前方的地形，弄清楚可以利用两片杂木林接近荞麦山，便命令大队长依托这些杂木林前进。

野战炮兵第 2 大队长选择在大道的两侧设置炮兵阵地，让两个炮兵中队进驻这里。清军在荞麦山上和山脚下各架设了 1 门大炮，日军的炮兵刚从凹道上出现，就开始瞄准日军炮击。起初大队长下令向位于张家元子的约 100 名清军步兵进行炮击，但是因对方的炮击非常猛烈，就命令炮兵把目标转向荞麦山西麓的清军炮兵，让另一个中队射击荞麦山上清军的密集步兵。

10 点 30 分，清军的炮兵退却。因此，日军的炮兵集中火力向荞麦山上开炮。其间，步兵第 19 联队第 2 大队到达第二片杂木林的边缘后也猛烈射击，清军开始动摇，渐渐地躲到了山的背后，10 点 40 分左右全部撤离了山上的阵地。10 点 50 分，第 2 大队向前挺进占领了荞麦山。

---

① "京" 在原文中为 "月 + 京"。下同。

大岛先锋司令官看到荞麦山上的清军开始动摇的同时，张家元子的清军也开始退却，就立即下令进攻。步兵第 7 联队第 1 大队长率领第 1 中队和第 2 中队，保持着侧面纵队的队形，沿着干线道路向海城快速前进。

先头部队即将到达海城南门外的桥梁时，受到了海城西南端四五十名清军的射击。大队长让第 2 中队的部分士兵留在原地应战，他率领其他士兵冲进城内。

步兵第 7 联队长三好大佐接到"击退海城南端的清军后占领城池"的命令，率领第 3 中队带着军旗跟在进攻部队后面，第 4 中队也紧随其后进入了海城。这时，时间是 11 点 10 分，城内还残留着清军的步兵、骑兵百余人，这些清军仓皇而逃。下午 1 点，师团长进入海城，给第 1 军司令官发送了占领海城的报告。

清军大部分往辽阳方向退却，一部分退却到了牛庄城方向，确认其兵力合计约 5 000 人。在这一天的战斗中，步兵第 19 联队下士兵卒 4 人负伤，消耗步枪子弹 4 599 发，榴霰弹 91 发。

■ 进攻的辛苦

第 3 师团从岫岩出发时是初冬季节。天气越来越寒冷，虽然积雪还不太多，但是路面已经结冰，不断有人滑倒。河面终于开始结冰了，但是还不能承受人马的重量。因此，士兵把冰打破，步行涉水渡河。

这个季节乌云经常遮天蔽日，北风呼啸着卷起了飞雪。由于冬装还没有运送过来，步兵第 7 联队第 1 大队以及其他部队的若干士兵衣衫褴褛，穿着露出膝盖的夏裤。而且，各部队的马还没有钉冰上马掌。因此，可以想象他们当时有多么困难、多么痛苦。第 3 师团的战斗详报这样记载着当时的状况：

"与道路交叉的河流虽然结冰了，但是冰面还不足以让人马通行。因此，大多数人只能徒步过河，徒步涉水者的绑腿、靴子和草鞋的边缘以及马腿粘上的水都冻得邦邦硬，部队步行困难，无暇暖和一下腿脚。在大偏岭和分水岭等地，路面像镜子一样溜滑。工兵和居民虽然刨开路面，又往上面洒土，但是不大工夫就恢复原样，滑得不得了。在后面行进的部队和辎重队，各自使用携带的工具行走。

虽说道路平坦，但是如果不在河滩上走，就大多要从耕地里走。人和马都要留意着脚下避开石块，选择在田埂上走。即便如此，每个人都滑倒过，全体人员都曾被冰片刺入脚掌，脚趾头发生冻伤。特别是马容易滑倒，因为多次滑倒，有不少马后腿间的肌肉撕裂不能行走，不得不中途把这些马遗弃了。"

■ 第1军司令官的交替

山县第1军司令官年近60岁，由于出征到国外饱尝辛苦，长期置身于清国北方的山野，鸭绿江之战后不久就生病了。面对冬季的严寒，本来维持健康就很不容易，可是山县军司令官还想带病完成征讨的重任，经常担负作战指挥的任务。

11月中旬，这个情况传到了天皇的耳朵里。天皇深感担忧，最终决定派遣敕使召回山县军司令官。11月25日，天皇的侍从武官步兵中佐中村觉奉诏从广岛出发，12月5日在耳湖浦登陆，经义州前往位于安东县的第1军司令部。

山县军司令官接到天皇差遣敕使的内部通报后，12月5日给参谋总长有栖川宫炽仁亲王发了如下电报："我病情好转，痊愈之日也近在眼前，自己还可以负责进攻海城，希望您把这个意思转奏天皇。"

此后，山县军司令官8日从安东县出发去义州，打算从耳湖浦经海路去大孤山，到达靠近第3师团的地点。但是，这一天敕使到达了九连城，闻听此事马上前往义州，在那里见到了山县军司令官。

山县军司令官考虑到现在的情况，不愿让清军知道军司令官的更迭之事。他虽然知道敕使已经来到了附近地区，但是想避免在军司令部迎接敕使。由于适逢预定前进的日期，山县军司令官便故意从安东县出发，采取了在途中与敕使见面的形式。

拜受天皇的诏命之后，山县军司令官改变了之前的想法，决定回国。他把第 1 军的指挥完全委托给第 5 师团长野津道贯中将，翌日踏上回国之路。野津中将作为第 1 军代理司令官进入安东县的军司令部。

山县大将于 12 月 17 日回到广岛的大本营，被解除第 1 军司令官的职务，任命为监军。此外，野津中将虽然被解除第 5 师团长的现职，任命为第 1 军司令官，但是他在第 5 师团长的后任奥保巩中将 12 月 29 日上任之前，一直兼任师团长的职务。

第二节　缸瓦寨之战

■ 清军来袭的情报

第 3 师团 12 月 13 日占领海城以后，海城附近的清军退到远处，除了一部分驻扎在牛庄城附近外，似乎没什么动静。但是，17 日中午，桂第 3 师团长突然收到了左岛步兵少佐的紧急通报。通报说："据通过营口大道返城的居民说，宋庆从盖平率领 2 万大军，现在来到了虎樟屯附近。"

桂师团长判断这是清军试图收复海城，就把这个情报送达各部队，下令严密警戒，同时派出侦察骑兵打探敌情，而且决定假如清军来袭，就在现在的位置进行攻势防御。

第 3 师团做好应对敌人袭击的准备，等待着侦察兵的报告。17日深夜，报告陆续汇集过来。

一、派往邓家台方向的下士侦察兵听居民说，在缸瓦寨、鸭子厂以及其西方的村落里有敌军 2 万人。

二、前往榻山堡方向的侦察兵在邓家台没有发现敌人，听张家台的居民说，榻山堡方向没有敌人，但是在上夹河、下夹河①、缸瓦寨、鸭子厂附近有 2 万敌人。

三、派往盖平大道的骑兵侦察军官听邓家台的居民说，在缸瓦寨有 2 000 敌军，这些敌人从盖平经大石桥、邓家台，于 16 日下午来到了缸瓦寨。

18 日，桂师团长打算派遣强悍的侦察部队搞清敌情。上午 9 点，师团长命令大迫少将立即派遣 1 个步兵中队和若干骑兵去侦察敌情。大迫少将立即给步兵第 6 联队第 3 中队配属了一个骑兵小队并将其派往盖家屯方向，他自己去了唐王山。11 点，大迫少将再次按照师团长的命令，在唐王山等候敌军来袭。但是，清军的主力好像正在经缸瓦寨附近向北行进，在上夹河、下夹河附近另有长长的步兵纵队，此外，张家台附近有数十名骑兵在来回走动。清军的兵力看上去似乎占优势，但是直到傍晚都没有来袭的迹象。

大岛少将接到上级命令，让他给炮兵第 1 大队本部和第 1 中队以及步兵第 6 旅团的一个大队配属一个炮兵中队，从四台子向牛庄城方向前进侦探敌情，同时防止清军向僚队逃跑，于是匆忙向牛庄城前进。

这天中午时分，师团长收到了在唐王山的小野寺少佐发来的报告："敌人约 200 名步兵从 10 点左右开始进入东柳公屯、西柳公屯。这里除此之外还有大约一个骑兵小队。早晨 5 点从唐王山后派往邓家台的侦察兵没有发现敌人。听居民说，在缸瓦寨有敌军 1 万人。敌人的步兵从下夹河开始编成数个梯团，正在向四台子方向行进。其兵员人数不详，估计不少于 3 000 人。感觉敌人好像要退却，但是不能说一定不会来进攻。"

---

① 原文为"上加河""下加河"。下同。

中午 12 点 30 分，到达牛庄街道的侦察军官也送来了报告："在西部二台子，时常可以看到数名像是侦察步兵的清军出没，但是敌人没有前进的迹象。敌人似乎打算逐步向牛庄城退却。听居民说，牛庄城驻扎着 1 500 到 2 000 名敌军。"

之后直到夜晚，各方面的报告接连汇集过来。从大量报告中归纳出的结论是："在盖平附近的宋庆，率领其麾下约 1 万名士兵，15 日前后从青石岭铺出发向北前进，途中汇合了蒋希夷在石桂沟附近的兵力，经大石桥、虚樟屯等地，于 18 日到达了缸瓦寨。但是，其目的好像不是进攻海城，而是继续向北方行进。"

■ 第 3 师团前进

桂师团长认为，假如清军如情报所说的那样打算去牛庄城方向与辽阳附近的部队会合，则日军无论如何也要采取攻势予以阻止；假如清军打算进攻海城，则日军主动进攻可以获得先发制人的优势。总之，师团应该向清军发起进攻。师团长决定翌日实施进攻。

师团长的进攻计划是首先让大岛少将率领的各部队进攻东柳公屯的清军，等盖家屯附近的清国军队去东柳公屯支援时，大迫少将率领的各部队以及师团主力部队经大道八里河子附近从清军的右侧进攻。如果清军在盖家屯按兵不动，就让大迫部队和主力部队从龙台铺方向进攻清军的右侧。

19 日黎明，第 3 师团的各部队根据前一天晚上的命令开始行动。师团长从早上 6 点开始在京甲山上视察前方的情况，但是到了 7 点多钟周围仍然寂静无声，连一声枪响也听不到，只能远远地看到大岛部队和粟饭原支队正踏着积雪朝东柳公屯行进。这时，前哨派出的侦察兵回来报告说："柳公屯的清军从昨夜 2 点左右开始向西方退却，现在这附近没有敌人。"

因此，桂第 3 师团长打算按照预定计划进攻盖家屯附近的清军。7 点 30 分，师团长命令大迫少将"即刻出发进攻盖家屯的清军"，又急忙派遣副官去大岛少将那里，命令大岛部队攻击清军的左侧。但是，到了 8 点 30 分，前方也没有响起一点枪声。师团长察觉到清军也从盖家屯逃跑了，便再次派遣副官去大岛少将那里，下令"如果盖家屯没有清军，就驻扎在那里待命"，同时命令大迫少将"继续前进搜索缸瓦寨"。

师团长 9 点多从京甲山下来，前进到大道八里河子等待情报。但是，到了 10 点 30 分也没有传来一份情报。师团长由此判断清军士兵已经远退，觉得现在远离海城不是上策，遂决定撤回各部队返回海城。他下令步兵第 5 旅团的一支部队和骑兵第 1 中队负责在缸瓦寨附近搜索敌情，分别坚持到下午 3 点和日落时分，其他部队直接返回海城。

■ 占领马圈子

12 月 19 日早晨 7 点 30 分，大迫少将根据师团"进攻盖家屯的清军"的命令，前往盖家屯。但是，他在行进途中收到了"盖家屯没有清军"的报告，又接到了师团长"继续前进搜索缸瓦寨附近"的命令。10 点 30 分，部队到达了盖家屯，这里果然没有清军。过了一会儿，骑兵侦察军官报告说："清军步兵约 30 人正要从缸瓦寨朝我方前进。"大迫少将判断清军一定在缸瓦寨，11 点 10 分开始向缸瓦寨前进。

骑兵第 1 中队在大迫部队的左侧前进。10 点 30 分，中队进入下夹河时，发现清军一支大的纵队正在从北方向缸瓦寨前进，而且在南方的于官屯有百余名清军骑兵，就把该情况报告给大迫少将。大迫部队 11 点 50 分到达下夹河，这时判明很多清军好像已经占领了缸瓦寨附近。大迫少将令各部队隐藏到下夹河村落内，队形由纵队变为横队。先锋部队让前哨兵在干线道路附近占领村落西端，让一个小队占领通往马圈子的出口。

这样，只有大迫部队发现了清军的所在地，决定开战。大迫少将在下夹河侦察时，发现清军的大纵队正在从虎樟屯方向经由缸瓦寨，不断地向西北方行进。此外，清军的一个步兵纵队正在从缸瓦寨进入马圈子。大迫少将立即把该情况报告给师团长，并且请求野战炮兵第 3 联队向前挺进。

本来已经准备返回海城的野战炮兵第 3 联队立即出发去下夹河。柴野联队长比部队先行一步，1 点 15 分赶到了下夹河。联队长面见大迫少将，观察了敌情。他认为如果不首先歼灭马圈子附近的清军，就无法占据有利的炮兵阵地攻击缸瓦寨的清军，便跟大迫少将商议此事。少将当即指定步兵第 18 联队第 1 大队进攻马圈子的清军。

1 点 25 分，步兵第 18 联队第 1 大队长石田少佐从下夹河的西北端出发，开始向马圈子发起进攻。1 点 40 分，大队到达距马圈子约 700 米的地点时，这里的清军开始射击。

看到石田大队的队形散开，炮兵大队开始从背后炮击。起初在马圈子的村头有少量清军时隐时现，但是清军渐渐地从村落内出来加入前线，其最前线的兵力似乎达到了四五百人，对日军进行猛烈的射击。此外，清军把一两门炮搬到了缸瓦寨村头，从侧面射击石田大队。

石田大队在四周没有任何遮蔽物的雪地上前进，积雪深达三四十厘米，因而不能快速行进，不断有人被敌人的炮弹炸死，场面非常凄惨。但是，大队毫不气馁，鼓足勇气继续前进，1 点 50 分左右终于行进到距离清军约 300 米的地点。石田少佐把作为预备队的第 4 中队增派到散兵线的中部，吹响进攻的号角，整个大队逼近清军阵地。清国方面的士兵也拼命防御，但是抵挡不住日本军队的猛攻，1 点 50 分左右开始从左翼逐渐退却。

各部队在这里一跃而起发起冲锋，闯进了马圈子村落内，追击逃跑的清军，2 点钟完全占领了这个村落。清军大约有 500 人，丢下了 20 多具尸体，大部分逃往西北方的东粮窝方向，一部分逃往西方的祥水泡子①方向。在这次进攻中，石田大队实际上有 75 人死伤。当时大队战斗人员自军官以下为 380 余人，因此，死伤人数大约相当于全体人员的五分之一。此外，7 个小队长当中，只有 1 人没有受伤。

■ 清军防备坚固

之前大迫少将命令步兵第 6 联队前往缸瓦寨。联队派遣第 1 大队长冈本少佐率领的第 1 中队、第 2 中队、第 4 中队、第 8 中队 4 个中队去缸瓦寨，派遣第 2 大队长小野寺少佐率领的第 3 中队、第 5 中队、第 6 中队 3 个中队去于官屯。小野寺少佐率领的各部队刚开始散开队形去于官屯，清军的骑兵就逃往石桥子方向，第 2 大队轻而易举地占领了于官屯。

冈本少佐率领的部队向前挺进，首先驱散了在一个孤零零的山岗西侧的一小片树林里的少量清军，占领了这里。尽管日军 2 点已夺下马圈子，炮兵正在朝缸瓦寨炮击，但是清军依然在缸瓦寨东端坚持着，纹丝不动。

日军的炮兵第 4 中队和迫水炮兵大队开炮射击占领着缸瓦寨东北端的清军步兵，并集中炮火射击村头的清国炮兵。日军步兵第 6 联队的各部队在等候炮战奏效。到了 3 点 50 分左右，清军的炮击终于变得有点稀疏了。

日方的大岛部队这天早上首先前往东柳公屯，接着朝盖家屯前进，最终没能遇到清军。部队中午接到返回海城的命令，下午 1 点 30 分左右到达大道八里河子。在这里得知清军在缸瓦寨及其周边地区，而且听到从西方远远地传来隆隆的炮声。仍然在大道八里河子的师团长命令大岛少将前去救援大迫部队。2 点，大岛少将率领步兵第 19 联队第 2 大队前往下夹河。

---

① 也作"香水泡子"。

师团长从大道八里河子出发前往下夹河的途中，收到了大迫部队请求援军的报告，而且听到前方的炮声越来越激烈。师团长不止两三次遇到炮兵队派来的请求补给弹药的通信员。他急忙赶到各部队的前列，3 点 30 分左右到达下夹河的西北端。师团长从西边的小山岗视察全盘的战况时，冬日的太阳西斜，阳光照射着白皑皑的积雪反射到望远镜上，硝烟弥漫笼罩着大地，清军的状况朦胧不清。不过，从整体的形势推断，清军的主力似乎大多在缸瓦寨的东北端，其兵力远远超过大迫部队。看情况其气势时常压倒大迫部队，试图转为攻势。师团长得出的结论是，如果日军不主动采取攻势，先发制人，夺下清军的中枢缸瓦寨，师团将不得不在不利的情况下彻夜作战。因此，3 点 50 分，师团长给大岛少将下达了"立即歼灭前方的清军"的命令。

大岛少将正在下夹河西端侦察敌情时接到了这个命令。他打算首先让各部队利用通往缸瓦寨的凹道接近清军，攻击在最前面依托墓地松林的清军，占领这里以后再进攻缸瓦寨东北端的清军炮兵阵地，因而命令步兵第 7 联队长三好大佐"率领第 2 大队从那条凹道前进"。第 2 大队以第 6 中队为先锋，向松林前进。第 6 中队先是在凹道内前进，越过步兵第 6 联队的战线后向道路的两侧散开。虽然在这里受到了来自缸瓦寨东端的炮击，但是中队没有歇息，继续前进。潜伏在前方松林里的约 200 名清军步兵突然开始猛烈射击时，中队才停下来应战。

大迫少将看到步兵第 7 联队第 2 大队赶来增援，就命令步兵第 6 联队长塚本大佐把预备队散开，实施进攻。预备队的两个中队前进到步兵第 7 联队的右侧，逐渐逼近墓地的松林。清军拼命防守，来自缸瓦寨东端的射击也很猛烈。在枪林弹雨之下，日军攻击队的前进变得非常困难。

■ 不断出现的冻伤兵

战况变得越来越困难，三好大佐打算一举夺下松林，命令作为预备队的第5中队给步枪上刺刀突击。第5中队保持着侧面纵队的队形，先是在凹道内前进，然后从凹道的西端猛冲过去。三好大佐让部下竖起军旗，吹响进攻的号角，亲自负责指挥，奋勇前进。因此，日军全线乘势呐喊着冲锋，终于闯入松林和附近的墓地，夺取了第一个阵地。此时是4点20分左右。

清军撤离松林向缸瓦寨逃跑。缸瓦寨东端还有大量清国士兵，他们继续猛烈射击进行防御作战。因此，步兵第6联队、第7联队都把预备队全部投入战场，拼命往前冲。过了一会儿，缸瓦寨村落内突然起火，火光冲天。日军各部队见此情景，把这看作是清军人心动摇的证据，士气越发高涨。

这时，炮兵第4中队、第5中队、第6中队用尽全力进行猛烈炮击，协助步兵进攻，而且炮兵第1中队、第3中队也赶到战场把大炮摆成阵势，小野寺少佐率领的各部队也从于官屯方向赶来了。这样，日军开始了集中进攻。但是，清军的射击也越来越猛烈，两军的枪炮声震天动地，非常激烈，谁胜谁败还难以预料。

夕阳还没有完全落山，余晖十分耀眼，而且在硝烟的笼罩下，也看不清楚清军阵地的位置。日军踏着积雪，朝着清军阵地行进了1 000多米。各部队一边充当敌人子弹的靶子，一边在平坦的白色雪原上前进，已经累得筋疲力尽，不断有人死伤。尽管如此，日军仍然鼓起勇气，使尽全身力气前进，推进到了距敌人阵地约200米的地点。在这里全线进攻的军号声响彻大地，全军以排山倒海之势发起冲锋，冲进缸瓦寨的东端，击退了清军，5点30分完全占领了缸瓦寨。

师团长6点进入缸瓦寨。这时天色已黑，各部队由于从早上开始的行军和激烈的战斗疲惫不堪。但是，部队也不能驻扎在遥远的城外，让根据地海城空无一人。师团长决定无论如何这天夜里要返回海城，6点30分发出了返回的命令。

日军拖着疲惫的身体，在漆黑的夜路上行走，开始行军返回海城。虽说雪光在黑暗之中让周围有些许明亮，但是四周白茫茫一片，分不清哪里是道路。加上有的部队还没有吃晚饭，饥寒交迫。在这种状态下，各部队随意行进，有的迷路，有的找村子休息。翌日上午11点30分左右，最后一支部队到达海城。

第3师团参加19日战斗的战斗人员大约是3 960人，有30门山炮。清军合计21营3哨，分别是刘盛休率领的铭字军11营3哨和宋庆率领的毅字军10营。其总人数约9 200人，有六七门山炮和野炮。日军死亡69人，负伤339人，此外，有大量的冻伤患者。据第3师团军医部长24日提交给军司令部的报告说，海城各部队的冻伤患者，重伤539人，轻伤523人。

日军消耗的弹药：步枪子弹65 241发，炮弹包括榴弹273发，榴霰弹1 110发。

■ 缸瓦寨的清军

宋庆11月22日进攻金州城失利，27日到达盖平。他把为了支援旅顺口在营口登陆的嵩武军纳入麾下，并收拢了旅顺口的败兵编成16卫，负责防守盖平、海城一带。当时，宋庆除了直属的毅字军步队10营外，还统领着刘盛休的铭字军步队11营2哨和马队1哨、章高元的嵩武军步队8营、徐邦道的拱卫军步队11营以及张光前的亲庆军步队5营。

宋庆在盖平警戒着岫岩、海城方向，闻听日军大规模进军，他亲自率领铭字军和毅字军于12月11日到达大石桥，准备解救海城的危急。但是，12日析木城陷落，13日海城也陷落，因而宋庆改变计划，打算联系并协同北部各部队，他日夺回海城。为此，他打算率领毅字军和铭字军去牛庄城，了解到海城的日军不太出城的情况，决定从大石桥经虎樟屯、缸瓦寨到牛庄城，要行走的那条道路途经海城西边仅 16 公里的地点。

18 日夜晚，宋庆在虎樟屯听说海城的日军四处出没，与清军的搜索部队发生冲突后退却了。同一天，宋庆又收到军机处的电报："海城陷落后军事形势紧迫。请与依克唐阿协商，根据现在的兵力制定进攻或防御之策后上奏朝廷。"

宋庆认为要联系辽阳方面的军队，当务之急是把部队转移到牛庄城。但是，考虑到海城日军的活动，宋庆派遣使者去刘盛休那里，要求他赶快在缸瓦寨修筑临时防御阵地。刘盛休接到命令后，从 18 日夜里到 19 日早晨，在缸瓦寨东边的小树林里修建了临时掩堡作为第一线，把村子东端的围墙作为第二线。炮兵横跨通往下夹河的道路，沿着缸瓦寨的围墙自东向南呈梯形部署了 3 门炮，在稍微离开围墙的南边部署了 4 门炮，在围墙上挖了很多枪眼作为阵地的核心。而且往马圈子和祥水泡子分别派遣了步队 1 营警戒左侧，往于官屯派遣了约 1 哨马队担负右侧的警戒。

19 日，宋庆上午 9 点左右率领毅字军从虎樟屯出发，好像是打算在缸瓦寨与铭字军会合后向牛庄城前进。10 点 50 分左右，宋庆刚临近缸瓦寨，就有报告说日军在下夹河、盖家屯附近，看样子要来进攻。宋庆命令军队"急速赶到缸瓦寨"，他自己策马奔赴缸瓦寨，边鼓励刘盛休边负责防御，等待毅字军的到来。铭字军自然将在这里决战。

下午 1 点 30 分左右，日军开始进攻，2 点钟马圈子的清军首先败退。日军进一步开始进攻缸瓦寨，经过 3 个多小时的激战，一部分日军冲进缸瓦寨东边的松林逼近清军阵地。这时，毅字军大多数已经到达缸瓦寨，却踌躇不前没有加入战斗。因清国守军的猛烈射击而一度人心不稳的日军，抓住这个时机发起冲锋，守军终于向西逃跑。

那天夜里，宋庆好不容易把残兵集中起来。但是，宋庆指挥的军队有一半或在战场上阵亡或逃往营口方向，剩余的只有一半左右。

这些部队也十分疲惫，混乱不堪。翌日的 20 日，宋庆前往营口，但是之前在营口的老湘军步队 2 营已经转移到了田庄台，原来在牛庄城的马金叙率领牙山军 3 营转移到了营口。于是，宋庆让这些军队负责营口的守备，自己把毅字军、铭字军与撤退到营口的希字军合并在一起，21 日转移到了田庄台。

因为宋庆的毅字军在缸瓦寨之战中没有施以援手，铭字军统领刘盛休对此十分生气，辞职而去。于是，铭字军改由总兵姜桂题指挥。

第三节 占领盖平

■ 第 2 军部分兵力前往盖平

第 3 师团 12 月 13 日占领海城后，处于三面面临清国大军围困的态势。这是因为在这里被击退的清军主力虽然往辽阳方向逃跑，但是跑得不太远。此外，在牛庄城还有马金叙的一支部队，而且盖平附近有宋庆率领的大批部队。因此，桂第 3 师团长屡次请求第 1 军司令官，"希望第 2 军出动部分兵力击退盖平附近的清军"。

野津第 1 军代理司令官向大山第 2 军司令官发出请求并说明了这个情况。但是，当时第 2 军新接到大本营关于进攻威海卫的命令，忙于这项作战准备，无论如何也没有多余的精力，因而在 20 日夜晚拒绝了这个请求。

野津第 1 军代理司令官向第 2 军发出请求的同时，也请求已经回国的第 1 军司令官山县大将尽力办成这件事。桂第 3 师团长也给川上中将打电报，希望他下令火速从第 2 军派遣一个混成旅团到盖平，跟第 3 师团的左翼联系。因此，大本营于 19 日命令大山第 2 军司令官至少派遣一个混成旅团前往盖平方向。

这封电报 21 日傍晚传到了第 2 军司令官手里，大山军司令官决心派遣第 1 师团的大部分兵力去盖平。23 日，大山军司令官命令第 1 师团长向盖平方向前进。但是，当天晚上第 1 军发来的通报说日军在缸瓦寨的战斗中击败了宋庆的军队，大山军司令官觉得这样的话或许不派遣第 1 师团也可以。因此，他认为可以在先听取第 3 师团的作战目的、任务之后再派遣第 1 师团。于是，他一边询问相关情况，一边命令正在准备出征的第 1 师团暂时停止前进，并将此事报告给了大本营。

25 日，大本营得知野津第 1 军司令官（自 12 月 19 日就任第 1 军司令官）所持的意见是有必要完全占领海城以西的金州半岛。山县前第 1 军司令官也给大本营发送了"应该预先占领海城"的意见。因此，大本营认为在形势这样发展变化之时，如果在海城方向用力过度，则力量会波及到以后的辽阳方向，可能会妨碍作战大计划的执行，感觉反倒是有必要撤回海城地区的兵力，再继续商议。就在此时传来了大山第 2 军司令官的电报："第 1 师团的出征停留在准备阶段，还有必要前进到盖平方向吗？"

大本营关于是否从海城撤军还没有作出结论，因而一直不能轻易给予答复。到了 29 日，大本营终于决定让第 3 师团暂时驻扎在海城地区，让第 2 军的部分兵力前往盖平方向，并把这个大意传达给了第 2 军司令官。

■ 混成第 1 旅团开赴盖平

当时第 1 师团的先头部队归属步兵第 1 旅团长乃木希典少将指挥。12 月中旬以来，该部队作为普兰店支队驻扎在张家屯附近，警戒复州和熊岳城方向。12 月 30 日晚上 10 点，第 1 师团长山地中将给乃木少将下达了前往盖平方向的命令。

新编入混成旅团的各部队自 1 月 1 日至 2 日全部到位，乃木少将 3 日下达了开始前进的命令。计划右侧支队沿盖平大道前进，7 日到达莫家屯；独立骑兵、先锋部队和主力部队沿复州大道前进，7 日

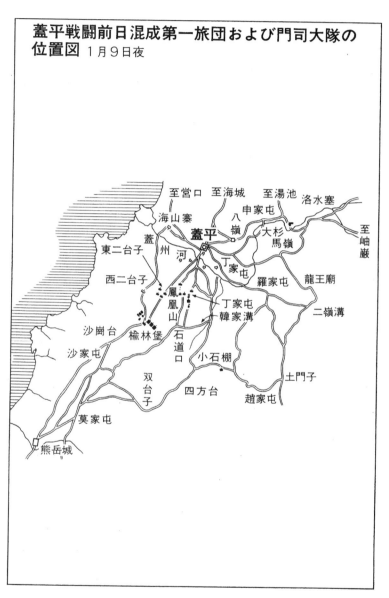

蓋平戰鬪前日混成第一旅団および門司大隊の位置図 1月9日夜

至営口　至海城　至湯池　洛水塞

海山寨　八嶺　申家屯　至岫巌

蓋平

東二台子　蓋州河　大杉馬嶺

西二台子　丁家屯　羅家屯　龍王廟

鳳凰山　丁家屯　韓家溝　二嶺溝

沙崗台　楡林堡　石道口

沙家屯　小石棚　土門子

双台子　四方台　趙家屯

莫家屯

熊岳城

盖平战斗前一天混成第 1 旅团以及门司大队的位置图（1月9日夜）

到达熊岳城。

乃木少将按照预定计划挥师前进，8 日让各部队休整，另一方面，9 日之前全力以赴地侦察前方的敌情和地形。此外，8 日夜晚获悉，第 3 师团的门司大队受派遣经大杉马岭去盖平，预定 7 日在汤池宿营；佐藤大佐指挥的一个步兵大队和若干骑兵、炮兵、工兵预定 8 日从海城出发，到达大石桥。紧接着根据桂第 3 师团长的电报得知，宋庆在田庄台的军队这两三天开始频频活动，现在位于大高刊、二台边附近，因而已停止派遣佐藤支队去大石桥。

野战电信队一边修理金州和盖平之间的清国公费电线一边前进，同一天的 8 日夜晚在熊岳城开设通信站，开通了和金州之间的通信。

另一方面，桂第 3 师团长听说混成旅团从金州地区出发，为了给其北上提供便利，1 月 5 日给析木城守备队长门司和太郎少佐下达了如下命令：从守备队当中抽调 3 个步兵中队和粮食辎重队的一部分（积存 4 天的量），7 日从析木城出发，向大杉马岭方向前进，牵制清军，协助混成旅团进军，同时与混成旅团保持联系。门司支队按照命令于 7 日夜晚到达汤池，8 日到达旺乎屯，9 日占领大杉马岭。此外，混成第 1 旅团的主力 9 日向榆林堡前进，预定 10 日进攻盖平。

■ 占据地利的清军

1 月 9 日，乃木混成第 1 旅团长亲自到东二台子侦察敌情和地形，他参考各方面的报告，做出了以下判断：

"敌人的步兵、骑兵和炮兵加在一起，至少不下 5 000 人。敌人把主力部署在盖平城附近，在自盖平东部沿盖州河至海山寨一带设置了防线。敌人的防御正面延伸到盖平城的南部，长达约 6 公里。其前方靠近盖州河，地势平坦而开阔，射界非常好。此外，其左翼有座孤零零的小山（塔山），便于监视我军的进退。我军要进攻占有这种地利的敌人，必须尽可能在黎明前接近敌人阵地，避开在敌人眼皮下行动的不利因素。"

旅团长根据这个判断，下达了进攻的命令，决定翌日的 10 日黎明之前靠近清军，天一亮就发起进攻。乃木旅团长同时下令："明天各部队把背囊放在各自的宿营地，随身携带 3 天的口粮。"

1 月 10 日，混成旅团各部队按照前一天晚上的命令，黎明前前往各自的集合地点。此时，皎洁的月光反射在四周的雪地上，亮如白昼。出发之前，乃木旅团长收到了右侧支队长凌晨 3 点发来的报告："敌人位于盖平东部 1 200 至 1 300 米的山冈，我军不能从这里进入。敌人的步兵和骑兵分散在我军正面前方约 1 000 米的地带。听居民说，敌军部署在南门及东门外，部队大多在东部。"师团主力 5 点 40 分左右从东二台子北端的集结地点出发，编成两路纵队从盖平大道两侧朝清军的正面和右翼前进。独立骑兵大队在西二台子东部的田地里集合，派遣侦察兵搜索敌情之后，5 点 30 分从集结地点出发，朝海山寨方向前进。6 点多钟大队来到前小黄旗附近时，从海山寨方向传来了枪声，因而在这里停止前进。右侧支队早晨 6 点在老爷庙东北方约 1 500 米的地方集合。清军似乎比前一天进一步后撤了，可以看到在前方约 2 000 多米的地方有篝火。支队长首先让第 2 大队向清军的正面展开进攻，把第 1 大队作为第二线，在第 1 大队的右侧空出约 300 米，让骑兵小队往右侧前进。

6 点 30 分左右，作为旅团主力的步兵第 15 联队第 3 大队刚到达距祁家务约 500 米的地点，突然从祁家务村落内有 200 支以上的步枪一齐开火。大队增派作为预备队的第 12 中队驱散了清军，6 点 50 分占领了祁家务。清军撤退到西邵家屯及其附近的森林里激烈抵抗，接着两军的炮兵也开始相互射击展开激战。大队增加了作为预备队的第 10 中队奋力作战，终于也占领了西邵家屯。但是清军退到盖州河的右岸，凭据河岸继续抵抗。此外，在西部的龙王庙出现了清国五六百人以上的精锐部队，从大队的左侧猛烈射击。第 9 中队、第 10 中队立即改变方向，应对那边的清军。这时是 7 点 30 分。第 10 中队陷入极其艰苦的战斗，军官以下有十多人死伤。

从盖平大道前往清军正面的步兵第 1 联队第 3 大队向小米寨北方前进，终于在 6 点 45 分靠近西邵家屯。村落的南端出现了清军，在这里开始了战斗。7 点 30 分，该大队占领了西邵家屯（主干道附近）及其东部的河岸，第 11 中队到达高家屯北部只有孤零零一所房子的小森林。

6 点 50 分，炮兵大队在小米寨北端的田地里把大炮摆成发射队形。这时，清军的炮弹落在日军炮兵阵地前后。但是，由于黎明的雾气没有消散，搞不清清军大炮的位置。不久，西邵家屯的清国军队开始退却，而且发现清国炮兵在盖平城南关外面，因此，炮兵大队把射击目标转到了这里。

右侧支队的第一线是步兵第 1 联队第 2 大队。7 点 10 分左右大队前进到东邵家屯的南部时，在前岸的掩堡和西方的森林里出现了清军，对大队进行猛烈射击。担任先锋的第 5 中队前进到位于村落东侧的盖州河左岸应战，但是清军的炮火越来越猛烈。

位于第 2 大队右翼后方的第 1 大队出发时，支队长命令该大队把清军左翼的塔山作为攻击目标。因此，第 1 大队逐渐朝那个方向前进。7 点 10 分左右刚到达古家子东北部、盖州河的左岸，大队就遭到塔山和马圈子附近清军的射击，匆忙应战。塔山的清军曾一度退却，但是之后再次出来进行抵抗。大队挺进到盖州河的冰面上，穿过从马圈子附近横射过来的弹雨，向塔山猛冲。7 点 30 分左右，终于占领了右岸的森林。

右侧支队长一直在东邵家屯观察第 1 大队的动向。他一看到第 1 大队靠近塔山的山麓，就立刻命令位于正面的第 2 大队出击。这时对抗第 2 大队的清国军队大概有八九百人，他们依托前岸的掩堡向日军猛烈射击。因此，日军在宽阔的河面行进非常危险。在第 8 中队的掩护射击下，第 7 中队首先到达前岸，后续的各部队也占领了前岸。这时是 7 点 40 分。在这次行军中，第 2 大队伤亡了很多人。

在此期间，第 1 大队沿着塔山南方的森林边缘前进，7 点 50 分占领了塔山。

■隐岐大佐等冲进盖平城内

隐岐大佐在这里亲自率领作为预备队的第 1 中队和第 6 中队，挥舞着军旗向右斜方前进。接下来渡河后向马圈子前进，追击从丁家屯败逃的清军，8 点 10 分左右到达盖平城墙的东南部。联队旗手小川少尉双手高举着军旗勇猛前进，从高约 9 米的城墙的缺口爬上了城墙。隐岐大佐则继续向西前进，从南门登上了城门上方的城墙。这时是 8 点 25 分。10 点，大尉率领的第 5 中队的一个小队和选拔小队也到达城墙的东角阳，翻越城墙进入城内。

步兵第 1 联队第 3 大队 7 点 30 分左右行进到高家屯北部只有孤零零一所房子的小森林时，清军依托设置在盖州河左岸一带森林里的防御阵地进行顽强的抵抗。大队攻下这里以后，又在盖州河右岸的阵地遭遇反击，与清军激战后向右岸前进，8 点 20 分左右闯入清军阵地。这样，大队夺取了清军正面的坚固阵地，向盖平城南门前进，追击清军。

昨天（9 日）到达大杉马岭的第 3 师团的门司支队，一直不太了解乃木旅团的情况。10 日早上 7 点左右开始，在盖平方向响起了枪炮声，枪炮声变得越来越激烈。因此，支队立即集合去了八岭，但是没有见到清军的影子。支队继续前进，路上没有遇到一个清军，中午到达了盖平城。

清军参加这一天战斗的兵力有嵩武 4 营、广武 2 营、福字 2 营、炮队 200 名、炮 4 门（上述部队的司令官是章高元），淮军 5 营（司令官是张光前），胡的 3 营（司令官是徐邦道）。此外，据说徐邦道指挥的 15 营部队 9 日夜晚来到了盖平附近，但是没有参加战斗。

与清军相对，日军的兵力有步兵 6 个大队、骑兵 2 个中队、炮兵 2 个中队、工兵 1 个中队，战斗人员总计约 5 500 人，野炮 12 门。此外，门司少佐率领的 3 个步兵中队一直在牵制清军的左侧。

清军死亡人数约 450 人，此外，退却时遗弃了约 20 匹马、102

支步枪、3 门大炮、105 箱弹药及其他物资，下士卒 32 人被俘。

这次战斗由于地形对进攻一方不利，加之清军的防御作战也非常顽强，日军自军官以下死亡 36 人、负伤 298 人，消耗榴霰弹 570 发、步枪子弹 121 579 发。

■ 提督宋庆的失误

宋庆在缸瓦寨战败后，退到了田庄台。他一直对牛庄城城内空虚放心不下。因为要跟辽阳方面保持联系，无论如何都必须控制住牛庄城。他虽然想派遣在盖平的徐邦道去牛庄城，但是那样的话盖平势必人手不足。于是宋庆计划先得到援军，便把自己的意思告诉了奉天盛仁军的统领云兴，也给军机处强调了派送援军的必要性。这天是 12 月 30 日。

1 月 2 日，宋庆给军机处发送了一份虚假的报告，说："昨天日军大举侵袭盖平，我军奋战约两个小时击退了敌人，杀死日军百余人等。"此外，同一天李鸿章命令宋庆："盖平地处通往辽南的要道，日军必将向牛庄、营口等地大举进军。要先发制人，不要让敌人夺得先机。"

根据这道命令，宋庆最终决定派遣在盖平的徐邦道去牛庄城，请求军机处把防军、练军各营派遣到山海关以东地区。宋庆觉得看样子日军不会出击，打算趁机占领牛庄城，确保和辽阳之间的联系。徐邦道 1 月 4 日率领拱卫军 11 营从盖平出发。这些部队刚出发，在盖平的章高元、张光前等就接到消息，说日军的大部队即将从南方往复州方向前进。显而易见，日军的目的是进攻盖平，与驻海城的军队取得联系。因此，章高元等一方面加强盖平的防守，另一方面请求身在田庄台的宋庆火速派遣援军。宋庆决定让正在向牛庄城行进的徐邦道返回盖平。

徐邦道 5 日抵达大高刊时接到了这个命令，翌日立即前往盖平。但是途中到达蓝旗厂时，又接到了宋庆令其"速来田庄台"的命令，

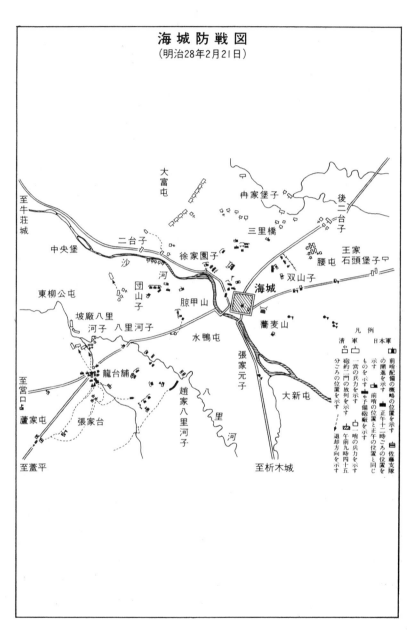

海城防御作战图（明治二十八年 2 月 21 日）

因而 7 日改变方向去营口，在那里再次接到"速去盖平"的命令。不知道宋庆途中为什么要召唤徐邦道去田庄台。总之，徐邦道 8 日终于再次动身向盖平行进。但是由于这 5 天以来匆忙地南下北上，全体人员疲劳不堪，怎么也走不完预期的行程。9 日夜晚，徐邦道的先头部队的 3 个营终于到达盖平，但是因饥饿和疲劳步履蹒跚，而且其余 8 个营四分五散，还在数公里远的后方。

6 日以来，宋庆接连收到盖平危急的报告。他担心盖平落入日军手里，便把希字军 8 营和老湘军 5 营留在田庄台，率领毅字军 10 营、新毅字军 5 营（新招募士兵）、铭字军 11 营 3 哨，9 日从田庄台出发，前往盖平。

1 月 10 日，清军拼力奋战，但是没能抵挡住日军的突击，首先左翼溃败，中部失去退路，慌忙退至营口大道。这时徐邦道率领后续的 8 营来到了前新店，因为遇到了盖平的败兵，便收容了这些败兵退却到营口附近。从这天早上开始一直紧跟在拱卫军后面的铭字军，已经先于拱卫军退却到了营口。

宋庆为这次战败负责，被降两级留任，徐邦道、章高元被革职。

第四节　海城的防守

■ 海城守备的作战计划

12 月 13 日刚攻下海城，为了巩固对这里的占领，桂第 3 师团长马上防备各种情况而制订了防守计划。计划的内容是：

"首先，从辽阳、牛庄、营口三个方向同时遭受占优势的敌军攻击时，我军作战的大方针是最初采取守势，之后在某一个方向采取攻势。派遣骑兵远出到前方，重点搜索敌军针对我西侧面的行动。骑兵随着敌军的接近逐步退却，在我军的两翼占据有利位置。我军除了在每条战线分别部署 1 个步兵大队和 1 个炮兵中队之外，把 3

个步兵大队和 2 个步兵中队、2 个炮兵中队以及工兵大队预先埋伏在海城东南方荞麦山的西侧。这样，敌军主力从营口方向赶来时，将其引诱到水鸭屯附近，以我军主力进攻其右侧；敌军从辽阳方向赶来时则进攻其左侧。

其次，从辽阳、牛庄两个方向同时遭受占优势的敌军袭击时，我军作战的大方针与前述情况相同，战斗初期前线的基本部署也一样。派遣骑兵远出到前方，重点搜索敌军针对我右侧的行动，之后退却在师团的两翼占据位置。其他各部队部署在荞麦山的西北方。

再次，从营口、牛庄两个方向同时遭受占优势的敌军攻击时，我军作战的大方针也跟前述情况没有什么不同，战斗初期前线的基本部署也一样。派遣骑兵远出到前方，重点搜索敌军针对我左侧后方的行动，之后骑兵在师团的两翼占据位置。其他各部队部署到海城门外桥梁的西侧。"

另一方面，14 日师团长下令部队着手修建各种设施，让步兵第 5 旅团、第 6 旅团在担负的警戒区域内修筑防御工事，让野战炮兵第 3 联队选定炮兵阵地。同时，15 日师团长把辎重第二梯队当中的弹药大队本部和马厂召集到海城，把辎重队的弹药全部存放在海城并派人监视。

此外，师团从 15 日开始设置了善后公署，公署也负责处理民政事务。

其间步兵第 5 旅团、第 6 旅团搜索守备方向的清军，切断了牛庄城和辽阳之间以及牛庄城和营口之间的电线。

此外，第 1 军兵站电信队 12 月 10 日架设完成了大孤山和沟连阿之间的电线，第 3 野战电信队 9 日架设完成了沟连阿和岫岩之间的电线，11 日岫岩和大孤山之间的电线全线开通。自此向北部署了递送哨进行通信，野战第 3 电信队从 18 日开始架设通往析木城的电线。

12 月 19 日深夜，桂第 3 师团长结束缸瓦寨的战斗回到海城后，根据左侧支队从这天夜里到第二天早晨的报告，得知大杉马岭的清军正在增加兵力；而且根据谍报获悉，鞍山店和辽阳之间也有很多清军，宋庆拥有更强大的战斗力，不知道什么时候会前来袭击。但是师团长打算排除万难守卫海城，他 20 日请求第 1 军司令官说："希望第 2 军的部分兵力向盖平方向前进。"21 日又呈报了以下意见：派遣第 3 师团在安东县的部分兵力到师团长身边，把第 5 师团在凤凰城附近的前线推进到草河口附近，把第 2 军的部分兵力部署到盖平，将其前线推进到大石桥后与第 3 师团取得联系，可以见机行事。因为清军不能把兵力集中到一个地点，如果摆好这种阵势，日军就可以在此期间休整兵力，使将来的作战向有利的方向发展。

关于让第 2 军的部分兵力向盖平前进之事，第 1 军司令官马上向大本营和第 2 军司令官提出请求，并获得了批准。关于把第 3 师团在安东县的各部队派遣到海城以及让第 5 师团前进到草河口的意见，第 1 军司令官从各方面的情况考虑认为不合适，没有同意。之后第 1 军司令官命令第 3 师团长，由于上述原因，万不得已的话，第 3 师团的主力可以撤退到析木城。

然而，师团长认为绝对有必要守备海城，他打算设法把兵力集结到前方，采取措施把大孤山守备队和左侧支队召集到了海城方向。

在此过程中，第 2 军混成第 1 旅团向盖平前进，1 月 10 日占领了这里。

■ 清军反攻海城

黑龙江将军依克唐阿和吉林将军长顺打算伺机夺回海城，12 月下旬把手下的大部分兵力集中到了辽阳及其附近地区。但是，听说日军看样子要进攻盖平，因而为了救援宋庆，他们在 1 月上旬把主力部队推进到了自腾鳌堡至鞍山站一线，当时的兵力大约有 2 万人。

敌忾军步队 4 营，镇边军步队 3 营、马队 8 营，靖远新军步队 2 营、马队 4 营，齐字练军步队 4 营、马队 2 营，齐字新军马队 3 营，朝鲜边外的民兵团约 3 营。（上述部队的司令官是依克唐阿。朝鲜边外的民兵团是志愿兵，这时已列入编制。）靖边军步队 11 营、马队 2 营 3 哨、炮队 2 哨，吉字军步队 8 营、马队 4 营。（上述部队的司令官是长顺。）合计 59 营。

但是，1 月 30 日，长顺等人收到了军机处通过电报发来的命令："盖平失守。牛庄和辽阳形势非常紧急。盛京是最为重要的地点，你们要做好准备务必坚守住。各营火速选择要地担负守备，不能让敌人北上。"依克唐阿与长顺商量，得出的结论是："坐等日军进攻，只会让日军做好进攻的准备。我军应该趁日军兵力比较弱小而且还没有做好准备的时候击败敌人。"尽管军机处发出了上面的命令，他们两个人还是决定坚决进攻海城。奉天将军裕禄担负后方的守备。

14 日，依克唐阿、长顺两位将军从鞍山站和福来屯出发奔赴海城。这一天，前线到达了耿家庄子、福来屯、甘泉堡一线。

13 日傍晚，桂第 3 师团长从居民那里得到了以下情报："昨天（12 日）清军 1 万人到达双庙子，另外，依克唐阿将军率领约 1 万人的部队从双庙子到达耿家庄子，甘泉堡有常大人率领的约 2 万名清军。"翌日的 14 日，师团长派出了步兵和骑兵的侦察军官，结果确认清军步兵的最前线已经到达自甘泉堡至蛇龙塞一线。15 日，日军根据各侦察兵的报告可以判断清军似乎打算从海城的北部迂回包围日军。

但是，之后清军的行动迟缓，日军摸不清清军的目标是什么地方。清军从 17 日早晨开始进攻海城，但是下午 4 点清军右翼首先溃败，接着全军向西北方向退却。

■ 清国军机处的期待

清国军机处一直在盼望着渤海沿岸结冰。假如能依靠这道上天赐予的屏障阻止日军登陆，他们就立即把集合在山海关附近的兵力调集到辽东，希望一举取得胜利。

迎来了盼望已久的结冰时节，1月9日清国军队决定东征，两江总督刘坤一肩负"东征事宜总办"的重任。此外，11日军机处给在营口的宋庆发送了上谕："盖平陷落，山海关外的军情更加紧急。宋庆的军队还没有打过胜仗。现在要抓住河流和海岸都已结冰的时机，率大军从山海关出发征讨敌军……"

山海关附近的各部队从22日开始陆续向东边前进。山海关的各部队终于要出发时，军机处接到了日军开始在山东的半岛东端登陆的警报。但是，军机处似乎反而因此确信可以收复辽东。1月20日军机处给依克唐阿下达的命令里就流露出这种想法。

"刚刚从北洋传来日军来到山东的消息。据此推测，奉天的日军可能非常少。海城的敌军已经分兵各地，一定也很薄弱。你和长顺一起伺机进军！"

长顺和依克唐阿两位将军协助守卫牛庄城的总兵徐邦道和道台李光久，企图第二次进攻海城，把进攻日期定为22日。进攻方案是长顺从辽阳大道前进，依克唐阿从大富屯方向前往欢喜山、徐家园子，徐邦道率领拱卫军从牛庄城前进，李光久率领老湘军紧随其后。兵力约2.5万人，炮16门。

但是，第二次进攻遭到日军的猛烈反击和突然袭击，也很快就败退了。

■ 清军再三反攻海城

清军各部队离开山海关后，从2月10日前后开始依次到达田庄台，宋庆的兵力日益增强。

在这里，依克唐阿和长顺两位将军希望这次能一举夺回海城。他们跟宋庆和牛庄城里的诸将以及吉洞峪方向的辽阳知州徐庆璋一起协商，计划第三次进攻海城。

清军的作战策略是以2月16日为期，徐庆璋率领的各部队从东

北方向进攻析木城，切断日军的后路。依克唐阿和长顺两位将军的
部队以及牛庄城的各部队，同时从西北方向包围并进攻海城，宋庆
的一支部队也加入这个方向的进攻。宋庆则亲自率领其主力部队袭
击盖平方向的日军，切断盖平和海城之间的联系。

清军前往海城的参战兵力有 94 营 2 哨，约 3.2 万人，前往析木
城的有 13 营和民兵团（据日军的记录，目击到的清军总计 1.6 万
人。其中，长顺率领的部队约 3 000 人，依克唐阿的部队约 7 000
人，李光久、徐邦道率领的部队约 6 000 人）。

这次大作战的实施也以协调不一致和失败而告终。依克唐阿、
长顺两位将军和李光久按照预定计划同心协力尽全力进攻，但最终
败给了日军。徐庆璋应该前往析木城的部队没有赶上约定的日期，
17 日终于开始进攻，但是被守备析木城的日军击退。宋庆派出的贾
文祥的部队直到最后都没有参加进攻。

清军虽然三次进攻失败，但是没有退却到很远的地方。这些部
队停留在柳公屯、小马头、四台子、大富屯、沙河沿、头河堡一线，
清军加上后续派来的兵力，2 月 21 日尝试发起了第四次进攻。其兵
力和部署与先前 16 日的情况大致相同，只是把刘树元的部下 4 营增
派到了营口大道上。

这次进攻也失败了。但是由于日军也没有追击到太远的地方，
清军各部队在西烟台、沙河沿、大富屯、小马头、东柳公屯一线站
稳脚跟，试图设法收复海城。不过，据说第四次进攻以后，徐邦道
率领的部队离开此地，回到正在向大平山行进的宋庆的手下。

之后，25 日布政使魏光涛的新湘军进入牛庄城，和李光久等人
一起负责该地的守备。27 日，牛庄城的各部队尝试向唐王山进攻，
再次被日军击退。

■ 战局发展到新阶段

第 3 师团 12 月 13 日占领海城后的 76 天时间里，击退了清军先

后发起的 5 次进攻，防守住了海城。辽河平原大扫荡的准备工作进展顺利，已经完成。2 月 28 日，战局进入新的阶段。

第五节　扫荡辽河平原

■ 扫荡辽河平原的战斗

虽然第 3 师团击退了清军对海城的数次进攻，但是营口、田庄台、辽阳方向仍然有强大的清国军队，不知道他们什么时候会发起进攻。同时，第 5 师团守卫着从凤凰城北方到香炉沟岭附近辽阔的地区，又远离第 3 师团，两个师团不能相互呼应。

1 月 23 日，野津第 1 军司令官向大本营呈报了以下意见："我前方之敌是清国的精兵，虽说是残兵败将，但拥有 5 万人的兵力。如果要把这里的守备全部交给第 5 师团，3 月下旬之前把第 3 师团调动到大连湾，至少需要歼灭辽阳、营口附近的敌人，摧毁其战斗力。"

但是，大本营担心为此将牵涉大量兵力。因此，给第 1 军司令官下达了内部命令："大本营唯一的目的在于尽可能地把多数兵力推进到渤海湾头，在直隶平原一决胜负，不愿意把兵力分散到其他次要方向的战场。第 3 师团向大连湾转移时，假如跟敌军遭遇的话，要战斗也是迫不得已，但是不赞成我方主动进攻辽阳、营口附近的敌人。"

但是，现实情况非常清楚地摆在眼前，牛庄、营口附近的清军与日俱增，试图不久的将来在海城或盖平地区发起一场大决战。第 1 军司令官 29 日接到内部命令后，30 日再次呈报意见，希望大本营重新考虑。2 月 6 日，军司令官告知大本营这里的实际情况，请求说："可能的话，希望在金州的第 1 师团余部同乃木旅团会合，我军得到其策应后击退清军的袭击。"

大本营渐渐觉察到海城方向形势严峻，终于下决心让金州地区的第 1 师团余部开进到盖平。第 1 师团余部自 2 月 10 日开始逐次从金州地区出发。

辽阳、牛庄、营口附近的清军还在进一步增加。第 1 军司令官认为日方有必要主动出击歼灭这些清军，2 月 14 日向大本营报告了其作战计划。但是，大本营认为日军没必要前进到辽阳去进攻清军，命令第 1 军司令官击溃营口和牛庄方向的清军后，尽可能远离清军。

尽管如此，第 1 军司令官仍然阐述进攻辽阳附近的必要性，但是经反复考虑后，撤回了这个主张，决定采取以下策略，即进攻从鞍山站到其西南地区的清军，接着进攻牛庄、营口的清军后远离清军。2 月 16 日，该计划得到了大本营的认可。这个作战计划的要点如下：

第 5 师团的主力击退三家子、兴隆沟、吉洞峪附近的清军后前进到鞍山站。第 3 师团的主力击败海城北方和西北方的敌军后，扫荡从那里一直到鞍山站附近的区域。第 3 师团和第 5 师团的主力在鞍山站附近会合，打败牛庄附近的清军。派遣第 1 师团若干部队，增加海城附近的守备队。协助第 1 师团，击败营口附近的清军。

■ 第 5 师团前往鞍山站

第 1 军司令官打算以 3 月 2 日为期进攻鞍山站附近的清军，2 月 17 日命令第 3 师团长和第 5 师团长按照前进日程表开始行动。

第 5 师团分为 5 个梯团，自 19 日开始依次从凤凰城出发前往黄花甸。各梯团按照预定计划 23 日在黄花甸附近集合，之前在岫岩由武田大佐指挥的各部队也重新归师团长指挥。

根据情报判明，位于前方的三家子有 3 000 名清军，高家堡子和三家子之间有 200 名清军，兴隆沟和吉洞峪之间有 7 000 名清军。因此，师团长打算首先击败挡在前进道路上的清军，于是重新下达命令，24 日向三家子前进。

中午 12 点 30 分，搜索骑兵的先头部队进入龙头塞的村落。战斗由此开始，持续到 1 点 45 分，击败了这一带的清军。之后，师团也重复进行着这种小规模的战斗，途经三家子、吉洞峪和隆昌州，于 3 月 1 日到达八般岭子。师团在人迹罕至、道路险峻的地区行进，而且时值严寒季节，又遭受着清军的阻碍，但是仍然按照预定计划于 3 月 2 日到达了可以协助第 3 师团进攻鞍山站的地点。

3 月 2 日，师团长亲自站到先锋主力部队的最前列前往鞍山站，中午之前行进到了四家子，但是鞍山站已经没有清国军队，第 3 师团的先锋部队已经到达这里。

■ 第 3 师团从海城出击

2 月 28 日，第 3 师团从海城出发向鞍山站前进。海城的北方和西北方紧邻城内的地方，到处驻扎着清军，因此，师团面临的首要问题是歼灭这些清军。桂第 3 师团长为了海城出击，制订了下面的计划：

［第一阶段］突破敌人从西烟台经沙河沿到大富屯这道防线的中间部分，将敌人的势力一分为二。

［第二阶段］之后，左转进攻大富屯的敌人。

［第三阶段］仅率领前往鞍山站的部队歼灭西烟台附近的敌人，把师团挺进的部队转移到辽阳大道及其西侧与之平行的道路上，做好挺进的部署。

实施这个计划之前，为了进一步摸清海城北方和西北方的敌情，师团长在 26 日和 27 日这两天时间内，往上述方向派遣了各种侦察队。

这样，日军各部队 2 月 28 日凌晨 4 点从海城出发了。四周还一片漆黑，寒气刺骨。道路冻得硬邦邦的，非常容易滑倒。道路之外的地方积雪很深，可以埋没小腿。这是对清军发动突然袭击的绝好机会。这天师团的目标是击退沙河沿、大富屯附近的清军。

右侧支队经由后三里桥的北端渡河，早晨 5 点 20 分，经过小规模的战斗之后，占领了后三里桥北方的高地。支队的骑兵小队搜索了前五道河子后向石头山前进，又搜索了前柳河子和甘泉堡方向。支队的步兵中队 5 点 45 分占领了前五道子的东北端，警戒东、西烟台和土城子方向。

5 点 40 分，大岛少将得知右侧支队占领了后三里桥北方高地后，让步兵第 7 联队前进到后三里桥北方高地的南麓，并且请求右侧支队的炮兵中队从该高地炮击东、北沙河沿，命令步兵第 7 联队长三好大佐率领两个大队占领东、北沙河沿。受命跟在右侧支队后面担负右侧防卫的大队，这时正在向石头山前进，先头部队已经到达前五道河子附近。

在此之前，步兵第 5 旅团长大迫少将率领步兵第 6 联队和第 18 联队前进到了欢喜山的西南麓。5 点 10 分，北方一响起枪声，旅团长就命令步兵第 6 联队长塚本大佐率领两个大队从言堡子进攻沙河沿的敌人。步兵第 6 联队以第 3 大队为第一线、以第 2 大队为第二线散开。第一线到达距东、西沙河沿约 500 米的地点时，突然遭到东、北沙河沿南端清军的猛烈射击，随即与之交战。时间是 6 点左右。

第 3 大队在这里把作为预备队的第 12 中队增派到前线，而且第二线的第 2 大队也在第 3 大队的左翼散开后奋勇前进，逼近到敌前约 150 米的地点。其间，炮兵联队在言堡子把大炮摆成发射队形，从 6 点 20 分左右开始炮击沙河沿的清军，支援步兵联队。在日军猛烈的进攻下，清军终于败退了。

另一方面，之前受命进攻东、北沙河沿的步兵第 7 联队第 3 大队开赴前线，打算首先占领冉家堡子。但是从东、北沙河沿和白庙子方向遭到清军激烈的射击，大队因此暂且中止了该计划，直接向东沙河沿前进，其间其他部队占领了冉家堡子。炮兵第 4 中队从后三里北方高地不断向东、北沙河沿进行猛烈的炮击，位于第一线的第 11 中队、第 12 中队因此受到鼓舞，向前挺进，6 点 30 分左右清军终于开始退却。虽然日军就这样闯进了东沙河沿，但是北沙河沿的清军依然在猛烈射击，顽强抵抗。第3大队长在这里把作为预备队的两个中队也投入前线奋力战斗，呐喊着向村落内发起冲锋，清军慌忙逃往白庙子方向。时间是6点40分左右。

这时在大富屯出现了大量清军，看样子其中的一部分要向东南方前进。野战炮兵队正要把言堡子阵地前移，于是进一步改变方向，开始炮击大富屯。这时是6点50分。

步兵第7联队占领沙河沿时，炮兵第1大队到达了后三里桥北方高地，在炮兵第4中队的左翼把大炮摆成发射队形，开始炮击白庙子及其西北高地的清军。大岛少将命令三好大佐待炮击奏效后，击退白庙子的清军，占领其西北高地。7点左右，原来位于言堡子北端的炮兵第3中队在西沙河沿的东端把大炮摆成发射队形，开始对白庙子西北高地的清军步兵、炮兵实施炮击。

三好大佐一直在等待时机成熟。7点5分，他把第3大队作为第一线，第2大队作为第二线，从北沙河沿的北端向白庙子进军。这时粟饭原大佐率领其第2大队也正在从后三里北方高地的东北麓向白庙子前进。7点20分左右，两个大队冲进白庙子。之后继续向西北方向前进，夺下了西北高地，8点多钟占领了东、西长虎台和平耳房。

■ 兵不血刃占领鞍山站

在此之前，7点20分左右，大岛旅团方向传来的枪声明显变得稀疏。师团长判断可能旅团已经占领了白庙子西北高地，于是决定实施预定的第二阶段计划。7点35分，师团长命令大迫少将率领其旅团进攻大富屯的清军。9点15分，日方的军队进入大富屯的东北端。

10点30分，师团长命令大岛少将占领西烟台。这天从上午9点左右开始降雪，北风呼啸。从中午开始暴风雪越来越大，周围被雪球封住，看不清五十步开外的地方。

师团长在后三里桥北方高地等候大岛少将的报告，然而没有收到任何报告，大迫少将率领的部队也没有到达。但是，一直也没有听到枪炮声，师团长由此判断大岛旅团可能已经不费一枪一弹占领了西烟台的高地，于是在 3 点 55 分发出了宿营命令。

日军这一天参加战斗的兵力是步兵 10 个大队、骑兵 2 个中队、野战炮兵 6 个中队、预备炮厂 3 个区队、工兵 2 个中队，战斗人员 10 013 人，炮 50 门。伤亡情况是下士卒 15 人死亡，军官以下 109 人负伤。消耗的炮弹是榴弹 275 发，榴霰弹 477 发，步枪子弹 60 089 发。

与此相对，清国军队的战斗人员约 7 200 人、炮约 10 门，遗弃的尸体大约有 200 具。

翌日的 3 月 1 日，师团与甘泉堡的清军激战后将其击退，11 点 50 分占领了这里。师团进一步向汤河前进，与集中在新台子的大约 2 000 名清军对战，3 点占领了新台子。但是，新台子西北高地占据优势的清军毫不动摇。如果现在开始战斗，时间已太晚，因而决定明天再进攻这里的清军。这天夜里，新台子西北高地的清军在山上数个地方燃起了篝火，看情况在严密防守。

第 3 师团长按照第 1 军的计划，打算翌日的 2 日无论如何也要到达鞍山站，于是详细制订了翌日的进攻计划。2 日 7 点，各先锋部队和主力部队在指定的地点集合，然而，进攻目标的高地上没有一个清国士兵。师团长命令先锋司令官立即向鞍山站前进，师团主力部队紧随其后。

10 点 50 分，先锋部队占领了鞍山站，途中也没有遇到一个清国士兵。

■ 牛庄城的战斗

第 3 师团、第 5 师团都按照预定计划到达了鞍山站，但是依克唐阿在耿家庄子附近的部队好像已经往辽阳方向撤退了。野津第 1

军司令官决定趁此机会离开这个方向的清军，紧急改变方向去进攻牛庄城附近的清军，并取消原计划翌日进行的休整。

为了掩护这次转移，军司令官令鞍山站和闵山子的两个支队停留在原地，让他们在第 1 军出发的翌日（4 日）从防守阵地撤退，之后让闵山子支队前往牛庄城，鞍山站支队返回海城。这是因为当时准备让第 1 师团在海城及其附近的支队归建第 1 师团，以参加对营口的进攻。

翌日的 3 日，第 3 师团向耿家庄子进军，上午 11 点 30 分到达耿家庄子。在这里根据侦察军官的报告得知，牛庄城有 4 000 至 5 000 名清军。第 5 师团向北龙塞（蛇龙塞）前进，因为找不到名叫北龙塞的村落，就前进到蛇龙塞西南约 4 公里的崔家庄子附近。

这一天，军司令官随同第 5 师团前进，根据第 3 师团长的报告得知牛庄城有强悍的清国军队，决定按照作战计划，翌日的 4 日发起进攻。

4 日早晨抵近牛庄城，侦察完敌情之后，桂第 3 师团长 10 点下达了进攻牛庄城的命令。这时，清军在牛庄市区的北端竖着红旗，还有一支大的纵队挥舞着很多旗帜，从二台子方向朝牛庄城东端前进，陆续进入城内。第 3 师团对面的清军右翼有炮兵，在频繁地进行炮击，其左翼有步兵和骑兵部队，北端却隐藏起来，使日军看不清敌情。

牛庄城清军的抵抗非常顽强。因此，两军激战的场面随处可见。

步兵第 7 联队三好大佐率领两个大队接近牛庄城西北部。清军依托北端的房屋射击，但是部分兵力开始往西南方向退却。三好大佐下令吹响了冲锋号，日军全线突击占领了牛庄城西北一带的房屋。第 1 大队追赶着清军进入了牛庄市区的南部，第 3 大队则与牛庄城西北部的清军交战。时间是中午 12 点 10 分。

大岛久直少将率领步兵第 19 联队第 3 大队继续前进，从城区的西北部远远地迂回到了其西南部。大岛少将又命令第 3 大队长林少佐控制住通往营口、田庄台的两条道路，另外，让步兵第 7 联队第 1 大

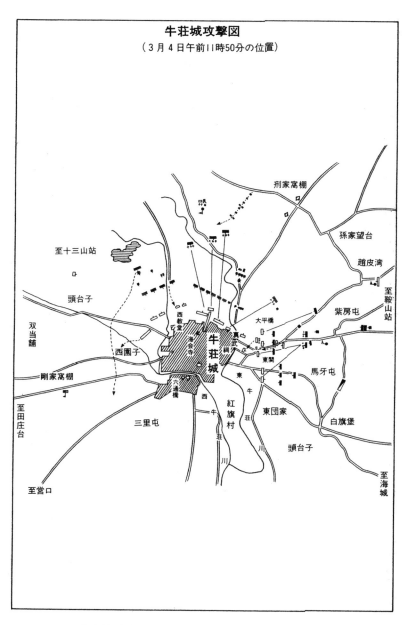

牛庄城进攻图（3月4日上午11点50分的位置）

队的部分兵力守卫通往田庄台的大道。

这样，清军还没有撤去牛庄城东南面的守备，退路就已经被切断了。因此，清军惊慌失措，最终被逼得不得不闯进城区内居民的房舍，进行殊死抵抗。

城内到处在进行激烈的巷战，日军也切分成数十支小部队。在牛庄城东北部，第3师团和第5师团的部队会合后并肩战斗，在其他方向也是各部队相互交错，战况复杂。下午5点，巷战稍稍平息。翌日的5日早上开始了清剿战，上午11点多日军终于完成了对牛庄城的占领。

■ 第1师团余部北上

2月6日，大本营根据第1军司令官的请求，决定让第1师团的余部前进到盖平，7日给山地第1师团长发出了训令。第1师团余部制订了行军计划，打算10日开始从当前所在地三十里堡出发，22日之前到达盖平。

另一方面，营口方向的清军已经显示出大举前进的迹象。21日清军从老爷庙、二道沟两个方向出击，袭击了日军的前哨线。22日清军前进到大平山附近。山地师团长觉得从扫荡辽河平原的计划来看，有必要先占领大平山，因此，24日下令进攻大平山附近的清军。

24日早晨6点40分左右，步兵第15联队第1大队首先占领了大平山北部，接下来8点多钟占领了南大平山村。这一天，从前一天开始下的雪停了，但是积雪深达30多厘米，特别寒冷，使得各部队的行动非常困难。

之后，第1师团决定协助第1军，预定3月7日进攻营口。但是，3月5日综合骑兵侦察兵和步兵第1联队长送达山地师团长的报告可知，师团前面的清军无疑已全部开始退却。因此，师团长决心翌日追击正在后退的清军。翌日的6日，师团向前进军，途中得知营口的清军已经退却，因此，当天不费吹灰之力占领了营口。

另一方面，第 1 军攻陷牛庄城后，6 日向大高刊方向前进，在这里得知大约 1 万名清军前一天向田庄台方向退却了，而且听说这一天第 1 师团已经占领了营口。因此，第 1 军司令官决定翌日的 7 日前往田庄台。

7 日，野津军司令官在后家油房西南的牛家屯与山地第 1 师团长会合，就进攻田庄台附近的事宜进行了协商。

这样，第 1 师团和第 5 师团、第 3 师团 9 日相互协助同田庄台的清军决战。据推测清军这天参加战斗的人员约 20 000 人，与此相对，日军调遣 19 000 人发动了大规模进攻。在这里也进行了激烈的巷战，场面非常惨烈，大街上堆满了尸体，鲜血染红了白雪。日军 9 点半之前占领了这里。清军在战场上丢下约 1 000 具尸体逃走了。

战斗结束后，第 5 师团转向海城及其附近地区，第 3 师团转向缸瓦寨及其附近地区，第 1 师团逐次前往盖平，驻扎在盖平及其附近地区，在这里迎来了停战。

第七章

山东半岛之战

第一节　作战部队的编成和荣成湾登陆

■ 作战的决定

大本营认为不可能在冬季进行直隶平原决战，因而很早就制订了冬季作战方针，计划首先占领旅顺半岛，于10月中旬派遣了第2军。但是，当月下旬有人提出了以下意见，即冬季也不要停止作战，应该断然实施渤海湾登陆。大本营决定待攻陷旅顺口、歼灭北洋水师后再继续作战。不过，北洋水师进入威海卫军港后不愿出港应战。因此，大本营决定发挥日本舰队的威力，把清军封锁在港内，大胆实施陆军的大运输，命令伊东联合舰队司令长官调查洋河口附近的登陆地点。

但是，12月7日大本营收到了第2军司令官和联合舰队司令长官联名发来的电报，电文是："据说有人提议整个冬季在直隶作战，然而实际上金州半岛的气温达摄氏零下七八度，甚至有人被冻死，马也快冻死了。由此可以想象直隶地区的严寒。而且，即使是天气好的时候，渤海湾的冰冻和风浪也使得登陆困难。如果要继续作战，最好出兵山东半岛，通过海陆夹击歼灭北洋水师。"

大本营原计划充分利用旅顺口的干船坞来修理舰船，却得知干船坞因为漏水几乎没什么用处，就放弃了冬季作战的想法。但是，考虑到在此期间要攻占威海卫军港，为了确切掌握山东半岛的交通道路情况，特别是冬季的降雪情况，大本营向曾经走遍山东半岛的山根武亮工兵中佐发电报询问。

山根中佐作为第2军兵站监部参谋长驻扎在大连湾柳树屯，他的复电13日传到大本营。据此得知从威海卫通往荣成、桑沟、石岛的三条道路，徒步和车辆都不能通过，降雪情况大致同山阴地区、山阳地区①或东京地区。而且同一天大本营收到了伊东司令长官的侦察报告，也搞清楚了冬季不可能在威海卫湾头登陆。因此，大本营决定为了攻占威海卫而在山东半岛实施作战。这天是 12 月 14 日。

■ 作战部队的编成和运输

大本营打算让大山第 2 军司令官率领第 6 师团的半数兵力和第 2 师团实施山东半岛的作战计划。第 2 师团已经编入第 2 军的战斗序列，正在广岛待命。第 6 师团的半数兵力已经远渡到清国，也参加了攻占旅顺口之战。剩余的半数兵力自 8 月 6 日完成动员以来，一直担负九州的警备。因此，大本营决定把第 6 师团剩余的半数兵力增加到第 2 军，12 月 16 日下令变更其战斗序列。

此外，大本营给联合舰队司令长官发出了训令："护送第 2 军登陆兵团，协助该部队占领威海卫军港，消灭清国舰队。"同时，大本营给第 2 军司令官下达了如下训令：大本营推算驻扎在山东省全境的清军兵力约 54 营、17 195 人。其中，驻威海卫和刘公岛 10 营、其附近地区 8 营，合计 7 711 人，估计在芝罘驻扎有 5 营、2 524 人。预计清军要把其全部兵力集结到威海卫附近需要 28 天时间。大本营附上表格，显示了自日军登陆之日开始清国兵力将逐渐增强的情况，计算了在登陆地点附近可能遭遇的清国兵力，命令第 2 军协助联合舰队占领威海卫军港。

第 2 军司令官同联合舰队司令长官协商后，为了详细侦察登陆地点，12 月 22 日把军参谋派遣到了舰队。参谋等人跟海军军官一起搭乘高千穗舰，23 日从大连湾出发，24 日早晨到达荣成湾，测量了龙睡澳的水文地形，而且登陆完成了对陆地的侦察，26 日返回。

---

① 指日本本州岛西部的山阴道、山阳道地区，主要包含今鸟取县、鸟根县、山口县、冈山县和广岛县。

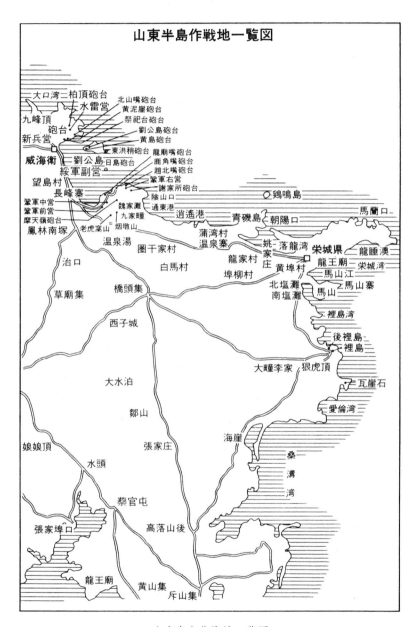

山東半島作戦地一覧図

山东半岛作战地一览图

在此之前，大山第 2 军司令官得知大本营已大致决定将在山东半岛实施作战后，假定日军将在荣成湾附近登陆，进行了相关调查。结果虽然没能得到太确切的资料，但是发现那里的道路不可能通行车辆，因而决定物资运输不使用车辆，而使用军夫。此外，军司令官根据在花园口登陆的经验，考虑到在敌前登陆和冬季卸货的困难，以 48 小时内让 1 个师团上岸为目标调查了完成登陆所需的物资，12 月 16 日向大本营申请补给这些物资。

第 2 军司令官还从该军的任务和山东半岛的地形考虑，认为在新的作战行动里有必要动用装备 90 毫米口径臼炮的两个中队，12 月下旬命令军炮兵部长黑泽大佐研究炮兵的编成。翌年的明治二十八年（1895）1 月 16 日，第 2 军用临时徒步炮兵联队的两个中队编成了临时徒步炮兵大队。同一天，第 2 军司令官决定了要从旅顺半岛率领的部队，并确定了山东半岛作战部队的编成。

另一方面，大本营担心在日方决定作战以前清国军舰可能会南下，因此希望早日实施这个战役。因为有必要迅速完成第 2 师团、第 6 师团的运输，1 月 8 日大本营终于决定同时派遣这两个师团。1 月 9 日至 12 日，第 2 师团第一批运输部队开始从宇品港乘船，依次出发。12 日至 16 日，第 6 师团第 1 批运输部队在门司港乘船，陆续出发。这些运输船在航海时受风雪阻挡，有一些船只途中靠港停泊。但是，第 2 师团的运输船于 1 月 14 日至 17 日全部到达大连湾，第 6 师团的运输船于 15 日至 21 日全部到达大连湾，山东作战部队的大部分兵力隶属于第 2 军司令官指挥。

■ 山东半岛的清国军队

明治二十七年（1894）6 月，日清两国之间的关系渐趋紧张时，驻扎在山东省的清国军队是步兵约 40 营、骑兵 8 营、水雷营 2 营。

具体而言，在威海卫附近有绥字军 4 营、巩字军 4 营、水雷营 2 营，刘公岛有北洋护军 2 营，芝罘有嵩武军 4 营，登州有嵩武军 1

营、登营练军 2 营，胶州湾附近有嵩武军 5 营，青州有青州驻防步队 1 营、马队 1 营，济南地区有嵩武军 4 营、济字前营 1 营、泰靖营 2 营、靖健营 2 营、抚济营马队 1 营，武定附近有精健营 1 营，兖州地区有济字营 2 营、刑字营 1 营、精健营马队 1 营、兖州等营马队 1 营、济字营 1 营，曹州地区有山东步队练军 3 营、济字营马队 1 营、松字营马队 1 营，沂州附近有新健营马队 1 营。

山东巡抚福润认为依靠这些兵力难以很好地防卫山东省全境，获得朝廷批准后编成炮队 4 营，而且得到了配发的 36 门大炮。威海卫军港在 6 月下旬之前大致完成了陆海的防备，由统领道员戴宗骞统帅军港的防务。戴率领绥字军 4 营驻守北岸，总兵刘超佩把巩字军 4 营分散开防守南岸。此外，总兵张文宣率领北洋护军 2 营守备刘公岛，负责军港的防御。这些部队都特别直属北洋大臣李鸿章指挥。

7 月，清国必须向牙山的叶志超派送援军时，李鸿章打算从威海卫的绥、巩两军中抽调 1 000 人前去增援，遭到了戴宗骞的拒绝。

福润此后也获得许可增募军队，招募了步队 4 营，并在沿海十余州县发布檄文，组织渔民团负责海岸的警备。

进入 8 月，终于要开战了，福润积极地思考日军登陆的对策，准备派遣若干嵩武军到驻芝罘的总兵孙万林那里，令其守备荣成，并把这个意见呈报给了李鸿章。但是，李鸿章虽然早就认为有必要警备荣成附近尤其是成山角，却没有采纳这个意见，命令福润警备酒馆集附近海岸一带。这大概是由于这时戴宗骞等人给李鸿章发送了毫无事实根据的报告，说什么日本军舰好像在频繁窥探威海卫西北沿岸，因此，李鸿章突然开始担心威海卫西部海岸了。

■ 节节败退，士气不振

虽然福润等人为了增强兵力四处奔走，但是平壤陷落、黄海海战战败后，清国政府无暇顾及山东省的防卫。湖南巡抚吴大澂率领的湘军 4 营原本应该驻扎在威海卫，结果也被派遣到了山海关方向。

紧接着福润的后任——山东巡抚李秉衡接到总理衙门让他把曹州地区的军队派往天津的命令，9月下旬派去了步队4营、马队2营。

在此之前，成山角有一个姓维的人（可能是电报局长），8月14日请求戴宗骞派遣一两个营的部队过去，但是戴怎么也不答应。9月中旬，维担心电线会被日军切断，就把竖立在成山角附近的电线杆或移到他处，或截成短杆，而且把部分线路埋设到了地下。荣成姓杨的知县早些时候开始编成名曰荣成团练的护乡民兵，这时其组织基本上已经解体了。

为了亲自视察山东沿岸的防备情况，李秉衡9月30日从济南出发到各地巡视，与驻防的将军们就防备问题进行了协商。作为协商得出的一个结论，李秉衡上奏朝廷希望编成20营的一个大游击军，11月19日得到了批准。此外，李秉衡这时也在努力完成威海卫西部后路的防备。

当时因为接连传来鸭绿江、金州附近失陷的消息，驻扎在威海卫附近的绥、巩两军士气大为低落，军纪也随之涣散。11月中旬，绥字军3营士兵因给养问题发生大的骚动，部队险些溃散。戴宗骞担心其他各营也会发生骚乱，千方百计预先支付了士兵的薪饷和粮食，又制定了悬赏的规章制度，终于稳定了军心。

■ 招募不到士兵

11月21日，因为旅顺口陷落，天津、山海关、烟台和威海卫真正陷入了危险的境地。12月7日，李鸿章发电报给威海卫的诸将说明了防御工事的必要性，指示诸将对旧式大炮也应该充分利用。同时，李鸿章告诉诸将，据说日本公使已经向英国外交部明言："北京地区的河流一到冬天就全部结冰，因此丝毫不会妨碍日本军队的行动，冬季作战反而有利。"他劝告诸将"一日也不可疏于防备"。李鸿章虽然看到了威海卫防备的危急，但是现在已经没有人手可增援北洋的兵力，因而请求军机处调派在湖北招募的恺字军4营2哨。

威海衛軍港清国軍兵備図
(明治28年1月中旬)

威海卫军港清国军队军备图（明治二十八年1月中旬）

在此过程中，李秉衡编成新军队也不顺利。6月以来，由于接连不断地招募，加之频频传来战败的消息，即使招募也很少有人应招入伍。另一方面，戴宗骞判断日军可能会在威海卫军港登陆，便倾注全力修建军港北岸附近的防御设施。他在柏顶炮台的西北山顶以及田村附近的要地构筑了堡垒炮台，增加了20门大炮，警戒从北山嘴到田村西部一带的海岸，但是几乎没有顾及荣成方向的海岸。

日本的高千穗舰侵入龙睡澳侦察登陆地点，这件事不久就传到了威海卫诸将的耳朵里。这样，清军终于明白了日军的意图。李秉衡把济字右营、精健前营、泰靖左营、河成左营部署到荣成及其附近地区，把河定右营部署到里岛，逐步完成了部署。

■ 第2军在荣成湾登陆

第2师团、第6师团的第一批运输部队在大连湾集结期间，大山军司令官制订了运输计划，决定让这些部队（44艘运输船）分三批在新的作战地区登陆。至于要从旅顺半岛运输的部队，他决定分三批运输从大连湾乘船的金州部队，分两批运输从旅顺口乘船的旅顺部队。

首先，第一批金州部队从16日开始在大连湾乘船，18日登船完毕。第1师团预定从旅顺口乘船的部队18日、19日从金州附近的宿营地出发，前往旅顺口。

搭载着第2师团第一批登陆部队和第一批金州部队的19艘运输船，在联合舰队的护卫下，自19日下午1点开始依次从大连湾出发，从翌日的20日早晨5点30分左右开始陆续到达龙须岛南方的海面，在这里等待天亮。

联合舰队的八重山号、爱宕号、摩耶号、磐城号先遣军舰，凌晨4点已经进入龙睡澳内。为了侦察敌情和切断电线，陆战队和第1野战电信队的部分队员从这些军舰分乘3艘小艇悄悄地驶向海岸。早晨6点40分左右，小艇到达落凤岗村西北约400米的湾头时，突然遭到陆上数队清军的胡乱射击。小艇上的队员立即发射火箭信号向母舰告急，一边用艇炮和步枪射击一边退却，之后被母舰收容。包括八重山舰在内的各舰以及为了警戒荣成湾稍早些到达这里的第3鱼雷艇队刚抵近海岸开始炮击，清军就马上阵脚大乱，不见踪影了。因此，陆战队立即登陆，切断电线，进入落凤岗村。其中的部分队员向成山角灯塔前进，11点左右占领了灯塔和电信局。

停留在龙须岛海面的运输船根据先遣军舰发出的信号，8点左右陆续进入澳内开始登陆，联合舰队在澳外负责警戒。

佐久间第2师团长在部队登陆的同时命令参谋伊地知炮兵中佐侦察敌情，伊地知中佐从登陆地点居民的话中得到了以下情报："11日之前清国军队有一百二三十人从威海卫来到落凤岗村并驻扎在这里，军队人数逐渐增加，达到了三四百人。荣成没有集结清国军队。"于是，佐久间师团长命令山口步兵第3旅团长立即开拔占领荣成，警戒玉皇庙和盐滩之间的区域。

3点30分，山口少将正在落凤岗村附近行进时接到了这个命令，立即让旅团的先锋部队向荣成前进。但是，在此之前步兵第3旅团先锋侦察队的一个中队受命侦察荣成附近，他们在荣成东面约1 000米的地点，发现清军三三两两地出城，逃往玉皇庙方向。中队在这里散开后，迎着城墙上约200名清军的枪林弹雨前进，4点50分终于打开东门闯进城内，赶走了清军的残兵，7点左右完全占领了荣成。

这附近的数营清军看到落凤岗村附近的友军败退，好像已经退却了。

这天从上午9点开始下雪，到了傍晚突然下起鹅毛大雪，道路被积雪覆盖。过了一会儿雪停了，但是四周一片漆黑，伸手不见五指。而且大风卷起了积雪，各部队的行进非常迟缓，山口少将指挥的各部队晚上9点才到达荣成。

第一批登陆部队在20日大致完成了登陆，之后的登陆作业大体上按照预定计划顺利进行。这样，最后的登陆部队——第二批旅顺部队26日完成了登陆。

■ 联合舰队的动向

占领旅顺口后，日本联合舰队的主力在旅顺口外负责警备，其间伊东司令长官在这里完善了根据地的设施。之后，清国舰队依然在威海卫港内，完全没有要来外海的迹象。日军根据各种谍报判明，在威海卫港的东口自刘公岛的东南端经日岛到干布角（龙庙嘴炮台所在的岬角）附近一线，在西口自天测岛（黄岛炮台所在的岛）到祭祀炮台一线，都有牢固的防御器材，并在其前方敷设了数列水雷。

如前所述，进入12月后日军判明旅顺口的干船坞设施不完备，不能充分利用。但是另一方面，为了运输第2军的余部，因形势所迫，12月最后一天之前需要准备好舰艇。因此，伊东司令长官决定让舰底需要重新喷漆的军舰依次进入日本本土的干船坞，并决定22日首先让高雄号、桥立号返航日本，接下来让千代田号、浪速号进入干船坞，其余军舰在旅顺干船坞修理。高雄号、桥立号在1月5日之前返回大连湾，千代田号、浪速号也于15日之前归航，联合舰队由此全部集结到了大连湾。

12月31日至翌年1月2日期间，司令长官让吉野号视察威海卫军港的状况，清国军舰仍然没有要来外海的迹象。千代田号1月11日从日本本土返航的途中，司令长官也令其窥探威海卫军港，清国军舰的情况没有变化。

在此期间，山东半岛作战部队的登陆计划也确定了下来，联合舰队如前所述掩护日军登陆，展开了侦察登陆地点和扫荡等行动。

■ 给丁汝昌送劝降书

为了在荣成湾登陆，伊东司令长官从大连湾出发前同大山军令官协商后，决定给清国北洋水师提督丁汝昌递送一封两人联名写的劝降书，由大山军司令官向驻芝罘的各国领事发送一份关于保护侨民的通告，并做好了相关准备，但是一直没有适当的方法送达这些文书。22日，英国支那舰队的旗舰森图里昂号等两艘军舰出现在荣成湾，舰队司令长官弗里曼特尔中将请求在这里停泊两三天，同时希望看一看日军登陆的情况。伊东司令长官答应了这个请求。大山军司令官23日也到达这里，经过协商，把这两份文书委托给了弗里曼特尔司令长官。劝降书于25日上午送到了丁汝昌手里，但是丁在31日之前一直没有给予答复。递送的劝降书的原文是英文。

谨呈一书致丁提督阁下：

时局之变，仆与阁下从事于疆场，抑何其不幸之甚耶？然今日之事，国事也，非私仇也，则仆与阁下友谊之温，今犹如昨。仆之此书，岂徒为劝降清国提督而作哉？大凡天下事，当局者迷，旁观者审。今有人焉，于其进退之间，虽有国计身家两全之策，而为目前公私诸务所蔽，惑于所见，则友人安得不以忠言直告，以发其三思乎？仆之渎告阁下者，亦惟出于友谊，一片至诚，冀阁下三思。

清国海陆二军，连战连败之因，苟使虚心平气以查之，不难立睹其致败之由，以阁下之英明，固已知之审矣。至清国而有今日之败者，固非君相一己之罪，盖其墨守常经，不通变之所由致也。夫取士必以考试，考试必由文艺，于是乎执政之大臣，当道之达宪，必由文艺以相升擢。文艺乃为显荣之梯阶耳，岂足济夫实效？当今之时，犹如古昔，虽亦非不美，然使清国果能独立孤往，无复能行于今日乎？

前三十载，我日本之国事，遭若何等之辛酸，厥能免于垂危者，度阁下之所深悉也。当此之时，我国实以急去旧治，因时制宜，更张新政，以为国可存立之一大要图。今贵国亦不可不以去旧谋新为当务之急，亟从更张，苟其遵之，则国可相安；不然，岂能免于败亡之数乎？

与我日本相战，其必至于败之局，殆不待龟卜而已定之久

矣。既际此国运穷迫之时，臣子之为家邦致诚者，岂可徒向滔滔
颓波委以一身，而即足云报国也耶？以上下数千年，纵横几万
里，史册疆域，炳然庞然，宇内最旧之国，使其中兴隆治，皇图
永安，抑亦何难？

夫大厦之将倾，固非一木所能支。苟见势不可为，时不云利，
即以全军船舰权降与敌，而以国家兴废之端观之，诚以些些小节，
何足挂怀？仆于是乎指誓天日，敢请阁下暂游日本。切愿阁下蓄余
力，以待他日贵国中兴之候，宣劳政绩，以报国恩。阁下幸垂听
纳焉。

贵国史册所载，雪会稽之耻以成大志之例甚多，固不待言。法
国前总统麦克马洪①曾降敌国，以待时机；厥后归助本国政府，更
革前政，而法国未尝加以丑辱，且仍推为总统。土耳其之奥斯曼帕
夏②，普列文一败，城陷而身为囚虏。一朝归国，即跻大司马之高
位，以成改革军制之伟勋，迄未闻有挠其大谋者也。阁下苟来日本，
仆能保我天皇陛下大度优容。盖我陛下于其臣民之谋逆者，岂仅赦
免其罪而已哉？如榎本海军中将，大鸟枢密顾问等，量其才艺，授
职封官，类例殊众。今者，非其本国之臣民，而显有威名赫赫之人，
其优待之隆，自必更胜数倍耳。第今日阁下之所宜决者，厥有二端：
任夫贵国依然不悟，墨守常经，以跻于至否之极，而同归于尽乎？
亦或蓄留余力，以为他日之计乎？

从来贵国军人与敌军往返书翰，大都以壮语豪言，互相酬答，
或炫其强或蔽其弱，以为能事。仆之斯书，洵发于友谊之至诚，决

---

①　玛利·埃德米·帕特里斯·莫里斯·德·麦克马洪伯爵（Marie Edme Patrice Maurice de Mac-Mahon，1808—1893），在克里米亚战争及意大利马坚塔战役（1859）中扬名，被升为法国元帅，并受封为马坚塔公爵。1873 年，梯也尔辞去总统职务之后，他当选为法兰西第三共和国第二任总统（1873—1879）。
②　帕夏是奥斯曼土耳其帝国授予大臣和军政官的称号。奥斯曼·努里帕夏（1832—1900）是奥斯曼帝国元帅。在 1877 年的第十次俄土战争中，他在普利文要塞以一个军挡住了 20 万俄军 5 个月之久，最终因弹尽粮绝被俘。第二年 3 月停战后，他被释放回国，被授予"圣战英雄"的荣誉，4 次担任陆军大臣。

非草草，请阁下垂察焉。倘幸容纳鄙衷，则待复书赍临。于实行方法，再为详陈。

谨布上文。

明治二十八年一月二十日

伯爵　大山　岩　顿首

伊东祐亨　顿首①

第二节　攻占威海卫

■ 山东作战部队前进

大山第 2 军司令官于 1 月 25 日到达荣成县，下达命令从翌日的 26 日开始向威海卫进军。

日军 26 日早上开始朝着威海卫行军，但是道路状况非常差，而且完全被部队的人员堵塞，尤其是辎重兵行军迟缓，没有按照预定计划前进。这天黎明，清军在北埠和孟家庄附近的高地散开，并且在北埠西南约 300 米的山腰架设了五六门大炮，开始对凌晨占领了牙格庄附近的日军先锋部队进行猛烈射击。日军先锋部队步兵第 4 联队第 2 大队发起反攻，这些清军马上向西方退却，大炮也悄然无声了。但是，到了下午清军再次发动攻势，开始激烈地炮击。1 200—1 300 名步兵挥舞着大旗，敲着大鼓，从北埠附近进军到石家河的河床。此外，约 300 名步兵从孟家庄北侧高地向福禄庄东南地前进，并且有数百名步兵停留在孟家庄及其北侧高地，向日军开枪射击，支援前进的部队。因为正好开始下雪，导致清军视野受限，所以日军的攻击奏效，清军马上退却了。

---

① 本信函译文引用了王芸生编《六十年来中国与日本》（第二册），大公报出版 1931 年版，第 197—198 页。译者对个别文字进行了改动。

日军的山东作战部队一边搜索、侦察，一边时而与清军进行小规模的战斗，时而占领清军已经退却的地方，继续向前挺进。28 日右路纵队到达鲍家村附近，左路纵队到达江家口子附近，后续部队也大部分到达预定位置。但是，对于敌情还不太了解，文登县和草庙集方向好像不用太担心。因此，大山军司令官决定 30 日攻占威海卫军港南岸，打算翌日的 29 日驻扎下来侦察地形，根据侦察的结果再下达进攻命令。另一方面，他向在荣成湾的联合舰队司令长官通报了进攻威海卫军港南岸的预定日期。

29 日，右路纵队派出的侦察军官在途中遭到清军的伏击，军官以下 6 人战死、士兵 5 人负伤，众人四散逃命。清军炮台时常尝试着炮击日军侦察兵，一到晚上就用位于谢家所北面的探照灯彻夜照射着陆上，似乎在严密警戒。

这天，根据骑兵队的侦察，听说"敌人依然守备着虎山附近，东北高地有炮兵阵地。兵力和大炮数量没有增减。杨家屯东南方以及凤林集东方高地有敌人的炮兵阵地，可以看到这附近有七八百敌人的步兵"。

■ 攻占威海卫军港南岸

大山军司令官根据 29 日之前得到的各种情报和这一天的侦察，确切掌握了左右两路纵队前面的清军情况和地形状况。清军似乎分成两部分，防御着温泉汤西北的高地线和百尺崖西南的高地。温泉汤西北方面没有修筑防御工事，兵力好像也说不上是非常多。百尺崖西南方面构筑了连续的堡垒，从摩天岭炮台开始以杨峰岭和谢家所的炮台为据点一直延伸到海岸。这些炮台压制着横在右路纵队前面的五猪河的河谷，在其联结堡的正前方到处都有长达 2 000 多米的射界。因此，可以预想日军如果要从正面强攻这些堡垒群，必将付出巨大的牺牲。

于是，大山军司令官制定了作战计划，发出了进攻命令。其作战计划是首先占领清军防线中实力最薄弱的凤林集东南方高地、切断其退路，然后集中全力从堡垒群的右翼逐次发起进攻，歼灭那里的守军。决定左路纵队进攻凤林集东南方高地，右路纵队除了留下一部分部队防备正面的清军之外，联手左路纵队协助其进攻，联合舰队炮击百尺崖附近的炮台。

30 日凌晨 3 点，右路纵队集合完毕，开始出发。右翼部队 5 点到达刘家滩西南方高地，占领了高地的西北端，在后方选择了炮兵阵地，等待天亮。7 点钟刚能看到清军的堡垒，右翼部队就马上开始对杨家峰炮台进行炮击。清军也发射重炮回击，但是炮弹越过日军阵地落到了后面。

前往崮山后的左翼部队的先锋部队，通过柳家庄、河东村和崮山后，右转经过九家疃，6 点 40 分到达烟墩山的南侧。跟在后面的主力部队在崮山后附近与先锋部队失去了联系，这时还在崮山后附近徘徊。

■ 攻占摩天岭炮台

左翼部队司令官大寺少将打算率领左翼部队在黎明时分奇袭并攻占摩天岭炮台。因此，他没有等待尚未到达的主力部队，命令步兵第 13 联队第 2 大队和工兵小队前进。大队立即从烟墩山东侧下山，前往岭后村。这时是 7 点。

摩天岭炮台和杨峰岭炮台马上开始炮击，日军遭到猛烈的炮火射击。但是，大队毫不畏惧地进入岭后村，前进到清军没有利用的、毗连摩天岭炮台东南方的堡垒线的凸角，在这里进一步向左迂回，从两侧前进，然后才开始射击。

摩天岭炮台以及固守在其西方联结堡里的清军开枪猛烈射击。尤其是杨峰岭的炮击非常猛烈，这里的侧射造成很多日军伤亡。尽管如此，大队鼓起勇气奋进，大队的第一线 8 点 25 分迫近到敌前 200 米的地点。此时清军开始动摇，一部分清军开始退却。因此，大队长让预备队前进到紧靠第一线后方的位置，令手下吹响了冲锋号。工兵小队立刻向前猛冲，越过散兵线，摧毁了炮台前面的鹿砦。这一瞬间，工兵小队下士卒有 15 人、即现有成员的四分之一伤亡。

这样，日军全线突击，冲进炮台及其西方的堡垒，击退了约 400 名清军士兵，缴获了 8 门克虏伯式 80 毫米口径野炮，8 点 30 分顺利完成了占领。清军大多逃往巩军左营方向，一部分逃往杨峰岭炮台。

7 点 35 分左右，大寺少将又命令步兵第 13 联队第 3 大队向摩天岭炮台前进。大队经烟墩山西侧的山坳进入邵家庄，奔赴摩天岭炮台。这时第 2 大队正在同清军激战，因此，第 3 大队爬上炮台北侧的斜坡，勇猛前进。这时，埋设在堡垒前方约 400 米的斜坡上的十几颗地雷同时发生了爆炸。由于这个位置在日军散兵线前方约 50 米，因而大队没有损失一兵一卒，反而士气大涨。这样，8 点 25 分第 3 大队前进到敌前约 300 米，正要发起突击时，第 2 大队已经冲进了炮台。因此，第 3 大队紧随其后冲进去，占领了这附近的地区。

■ 杨峰岭炮台发生爆炸

日军左翼部队刚刚攻占摩天岭炮台和西方堡垒，港内的清国军舰和日岛炮台就朝这里进行集中炮击，杨家岭炮台的侧射同样猛烈。日军各部队冒着枪林弹雨向前猛冲、追击敌人，占领了位于鹿角嘴和龙庙嘴的海岸炮台。这时是 9 点 30 分左右。

残留的杨峰岭炮台虽然遭到日军的集中炮击，但是仍然继续顽强抵抗，一点儿也看不到怯战的样子。大寺少将下令日军使用在摩天岭炮台缴获的大炮炮击杨峰岭炮台，并命令步兵第 13 联队第 3 大队进攻杨峰岭炮台。

但是，到了中午时分，杨家岭炮台的火药库发生爆炸，守军四散溃逃。日军马上冲上去，于 12 点 20 分占领了这里，并夺下了赵北嘴炮台，占领了巩军右营。

另一方面，日军左路纵队这天早上 6 点也开始出发，同虎山东北高地的清军交战后，夺下了这个高地，占领了凤林集东南一带的高地线。

根据大山军司令官的进攻计划，原本预定这天的目标是占领凤林集东南方高地，接着攻占南岸堡垒群。但是，左、右两路纵队一举实现了这两个目标。

清国军队在南岸堡垒群的陆地正面配备了 4 门重炮、28 门轻炮，用 4 营步兵防御，由海岸炮台、舰队和日岛、刘公岛炮台协防这里。而且，另有约 4 营步兵、3 门野炮、10 门山炮，固守在凤林集东南一带的高地，防御着南、北虎口和虎山两个方向。尽管如此，守军的抵抗非常微弱。在日军右路纵队方向，清军抵挡不住没有炮兵支援的一个步兵大队和一个工兵小队的进攻，丢下摩天岭炮台和附近的堡垒线逃跑了。因此，右路纵队的预备队和军直属部队没有直接参加进攻，作为威海卫军港主要防御地点的南岸地区就落到了日军手里。

在这天的战斗中，日军军官以下 54 人死亡、152 人受伤，清军的伤亡人数不详。不过，在属于左路纵队战斗区域一部分的沟北村附近，第 6 师团事后埋葬了 740 具尸体，其他方向埋葬的死者人数不详。

这一天日军消耗的弹药是榴弹 245 发、榴霰弹 1 074 发、步枪子弹 84 483 发，缴获的主要兵器是在虎山和北虎口附近的 13 门野炮、山炮，并缴获了南岸堡垒群的全部备炮。

■ 攻占威海卫军港北岸

威海卫军港南岸的清军完全溃散，向威海卫方向退却。但是，清国舰队和日岛炮台、刘公岛炮台以及北岸的各炮台一起，仍然在港内扩充实力。日军部队刚一在海面出现，清军就立即予以炮击。而且，经长峰寨通往威海卫的道路地处海岸和险峻的山脉之间，为清国舰队所掌控。况且日军还不太清楚威海卫附近的敌情及其背后的地形和交通状况。因此，要谋划下一步的进军，首先必须进行各种必要的侦察。

占领南岸的 30 日晚上 8 点，大山第 2 军司令官下达了准备进攻的命令。

遵照这个命令，第 2 师团（原左路纵队）先锋部队的尖头兵 21 日上午 8 点从宋家洼出发，主力部队跟在后面。10 点 40 分，主力部队的先头部队到达小洼村。这时先锋部队已经在长峰寨西方高地击退了大约一个分队的清军，长峰寨没有清国士兵。据当地居民说，竹岛有若干清国士兵，此外约 1 000 名清国士兵前一天退却到了羊亭集方向。

31 日晚上，军司令官就翌日的 2 月 1 日的行动下达命令，命令佐久间第 2 师团前进到羊亭集和曲家河一线。佐久间中将按照这个命令对师团的行动进行了细致的规划，晚上 11 点下达了命令。但是，由于从前一天开始降雪，命令的传达不如预想的顺利，预定的前进计划多少有些变更，翌日的 2 日在羊亭集附近进行了小规模的战斗。在这里作战的清军向芝罘大道方向逃跑了。

2 日下午 5 点，军司令官命令第 2 师团 3 日停留在现在的宿营地，负责侦察威海卫和宁海州方向的敌情以及威海卫附近的地形。于是，步兵第 4 联队第 2 大队和第 16 联队第 2 大队作为侦察队，凌晨 2 点从羊亭集出发。侦察队克服种种困难，在九马岭的山路上摸黑行进，6 点到达姜南村，在这里与前一天派遣出来的侦察中队汇合后，前往威海卫。8 点到达田村时，发现村子的东北高地有一连串堡垒，侦察队进行了搜索，但是没有发现清军的影子。侦察队继续前进，途中没有遭遇任何抵抗，9 点 30 分左右到达威海卫。

威海卫被不规则四边形的城墙所环绕，其中的长边（东面）约850 米。城内有五六百户人家，是个荒凉的城镇。听居民说："这附近的清军前一天之前已全部退却到了芝罘方向，舰队和刘公岛的清

军也登陆逃跑了。"（第二天判明舰队和刘公岛的敌情是误报）因为
北岸炮台附近没有清军的身影，两个大队便进入了城内。紧接着先
锋部队的尖头兵也于 10 点 30 分左右到达威海卫。

先锋司令官贞爱亲王到达黄家沟时，接到尖头兵已进入威海卫
的报告，于是命令尖头兵大队占领北岸各炮台。但是，1 点左右清国
军舰猛烈炮击，亲王感到从威海卫方向占领北岸炮台非常困难，因
而把先锋主力部队的第 17 联队第 1 中队和第 4 中队划归代理大队长
时目大尉指挥，命其从黄家沟北方绕过北海岸。时目大尉 1 点 50 分
从开拔地出发，行进途中占领了清国士兵已经逃离的神道口西方的
新兵营、九峰顶炮台和遥了墩炮台。天黑以后，大队继续艰难地夜
行军，8 点终于到达合庆村，派一个小队占领了北山嘴炮台，另一个
小队占领了柏顶炮台。在此期间，第 3 大队派遣的侦察军官占领了
遥了墩炮台北方的遥远墩炮台。

■ 联合舰队出动

陆军进攻百尺崖附近时，伊东联合舰队司令长官打算从海上予
以协助，他一边在荣成湾等待时机，一边让主力舰队和第 1、第 2
游击队以及鱼雷艇队交替监视并警戒清国舰队。其间，26 日天龙
号和海门号两舰在登州海面航行，对炮台和城廓实施了牵制性
炮击。

30 日，陆军终于要进攻百尺崖西南高地，联合舰队的主力舰队
和第 1、第 3、第 4 游击队的部分舰船凌晨 2 点从荣成湾出发，绕道
成山角驶往威海卫军港海面，第 2 游击队从成山角的警备区域向西
航行，早上 7 点左右在百尺崖北方同主力舰队和第 1 游击队会合。
第 3 游击队的天龙舰、海门舰以及第 4 游击队的磐城舰，紧接着主
力舰队从荣成湾出发驶往金山寨海面，其目的是阻止清军的援军从
芝罘方向朝威海卫前进。

第 2 游击队一赶到这里，伊东司令官就立即开始实施预定行动。

即第 1 游击队到达威海卫军港西口的海面，主力舰队和第 2 游击队到达东口的海面，各舰在炮台的射程之外低速游弋，防备清国舰队出击。第 3、第 4 游击队除了前往金山寨海面的 3 艘军舰之外，摆成单路纵队的阵形沿海岸徐徐航行，上午 8 点 5 分开始炮击百尺崖附近的炮台。

下午 2 点半，伊东司令长官从负责与陆上通信的鱼雷艇那里收到了以下报告："日军好像占领了南岸炮台。清国舰队从东口往西方躲避，正在对炮台进行炮击。"继而 3 点再次收到鱼雷艇发出的信号："清军舰队在西口附近集合，冒着浓烟，看样子是准备逃跑。"但是，这时日岛和刘公岛东南端的炮台正在猛烈炮击南岸炮台。因此，司令长官打算削弱清军的炮击来支援陆军，便命令第 2 游击队炮击日岛和刘公岛东南端的炮台，并率领主力舰队和第 1 游击队驶近西口。然而，在这里遭到了北山嘴炮台的炮击，炮弹落到各舰附近，非常危险，因而舰队急忙改变航向驶到炮台射程之外的海域。这时是 4 点 50 分。

这天晚上，第 3 鱼雷艇队策划潜入港内突击，但是在潜航途中，被鹿角嘴炮台的日本海军陆战队误认为是清军的巡逻艇而遭到射击，最终没能达到目的。

■ 为天气恶化而苦恼

31 日，联合舰队接着前一天继续监视、警戒清国军舰，但是因天气状况变得恶劣，舰队不能行动了。之后，风越来越大，气温一个劲儿下降。波浪滔天，军舰摇晃得厉害。到了夜里，风雪交加，怒涛汹涌，而且越发寒冷，天气坏到了极点。到了翌日的 2 日，风还是越刮越大，司令长官命令主力舰队的各舰到荣成湾躲避。这天原计划用第 3、第 4 游击队编成的陆战队占领日岛，因实在无法实施而决定延期。

从 31 日夜里开始来袭的寒潮特别强烈。海上涌起的波浪一碰到船舷就立即结冰。炮口、舷窗全部被冰封住，船舷被五六厘米厚的冰包裹着，舰队简直像是用水晶雕刻而成的。船锚、锚锁和水雷防御网完全冰冻上，呈现出宛如玻璃制品的奇观。至于小的舰艇，几近沉没的事件数不胜数。波涛越过船舷和舰桥，波浪直冲到最上层的甲板上，甲板上面覆盖着厚达 10 厘米的冰。排气孔也因冰冻住而无法使用，因而来不及打碎这些冰。炮身、炮盾等覆盖着约 20 厘米厚的冰，炮管内也结了冰，不能开关闭锁器。当时那种困难又危险的状况无以言表。

■ 清国军队的防御战

　　威海卫的各位清军将领 20 日早晨得知日本军舰大举出动来到了荣成湾，而且当天中午时分得知成山角灯塔和电报局已经落入日军之手。戴宗骞和李秉衡打算在威海卫的后路迎击日军，命令驻酒馆集的孙万林统率 3 营部队向桥头集前进，并且决定让绥军的刘树德率领 3 营协助孙万林，此外从守备南岸堡垒群的巩军中派遣 3 营到北路，即通往荣成的海岸道路。21 日，李秉衡又进一步命令驻芝罘的总兵孙金彪："率领当地的嵩武军 2 营去宁海，同福字军、东字军各营一起防御荣成、成山的日军，防卫海岸。"

　　23 日，孙万林和刘树德率领的各部队全部在桥头集附近集合，荣成附近的各营也重新归孙万林指挥。受派遣去北路的巩军 2 营，21 日前进到了三官庙附近，但是在这里接到新的命令后返回了。这好像是因为清军担心南岸堡垒群会兵员不足。

　　清国政府虽然一直担心山东省的防备，但有时也把山东省的兵力调往其他地方，似乎不太重视这个方向。不过，日军的意图变得越发明显时，清国政府大为恐惧，马上下了诏书，决定从清江派遣李占椿的 15 营、从徐州派遣陈凤楼的 5 营、从沂州派遣丁槐的 5 营，作为威海卫的援军。丁汝昌、戴宗骞等将领 24 日听到了这个消息。

这一天，因为威海卫南北两岸的守备薄弱，日岛炮台等完全没有军官，而且海岸炮台没有配备步枪、小炮，况且咽喉位置没有防御设施，丁汝昌对陆军计划如何防御日军感到担忧，就给李鸿章打电报，陈述了这个情况。另一方面，丁汝昌同刘超佩协商后，首先把龙庙嘴炮台备炮上安装的闭锁器全部拆卸下来。他们大概是觉得炮台的守兵靠不住，担心这些炮可能会被日军利用。但是，关于此事，他们完全没有跟陆地防御司令官戴宗骞商量，戴宗骞看到南岸水雷营的报告后才知道这件事。戴非常生气，翌日的 25 日把这些备炮重新复原，并给李鸿章打电报，说丁的报告没有事实根据，要求今后关于陆上的防御不允许水师营插手。

26 日，孙万林又得到了新增加的福字军 3 营，集合在桥头集的兵力现在达到了 13 营到 14 营，士气也稍稍活跃起来，而且前面的日军也没有兵力增强的迹象。因此，这天清军尝试着前后发起了两次进攻。但是，行进在前面的一部分人稍微被击退，清军就立即全线萎缩，中途退却到原来的阵地。

当时，这些部队粮食的运送跟不上，而且桥头集附近的阵地无险可守，因而孙万林打算翌日的 27 日转移到鲍家滩一带，再决定前进事宜。但是到了 27 日早晨，各部队没有按照约定的时间集合。孙这时才知道刘树德趁着夜里退却到了温泉汤方向，于是让现在的各部队在河北附近占领阵地，让阎得胜守卫退路。这一天，日军以强大的兵力出击，阎得胜在日军到来之前就往草庙集退却，孙万林最终也不得不丢下阵地。

日军一接近南岸堡垒，戴宗骞就向李秉衡表达了拼死防御的决心，29 日清军右翼的行动证实了其决心。30 日，在日军南北两路总攻之前，南岸一带的防御就一下子瓦解了。龙庙嘴和鹿角嘴炮台，正如丁汝昌所担心的那样，未及拆除闭锁器就被日军拿下，结果缩短了北洋水师的命运。戴宗骞逃走，进入北岸炮台。

第三节　歼灭北洋水师、撤走山东作战部队

■ 北洋水师的末日

日本的山东作战部队 2 月 2 日完全占领了威海卫军港的海岸，但是清国舰队仍然在港内，和日岛、刘公岛的各炮台一起继续炮击，日军不能随意前往海岸。而且日方没有威力强大的大炮，在南岸炮台缴获的大炮也不足以压制住这些清军的炮击。大山第 2 军司令官曾寄希望于使用在北岸各炮台缴获的大炮，但是清国士兵已经几乎毁掉了北岸炮台，备炮也大部分损毁，不能利用。

另一方面，由于 1 月 31 日以来的风浪平息、降雪停止，联合舰队 3 日早晨再次来到威海卫军港东口的海面。伊东司令长官在这里才获悉陆军 2 日已经占领了北岸。这天夜里，受命破坏港口栅栏①的第 6 号鱼雷艇，前进到龙庙嘴海岸附近，发现这里的栅栏和海岸之间有一条约 100 米宽的间隙。该艇试图从这里进入栅栏内部进行破坏，但是未能达到目的，遭到日岛炮台和巡逻艇的射击后返回了。

司令长官根据第 6 号鱼雷艇的报告了解了栅栏的情况，4 日命令第 2、第 3 鱼雷艇队夜里从栅栏的间隙潜入港内袭击清国军舰，并命令爱宕号、鸟海号两舰进行牵制性炮击。

第 2、第 3 鱼雷艇队 5 日凌晨 3 点潜航到达东口的栅栏。第 2 鱼雷艇队和第 3 鱼雷艇队先头的两艘艇得以顺利通过了前一天夜里发现的通道，但是跟在后面的第 14 号艇在龙庙嘴礁触礁，第 9 号艇与其他艇走散，第 18 号艇因撞上栅栏不能航行，第 14 号艇和第 18 号

---

① 威海卫军港入口的栅栏由长 12 尺、合围 1 尺 5 寸的大木桩并列横置，用三条 1 寸 5 分的粗铁链锁结而成，下端用粗绳锚固于海底，南达海岸，北至刘公岛，只在南端留了一条百米宽的通道供自己的战舰进出军港。

艇只好返回。第 2 鱼雷艇队顺利潜入港内的两艇 3 点 50 分打算从杨家滩靠近清国军舰时被巡逻艇发现，第 21 号艇想避开巡逻艇前进时不慎触礁，第 8 号艇也在龙庙嘴礁搁浅，螺旋桨受损，无法进退。

其间，第 3 鱼雷艇队向黄岛炮台方向前进，到达距清国军舰 400 米以内的距离时被清军发现，遭到猛烈的射击。但是，第 22 号艇发射了 3 颗鱼雷，第 5 号艇发射了 2 颗鱼雷，第 10 号艇发射了 1 颗鱼雷。此外，第 9 号艇与其他艇失散后，单独潜入栅栏内，虽然清国有 2 艘艇逼近过来，该艇仍勇猛前进，发现前方有 2 艘巨舰，便从相隔约 200 米的距离发射了 2 颗鱼雷。但是，这时敌人的炮弹命中了艇上的锅炉，该艇动弹不得，艇上乘员得到了第 19 号艇的救助。

5 日，主力舰队和第 1、第 2 游击队上午 8 点到达军港东口外面，发现清国的定远舰倾斜，知道这是日军鱼雷艇攻击的结果。司令官又命令第 1 鱼雷艇队这天晚上继续发动袭击。

第 1 鱼雷艇队 6 日凌晨 4 点到达栅栏附近。这时月亮已完全落山，清军不断用探照灯照射海面，并且频频开炮，严密警戒。鱼雷艇队难以发现栅栏的通道，先头的第 23 号艇最终撞上了栅栏，但是竟非常偶然地跳过了栅栏继续航行，小鹰号艇、第 13 号艇、第 11 号艇也相继潜入港内。4 艘鱼雷艇摆成袭击队形潜航，碰巧发现了两三艘清国军舰，相距约 400 米时被清军发现，遭到了射击。于是，第 23 号艇发射了 2 颗鱼雷，小鹰号艇发射了 3 颗鱼雷，第 11 号艇发射了 2 颗鱼雷。这时，时间已经过了 5 点，因而鱼雷艇队立即退却，回到了阴山口。这次鱼雷攻击击沉了清国的来远号、威远号两艘军舰以及 1 艘布雷舰。

之前为了使用缴获的大炮，联合舰队派遣人员到赵北嘴炮台和谢家所炮台对大炮进行维修。这两个炮台 7 日才加入战斗行列，南岸各炮台的大炮从早上 7 点 30 分开始，以日岛炮台为目标一起开火。8 点 10 分龙庙嘴炮台的一发炮弹首先命中日岛炮台的右翼炮，接下来 8 点 30 分赵北嘴炮台的一发炮弹引爆了其火药库。这时，日岛炮台的威力急剧减弱，过了一会儿突然沉寂了。这天清军的 10 余

《我舰队攻击威海卫》（纸博物馆收藏）

艘鱼雷艇从西口冲出去逃跑，在日本军舰的追击下，大多在海滩搁浅。

翌日的 8 日上午 8 点，第 3 游击队前进到威海卫军港东口的海面刚一开始炮击刘公岛东南端的炮台，鹿角嘴炮台的日军也瞄准位于日岛西北方刘公岛附近的清国军舰开炮，紧接着其他南岸炮台也开始射击。清国军舰抵挡不住向威海卫方向逃跑，因此，8 点 40 分日军把目标转向刘公岛东南端的低炮台，9 点 8 分日军看到清国舰队的靖远号、济远号缓缓向东南方前进，再次对这两艘舰集中炮击。9 点 30 分，鹿角嘴炮台的一发炮弹命中靖远号，将其击沉。这样，清国舰队已经损失了定远号以下 3 艘军舰，鱼雷艇队被彻底歼灭，完全丧失了作战能力。伊东司令长官 10 日下令今后继续昼夜炮击，不给清军喘息的机会。

12 日早晨，清军的镇北号炮舰在桅杆顶部悬挂着白旗驶向阴山口，广丙号舰长程璧光带来了北洋水师提督丁汝昌的请降书。这样开始交涉投降事宜，因而日军大体放弃了针对未来作战的准备。

日岛炮台终于沉寂后，清军丧失了东口防御的主要据点，鱼雷艇队又全部逃跑。这时，舰队和陆军的将官等不想打仗的人开始发生骚动，想设法请求提督给一条生路，刘公岛则发生了大的混乱（2 月 5 日被鱼雷击中的定远号大量进水，行驶到刘公岛的南侧后搁浅。因为无法修理，丁让乘员在刘公岛上岸，把将旗移到了镇远号上）。此外，清军雇用的外国人也劝丁汝昌"投降以安定人心"。丁继续坚决拒绝投降，抚慰他们说援军即将到来。但是，及至 9 日靖远号沉没，舰队和刘公岛的命运越发危急，陆军最后甚至强逼丁投降。

丁最终经受不住这种压力，退回船舱，给李鸿章写了一封电文后，服毒自杀。电文内容是："我决心舰沉人亡而后已，然众人之心溃乱，毫无办法。"

此后，关于清军投降的谈判主要由联合舰队司令长官负责，14 日谈妥了投降规约，17 日联合舰队进入港内，领受刘公岛的各炮台、水雷营、官衙、各仓库和全部舰船，完成了接收。

■ 撤走山东作战部队

大本营发起山东半岛之战，目的是利用冬季歼灭躲藏在威海卫军港内的北洋水师，为实施最终目的之直隶平原决战而确保渤海湾通道的安全。因此，大山大将在打响这场战役之前，就希望达到第2军的目的后迅速破坏清军的防御设施，返回金州半岛。他上报大本营，请求准备船舶，以便能够不失时机地把全军运送回去。

但是，大本营担心搞这样的运输可能会延迟直隶平原大决战的日期，而且山东半岛被清军控制的危险性也很低，因而考虑攻占威海卫军港后，如果情况允许的话，把其他师团也从日本本土调到这里，把这个地区作为日后挺进直隶平原的跳板。基于上述考虑，大本营告诉大山大将："打算根据占领后的情况决定是否撤走山东作战部队。"不过，此后随着时间的推移，大本营开始倾向于大山大将的意见，1月31日终于决定占领威海卫后撤走作战部队，并给大山大将下达了撤退的训令。

大山军司令官于2月4日接到了这个训令，当时对港内清军的攻击还没有进展，仍在努力地谋划如何歼灭这些清军。但是到了12日，北洋水师终于投降，大势已定，背后的敌情也不太急迫，只是得到了清国的援军好像正在驰援途中的情报。军司令官打算趁着还没有与这些清军相遇就撤走全军，马上下令着手准备。然后，他把山东作战部队分成两部分，制定了从威海卫向旅顺口运送的计划。2月22日至3月1日，军下属的各部队全部到达旅顺口，5日之前登陆完毕。

第八章

对清国南方和直隶之战

第一节　占领澎湖岛

■ 澎湖岛远征作战

大本营从很早开始就在考虑南方作战的事情。明治二十七年 8 月确定冬季作战方针的时候，已经决定也可以派遣部分兵力在冬季占领台湾。但是，由于歼灭北洋水师耗费时间，加之有种意见认为冬季也可以进行直隶平原决战，一直没能得到实施南方作战的机会，就这样到了明治二十八年 1 月 13 日。

在此期间，进攻威海卫的准备工作进展顺利，山东作战部队开始在龙睡澳登陆的日期也临近了。因此，1 月 13 日大本营决定威海卫陷落后，另外编成一支舰队，给该舰队配备陆军的一个支队，攻占澎湖岛。在这里建立海军根据地，剿灭中国南部的残余舰队，捕获走私战时违禁品的船舶。当时大本营通过调查得知澎湖列岛的清军兵力是步兵 12 营、炮兵 2 营、海军 1 营。由此考虑，关于用于这个方向的陆军兵力，决定派遣 3 个步兵大队（后备步兵第 1 联队以及后备步兵第 12 联队第 2 大队）、5 名骑兵和 1 个山炮中队。

此外，关于舰队，决定派遣松岛号、桥立号、严岛号、千代田号、吉野号、浪速号、高千穗号、秋津洲号、和泉号以及附属补给舰、医院船和补给船。

大本营一边进行支队的编成和运送的准备，一边等待着进攻威海卫的战果。13 日大本营接到"前一天北洋水师投降"的报告，14 日下令混成支队司令官比志岛大佐出动。另一方面，大本营又给伊东联合舰队司令长官下达了训令："在威海卫达到日方的目的后，要把联合舰队的主力派遣到清国南方。因此，要让那些需要进入船坞修理的舰船返航本国，以免影响出动。"

　　这样，因为日军 17 日已经完全歼灭了北洋水师，20 日大本营再次命令伊东司令长官占领澎湖岛并取得马鞍群岛（长江口东南方）以南的制海权。

　　3 月 13 日，南方派遣舰队完成出征准备并在佐世保集结。混成支队 9 日已经到达佐世保。

■ 攻占澎湖岛

　　南方派遣舰队 15 日上午 9 点从佐世保出发，经由台湾南方，于 20 日下午 3 点到达将军澳屿。为了侦察登陆点，东乡平八郎司令官率领的吉野号、浪速号行驶在其他舰的前面，下午 2 点到达里正角附近，但是因风浪太大无法放下小艇。低云笼罩，即使抵近到距海岸约 2 海里的地方，也无法判明海岸的状况。

　　东乡司令官费尽苦心搞出的侦察报告如下："里正角附近有稍微合适的登陆点（良文港海岸）。这附近没有炮台之类的东西，在候角湾东北的高地可以看到好像是炮台的建筑物。胜知湾停泊着 3 艘法国军舰，其附近的陆地上有大小 5 个炮台。两个大的炮台有 4 门以上备炮，其他炮的数量不详。从外面眺望不到马公港内的情况。"

　　伊东司令长官根据这份报告，打算翌日的 21 日实施登陆，21 日上午 8 点给混成支队司令官和各舰下达了关于登陆的训令。但是，这一天因旗舰吉野号搁浅而延期登陆，翌日的 22 日风高浪急，登陆再次搁置。

　　但是，各运输船满载的混成支队的大多数人从佐世保出港以来，因遭遇惊风骇浪，加之 19 日以来天气骤变，气温突然升高到华氏 80 度（摄氏 38 度），大多数士兵健康受损，疲劳困惫，形同病人。而且，运输船鹿儿岛丸在佐世保停靠期间发生了霍乱，出港以来每天有四五个人因为患这种病死亡。从 21 日夜晚开始该病又显示出进一步蔓延的征兆，这一天的患病人数有 54 人。

■ 开始登陆

23 日，天气渐渐好转，日军开始在里正角西方约 1 400 米的海滩登陆。这时是 11 点 30 分。看到这个情况，清军炮台以登陆点为目标开始炮击。日军主力舰队以及秋津洲号、浪速号、高千穗号分别从东方和南方两个方向对清军炮台进行炮击。过了一会儿，清军的大炮势力衰弱，最后归于沉寂。

后备步兵第 1 联队第 1 大队长岩崎少佐率领最先登陆的第 1 中队和第 2 中队，占领了登陆点北方的小高地，并于 2 点 20 分前进到良文港西北高地。到那里一看，只见高地与其前面的太武山之间是一片平坦的土地，连一棵树一个山岗都没有。如果这里被清军占据，支队的前进将非常困难。

岩崎少佐为了占领太武山继续前进，3 点左右到达太武山南方高地时才遭遇少数清军。日军赶走这些清军并到达山上时，看到有五六百名清国士兵在前面三四百米的田地里散开，而且左前方约 400 米的地点也有百余名清军，其后方约 400 米的地方也出现了百余名清国士兵，于是开始了猛烈的射击。过了一会儿，日军发现一群约 150 人左右的士兵从太武社迎头过来。

与此同时，清军的射击越来越猛烈，看其势头试图转为攻势。第 1、第 2 中队用急射予以应对，日军虽然增加了随后登陆跟随上来作为预备队的第 3 中队和第 4 中队，但是清军顽强抵抗，拼命射击，硝烟弥漫，不知道人在何处。

比志岛大佐得知太武山的战斗开始后，率领后备步兵第 1 联队第 2 大队到达前线。港底社南方的高地也出现了两三百名清国士兵，开始激烈地射击。岩崎少佐认为莫如在这里一举突击为好，下令全线队员上刺刀，在吹响进攻号的同时，向清军前线猛冲过去。清军完全被日军的气势所压倒，开始退缩，丢下 30 多具尸体，立即逃往大城北社方向。4 点 20 分，日军占领了太武社。

翌日的 24 日，比志岛大佐命令步兵第 12 联队第 2 大队进攻拱北炮台，命令步兵第 1 联队第 2 大队从大城北社的北方向该社的西方高地（前一天的清军炮兵阵地）发动进攻。清国军队在日军的进攻下被迫后退，最后集中到大城北社西南高地的半山腰，在这里和拱北炮台及其西北高地的炮兵一起，集中射击日军的进攻部队。因此，比志岛大佐打算火速占领拱北炮台，让预备队迅速前进到第一线附近。前线的两个大队越来越奋勇前进，全体队员散开逼近拱北炮台，终于冲进炮台。早晨 6 点 30 分，清军把 2 门山炮遗弃在拱北炮台西北高地，一部分逃往圆顶半岛，大部分逃往马公城方向。比志岛大佐一占领拱北炮台，就决定紧接着攻占清军的根据地马公城。他把各部队集结到拱北炮台西北的高地，中午便完全占领了马公城。

这样，混成支队基本控制了澎湖岛。不过，圆顶半岛和渔翁岛还有清国士兵，他们不断从西屿东炮台向城内射来巨大的炮弹，炮击一直持续到日落。但是，25 日凌晨 1 点，圆顶半岛的定海卫队营管带官郭润馨向联合舰队的前哨线派遣使者，请求投降。投降者自郭润馨以下军官 12 人，下士以下 576 人。伊东司令长官本来打算让这些投降者携带劝降书送给渔翁岛的清军，然而清军在此之前已经逃走，也就没这个必要了。

26 日，司令长官在马公城设立澎湖列岛行政厅，并将此事公示于众。澎湖列岛完全被控制在日军手里了。

第二节　直隶平原作战计划

日军攻占旅顺口后，又攻陷威海卫军港，大本营为实现直隶平原大决战这一最终目的，一直在稳步而顺利地做着各项准备。

首先，3 月 20 日之前除了临时轻便铁道队以外，完成了所有兵力的动员编成。其中，大本营感到在直隶平原登陆之际以及为了根据地的防御，特别需要机关炮队。因此，让近卫师团和第 4 师团各编成 8 队，而且把这两个师团步兵大队的战斗人员增加到 1 000 人。

当时日本全陆军的战斗部队如下：常备军 7 个师团（步兵 80 个大队、骑兵 14 个中队、野战炮兵 40 个中队、工兵 13 个中队）、后备步兵 39 个大队、后备骑兵 6 个小队、后备工兵 6 个中队、临时师团 1 个（屯田步兵 4 个大队、骑兵、野战炮兵、工兵 13 个中队）、冲绳分遣中队、警备队 1 队、临时山炮中队、机关炮 16 队、临时攻城厂 2 个（徒步炮兵 4 个大队）、要塞炮兵 12 个中队，以及作为补充队的步兵 28 个大队，骑兵、炮兵、工兵各 7 个中队，要塞炮兵 1 个中队。另外，在必要的时候可以召集国民军。其中，大本营打算用于直隶平原决战的兵力是大约 7 个师团和大约三分之一的后备部队。当时推算在直隶可能会遭遇的清国军队约为 20 万人。与此相比，日军占据绝对优势。

但是，这时日本军队运送能力不足，即使征用在日本有船籍的 1 000 吨以上的运输船，一次也只能运送 1 个半师团，若只是战斗部队的话，可以运送 2 个师团。大本营确定的方针是第一批主要运送战斗部队 2 个师团，以后运送这两个师团的辎重和后续师团，而且为了用最少的时间完成全部运送而制订了方案。

3 月上旬，大本营确定了第二作战的计划，并决定了兵力部署和大运送的计划。然后，根据这些计划，大本营 3 月 12 日向第 1 军司令官通报了变更军的战斗序列的预定方案，并做了内部通报，大意是要求第 1 师团 4 月下旬之前到达大连附近，军司令部和第 3 师团 5 月中旬之前到达大连附近。

此外，大本营计划让第 5 师团和若干后备队留在奉天省的占领地担负守备，因而有必要设置统辖该地区同时管理民政的官府。于是，3 月 10 日大本营新公布了占领地总督部的编成，任命第 2 师团长佐久间左马太中将为总督。

另一方面，清国决定派遣议和使节到日本，这时的形势不知道什么时候就会突变。因此，大本营为了尽早实现直隶平原的决战，在努力地进一步缩短军队大运送的时间。

　　在日清举行议和谈判的时候，这项兵力运送接连不断地进行。近卫师团和第 4 师团自 4 月 9 日至 13 日从宇品港出发，18 日之前全部到达大连湾。

第九章

恢复和平

■ 停战条约

明治二十七年 11 月 22 日，即第 2 军攻占旅顺口的当天，清国政府通过美国公使向日本政府提议："希望以承认朝鲜独立、赔偿军费为条件，开始议和谈判。"当时，日本政府难以判定清国政府的提议是在真诚地谋求和解，因而 27 日通过美国公使转告说，日方不能把清国的提议看作是议和的基础，如果清国诚心希望议和，能任命正当的有资格的全权代表，则日本政府会宣布停止战争的条件。

接着 30 日，清国政府再次通过美国公使，请求说希望日本政府明示议和的大致条件。日本政府 12 月 2 日通过美国公使答复说，只有在两国有正当资格的全权代表会晤之后日本才能宣布议和条件。

之后，明治二十八年 1 月 31 日，清国政府按照日本政府的指示，派遣清国议和全权大臣张荫恒和邵友濂到达广岛。翌日的 2 月 1 日，两人会见日本全权大臣伊藤总理大臣和陆奥宗光外务大臣，准备相互交换全权委任状时，日方发现清国使臣提交的所谓国书只是一种信任状，并非具备国际法上一般形式的全权委任状。

在这里，议和谈判还没有开始就破裂了。

接下来 2 月 18 日，清国政府通过美国公使最后请求道："已任命内阁大学士李鸿章为全权大使，授予其一切权限，希望日方告知两国全权大臣会晤的地点。"3 月 20 日，两国全权大臣在马关进行了第一次会面。

谈判迟迟没有进展，24 日发生了歹徒（小山六之助）用手枪狙击李全权大臣的事件。李全权大臣面颊负轻伤，日本举国震惊，为之担心。天皇派了医生去马关，皇后赏赐了亲手缝制的绷带。

27 日，天皇命令在一定的时间和区域内无条件同意日方此前绝对不同意的停战。翌日，陆奥全权大臣到李全权大臣的病榻探望，转告了这个消息。于是，李鸿章还躺在病床上，就在那里进行停战条约的谈判，经过半天的会谈后双方达成了协议。30 日，两国全权大臣签字盖章。

马关议和会谈（正面右侧是伊藤博文，其左侧是陆奥宗光。
背身右端是李鸿章。明治神宫圣德纪念绘画馆收藏）

实现停战后，两国马上进行关于议和的谈判。起初李全权大臣针对日方的议和条约方案，提出了大幅度削减日方要求的修正案，日方全权大臣又提出了最大限度让步的再修正案。4 月 15 日，李全权大臣回答说将全面接受这个条约，17 日终于签订了条约。

同时，为了批准交换该条约，日本把停战期延长到 5 月 8 日午夜，清国全权大臣当天就踏上了归途。日方全权大臣翌日的 18 日回到广岛，立即去大本营报告了谈判的情况和签订条约的结果。天皇21 日批准了这个条约。

该条约中日本占领辽东半岛这一款，突然招致俄、德、法三国的干涉。4 月 13 日，这三个国家指出"日本占领辽东半岛将会妨碍远东的永久和平"，要求日本放弃对辽东半岛的永久占领权。5 月 4日，日本政府决定完全接受三国的劝告，向三国政府答复了这个要旨。此后不久的 5 月 8 日，日本与清国批准交换了该条约，日清两国之间恢复了和平。

■ 凯旋·复员·占领地

5 月 10 日，日清两国批准交换议和条约的消息从大本营传递到在旅顺口的征清大总督彰仁亲王（同年 4 月 18 日到达大连湾）手里。他在这里发布了停止对清军作战的命令，决定在辽东半岛留下 2个师团，往威海卫派遣 1 个旅团，往台湾派遣 1 个师团，其他出征军依次回国。

此外，大总督命令近卫师团长前往台湾，给混成第 11 旅团长下达了有关驻屯威海卫的训令。

这样，大总督府 17 日从旅顺口出发，21 日在神户登陆，翌日的22 日回到了京都大本营（大本营 4 月 27 日从广岛迁到了京都）。大总督上奏了出征期间作战指挥的经过，完成了任务，取消了大总督府的编制。然后，日军全体部队（驻屯部队除外）8 月 1 日之前回到了卫戍地或编成地。为了占领辽东半岛而留下的 2 个师团于 11 月末

内阁总理大臣伊藤博文

外务大臣陆奥宗光

最终回国，佐久间总督 12 月 23 日归还占领地之后踏上归国的旅途，于明治二十九年 1 月 4 日回到东京。

此外，根据议和条约的规定，台湾以及澎湖列岛归属日本。为了接收这些地方，日本新任命海军大将桦山资纪为台湾总督。5 月 18 日，桦山资纪指挥近卫师团和常备舰队前往台湾。

但是，台湾人民当中有很多人对割让台湾感到愤慨，决定建设共和国，他们于 5 月 25 日推选唐景崧①为总统，活动非常积极。因此，开赴台湾的日本部队遭到台湾人的抵抗。6 月 2 日，桦山台湾总督和清国全权代表李经方完成了台湾以及澎湖列岛的授受。但这只是形式上的接收，要真正接收台湾，只能进行征讨。

因此，日军继日清战争后继续实施作战，战斗一直持续到翌年的明治二十九年 3 月。参加战斗的大约有 2 个半师团（参加兵员总计约 50 000 人、军夫 26 000 余人、马 9 400 余匹）。大本营也原样保留，负责作战指挥。

■ 战争的结果

在日清战争中，日本国的损失大致如下：

一、人员

战死及因伤致死	1 417 名
病死	11 894 名
死于非命	177 名
合计	13 488 名

二、马匹　　11 532 匹

三、临时军费　　200 475 508 日元

陆军　　164 520 371 日元

海军　　35 955 137 日元

---

① 原文为"松"。

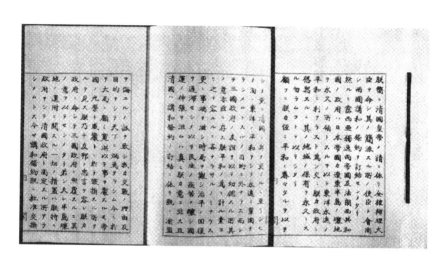

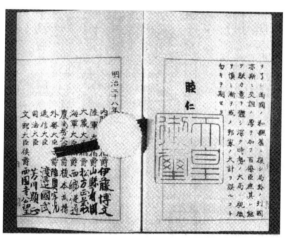

关于归还辽东半岛的诏书
（日本据此接受了俄、德、法的"三国干涉"。国立公文馆收藏）

不过，日本利用从清国得到的赔款大致弥补了军费。

清国损失的人马、费用等数目不详，日军缴获的俘虏和火炮如下：

俘虏（军官、下士卒等）	1 790 名
大炮	592 门
重炮（210 毫米口径以上）	29 门
轻炮（150 毫米口径以下）	451 门
机关炮和速射炮	107 门

日清两国交战时间长达约 11 个月，征讨台湾等善后工作又耗费了 10 个月。作战地域东西横跨约 440 公里，南北纵跨约 2 080 公里，面积约 915 200 平方公里。

振天府（为了收集日清战争归国将士进献给皇室的战利品，将其战功传给后世，在皇居内建造的纪念馆。明治神宫圣德纪念绘画馆收藏）

混成旅団戦闘序列

混成旅団長　少将　大島義昌
参謀　歩兵少佐　　　長岡外史

歩兵第二十一連隊　　　　歩兵第十一連隊
長中佐　　武田秀山　　　長中佐　　西島助義

III	II	I	III	II	I
長少佐 古志正綱	長少佐 山口圭蔵	長少佐 森祇敬	長少佐 松本箕居	長少佐 橋本昌世	長少佐 一戸兵衛

工兵第五大隊第一中隊　　野戦砲兵第五聯隊第三連隊　　騎兵第五大隊第一中隊
　　　　　　　　　　　　　　　　（山　砲）
長大尉　蘆澤正勝　　　長少佐　永田　亀　　長大尉　豊辺新作

	VI	V	

第二野戦病院　　　第一野戦病院　　　衛生隊　　　輜重兵隊

兵　站　部

兵站監歩兵中佐竹内正策

兵站司令部二　糧餉部　金櫃部　監督部　憲兵　兵站監部

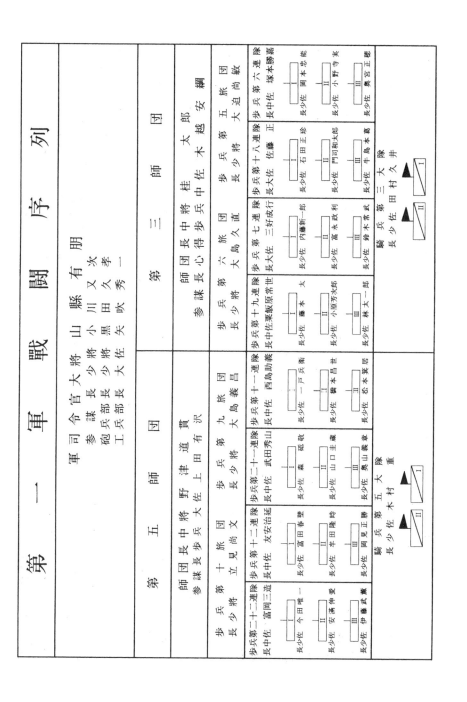

第　一　軍　戰　鬪　序　列

軍司令官　大將　山縣有朋
參謀長　少將　小川又次
砲兵部長　少將　黑田久孝
工兵部長　大佐　矢吹秀一

第三師團
師團長　中將　桂太郎
參謀長　中佐心得　步兵　大越安綱

第五旅團　步兵少將　大迫尚敏
　步兵第六連隊　步兵中佐　塚本勝嘉
　　I　長　中佐　岡本忠能
　　II　長　少佐　小野寺実
　　III　長　少佐　奧宮正憲
　步兵第十八連隊　步兵大佐　佐藤正
　　I　長　少佐　石田正珍
　　II　長　少佐　門田和太郎
　　III　長　少佐　牛島本葛

第六旅團　步兵少將　大島久直
　步兵第七連隊　步兵大佐　三好成行
　　I　長　中佐　內藤新一郎
　　II　長　少佐　富永政利
　　III　長　少佐　鈴木常武
　步兵第十九連隊　步兵中佐　飯原常世
　　I　長　少佐　藤本大
　　II　長　少佐　小原芳次郎
　　III　長　少佐　株本大一郎

騎兵第三大隊　騎兵少佐　田久井
　　I
　　II

第五師團
師團長　中將　野津道貫
參謀長　中佐　上田有澤

第九旅團　步兵少將　大島義昌
　步兵第十一連隊　步兵中佐　西島助義
　　I　長　少佐　一戸兵衛
　　II　長　少佐　鵜木昌世
　　III　長　少佐　松本昌居
　步兵第二十一連隊　步兵中佐　武田秀山
　　I　長　少佐　森砥敏
　　II　長　少佐　山口圭藏
　　III　長　少佐　奧山義章

第十旅團　步兵少將　立見尚文
　步兵第十二連隊　步兵中佐　友安治延
　　I　長　少佐　富田春壁
　　II　長　少佐　半田隆時
　　III　長　少佐　岡見正勝
　步兵第二十二連隊　步兵中佐　富岡三造
　　I　長　少佐　今田唯一
　　II　長　少佐　安滿伸愛
　　III　長　少佐　伊藤武薰

騎兵第五大隊　騎兵少佐　木村重
　　I
　　II

野戰砲兵第三連隊(山砲)

第一大隊 長少佐 中村鎭三郎
出出出 I
出出出 II

第二大隊 野頭椎響 長少佐
出出出 III
出出出 IV

第三大隊 長少佐 追水周一
出出出 V
出出出 VI

工兵第三大隊 長少佐 川架耕作
小架橋縱列 ▽
大架橋縱列 △△
衛生隊 △
第一野戰病院
第二野戰病院

彈藥大隊
第一步兵彈藥縱列
第二砲兵彈藥縱列
第三砲兵彈藥縱列
子備砲 秋盛之
砲廠 元

輜重兵第三大隊 長少佐
第一糧食縱列
第二糧食縱列
第三糧食縱列
馬廠

第三野戰電信隊

野戰砲兵第五連隊(山砲)

第一大隊 長少佐 四宮信応
出出出 I
出出出 II

第二大隊 長少佐 山内定矩
出出出 III
出出出 IV

第三大隊 長少佐 永田龜
出出出 V
出出出 VI

工兵第五大隊 長少佐 馬場正雄
第五連隊 I
II

衛生隊
第一野戰病院
第二野戰病院
第三野戰病院

彈藥大隊
第一步兵彈藥縱列
第二砲兵彈藥縱列
第三砲兵彈藥縱列

輜重兵第五大隊
臨時輜重隊
第一糧食縱列

第六野戰電信隊
第三野戰電信隊

兵站部

兵站監 陸軍少將 塩屋方國
兵站參謀 步兵中佐 竹内正策

兵站司令部 二
患者輸送部 二
兵站衛生部 二
野戰砲廠 一
輜重監視部 二
工兵監視 一
子備員縱列 四
砲廠 二

兵站監督部
軍醫監督部
法官監督部
金匱監部
糧餉監部
兵站電信部
兵站輜重
憲兵

第二軍戦闘序列

軍司令官 陸軍大將 大山巖
參謀長 步兵大佐 井上光
砲兵部長 步兵大佐 上瀬義門
工兵部長 步兵大佐 黒田勝四方

第一師團
師團長 中將 山地元治
參謀長 步兵大佐 大寺安純

第一旅團 步兵少將 乃木希典
- 步兵第一連隊 長步兵中佐 隠岐重節
  - 一 長少佐 竹中安太郎
  - 二 長少佐 栗屋齊
  - 三 長少佐 今村信敬
- 步兵第十五連隊 長步兵大佐 河野通好成
  - 一 長少佐 斎藤春明
  - 二 長少佐 斎藤春太郎
  - 三 長少佐 殿井隆昊

第二旅團 步兵少將 一寬二郎
- 步兵第二連隊 長步兵大佐 伊瀬知好成
  - 一 長少佐 井口五郎
  - 二 長少佐 蕳地
  - 三 長少佐 渡邊勝昊
- 步兵第三連隊 長步兵大佐 村有桓
  - 一 長少佐 兒玉軍大
  - 二 長少佐 谷山庵英
  - 三 長少佐 大久保直道

騎兵 第一大隊 I 長少佐 秋山好古
野戰砲兵 第一連隊 長大佐 今津孝則
- 第二大隊 松本親德
- 第三大隊 第一大隊 長少佐 木嶺瀬吉

第二師團
師團長 中將 佐久間左馬太
參謀長 步兵大佐 大久保春野

第四旅團 員 愛親王
- 步兵第五連隊 長步兵中佐 波部智
  - 一 長少佐 石原喜宙
  - 二 長少佐 岡田昭義
  - 三 長少佐 石黒喜孝
- 步兵第十六連隊 長步兵大佐 福島簡智
  - 一 長少佐 江田國容
  - 二 長少佐 岡田昭義
  - 三 長少佐 可児春大

騎兵 第二大隊 II 長少佐 山岡光行
野戰砲兵 第二連隊 長中佐 西村精一
- 第二大隊 熊谷正躬
- 第三大隊 第一大隊 長少佐 多田保房

混成第十二旅團
旅團長 少將 長谷川好道

- 步兵第二十四連隊 長中佐 盆浦郁一
  - 一 長少佐 長屋尚道
  - 二 長少佐 中村正雄
  - 三 長少佐 安田宗富
- 步兵第十七連隊 長中佐 瀧本美輝
  - 一 長少佐 馬淵平藏
  - 二 長少佐 岡直臣
  - 三 長少佐 土肥好敏

騎兵第六連隊第一中隊 長大尉 山本栄太郎
野戰砲兵第六連隊第三大隊 長少佐 石井隼太

工兵第一大隊　長少佐　田村義一

小架橋縱列
大架橋縱列
第一野戰病院
第二野戰病院

彈藥大隊　長少佐　高木榮之
第一步兵彈藥縱列
第二步兵彈藥縱列
第三步兵彈藥縱列
第四步兵彈藥縱列
第一砲兵彈藥縱列
第二砲兵彈藥縱列
第三砲兵彈藥縱列

輜重兵第一大隊　長少佐　岸用和
第一糧食縱列
第二糧食縱列
第三糧食縱列
馬廠

攻城砲兵　長少佐　豐島陽藏
臨時攻城徒步砲兵連隊
臨時攻城砲兵第一大隊
臨時攻城砲兵第二大隊　長少佐　殷所篤文

I II III IV V VI
12K 9K 15M 9K 15M 9M

工兵第二大隊　長少佐　木村才藏

小架橋縱列
大架橋縱列
第一野戰病院
第二野戰病院

彈藥大隊　長少佐　稻垣政藏
第一步兵彈藥縱列
第二步兵彈藥縱列
第三步兵彈藥縱列
第四步兵彈藥縱列
第一砲兵彈藥縱列
第二砲兵彈藥縱列
第三砲兵彈藥縱列

輜重兵第二大隊　長少佐　新荏重賢
第一糧食縱列
第二糧食縱列
第三糧食縱列
馬廠

第一野戰電信隊
第二野戰電信隊

臨時攻城工廠縱列

工兵第六大隊第二中隊　長大尉　下山筆八

第一師団後備　工兵第一中隊

衛生隊半部
第一野戰病院
第二步兵彈藥縱列
第一步兵彈藥縱列
第一糧食縱列

兵站

兵站監　工兵中佐　山根宣亮

兵站監部參謀
兵站司令部
兵站電信司令部
電信子備員隊
電信子備廠

兵站電信隊
患者輸送部
兵站糧食縱列
衛生子備廠
忠勇子備員隊
子備廠

野戰工兵廠
野戰砲廠
輜重監視隊
工兵器廠
兵站電信部
兵站輜重監督部
軍樂廠
軍醫部
兵站監督部
法官部
金櫃部
兵站監部

补章 日清战争

池边实

第一节 动员以及编成、后方兵站

清 军

清国军队没有制定精确的动员计划。在这场战争中，作为清国政府主要依靠的勇军（又称勇兵），平时已经处于出征的态势，只是缺少后勤运输部队所需的人员，因而战时招募这些人员就可以了。但是，练军平时有若干减员，因此，出征之时必须先招募士兵充实其缺额，然后再编成运输部队。而且，清国没有规定补充兵员的制度，要填补战斗力的消耗也必须招募雇佣兵。

清国军队后勤的组织机构非常复杂，其主要机构有支应局、粮台和转运局。

支应局平时在每个省各常设一个，在该省总督或巡抚的管辖下，担负省内军政及民政的财经事务，与各军的参谋部协商管理军队的给养。出征之时，支应局则负责粮食、被服、武器、弹药的供应以及有关人马补充的事项，直接向出征军队补给，或者通过粮台或转运局补给，抑或同时通过这两个机构补给。

粮台是战时特设的机构。为某个军而设置的粮台，称为某军某地粮台，隶属于该军的指挥官（一般间隔 20 公里到 40 公里设置）。为数个军而设置的粮台，在前面冠以地方的名称或与出征军队的性质相关的外称，隶属于数个军的总指挥官（这种粮台相互的间隔不定），一起主要掌管粮食、被服的接收、发放、补给。

转运局也是战时特设的机构，配置在粮台与军队或支应局与军队之间，从事后勤工作。这两个局相互的间隔大体为 120 公里到 200 公里，在其中间又每隔 20 公里到 40 公里设立分局以便于衔接（与这种转运局不同，还有平时就存在的称作转运局的同名机构，但是该机构与后勤没有关系）。

从事上述这些后勤事务的职员大多数任用文官，给其附属若干军官和下士卒（这些附属军人通常录用八旗和绿营的人）。

日　军

■ 动员与编成

日本于明治二十六年（1893）修改战时编制，规定战时日本陆军以现役、预备役和后备役人员编成野战队、守备队和补充队，如果有必要再编成国民军。翌年的明治二十七年（1894）开始，日本根据这种新的编制制定了动员计划。这个动员计划的基础是通过明治五年（1872）颁布征兵令而确立的近代的全民皆兵主义制度。

招募新兵的组织机构由师团司令部条例（明治二十一年第17号敕令）、旅团司令部条例（同年第28号敕令）、大队区司令部条例（同年第29号敕令）规定，师管划分为两个旅管，旅管划分为数个大队区。战时师团下达动员令，直接的征兵事务由大队区司令官按照预定计划办理。

日本决定同清国开战的同时，从用兵的需要考虑决定增设两个兵站粮纵队，此外，从攻守的需要考虑必须编成战时编制中原本没有的部队，因而对预定的动员计划进行了一些变更。

具体地说，日本军队从明治二十七年6月开始依次临时编成了临时攻城厂纵队（隶属于第5师团弹药大队）、第1、第2电线架设支队（隶属于兵站总监）、临时南部兵站电信部（隶属于南部兵站监）、临时东京湾守备队司令官（隶属于第1师团长）、临时东京湾守备炮兵队（隶属于东京湾守备队司令官）、临时马关守备队司令部（隶属于第6师团）、临时长崎守备炮兵队（隶属于长崎守备步兵大队长）和马关水雷敷设部（隶属于马关守备队司令官）。

9月份之后，日军编成了预备炮厂（隶属于第1军）、临时攻城厂（隶属于第2军）、临时攻城厂（隶属于第1军）和第2军兵站电信部（隶属于第 2 军）。除此之外，各师管内编成了临时预备马厂，作为大本营所属单位编成了临时测图部。而且，近卫师团出征之时，于明治二十八年（1895）1 月编成了独立野战电信队（隶属于近卫师团）。接着，在威海卫陷落后，为了占领澎湖岛，编成了混成支队，隶属于联合舰队。

转入第二期作战之前，为了占领旅顺口、大连湾后将其作为根据地，日军编成了临时旅顺口要塞炮兵联队、临时旅顺口炮台监视队、临时大连湾要塞炮兵联队、临时大连湾炮台监视队（以上部队均隶属于大本营）。除此之外，日军还编成了特别步兵中队（隶属于西海舰队）、机关炮队（隶属于第 2 军）、机关炮补充队（隶属于留守近卫师团司令部）。随后因直隶平原有很多河流，为了渡河，日军除了原有的大、小架桥纵队之外，编成了第 1、第 2 桥梁纵队（隶属于第 2 军、第 1 军）。而且，为了负责海城的守备，编成了临时海城守备炮兵队（隶属于第 5 师团）。另一方面，日军以屯田兵团的兵员编成了临时第 7 师团，加入第 1 军的战斗序列，但是该师团还没有出征就恢复和平了。

第 1 军、第 2 军向直隶平原开进时，需要有一个机构统辖日军在奉天省内已经占领的地方和这个地方的守备团队，因此，在金州设置了占领地总督部（编制完成于明治二十八年 4 月 11 日）。在此之前，为了收容从战场转送回来的患者，明治二十七年 7 月以后日本在广岛、松山、丸龟、熊本、小仓、福冈、名古屋、金泽、丰桥、高崎、佐仓、东京、仙台、新发田、青森、大阪、姬路、大津开设了预备病院，在对马、横须贺、马关开设了要塞病院。

■ 后方兵站

兵站总监部行使有关后方勤务的所有职责，兵站总监部的首长兵站总监统管兵站事务、运输通信事务、野战监督事务和野战卫生事务。兵站总监部有参谋、运输通信长官、野战监督长官、野战卫生长官以及管理部长等职员。运输通信长官统管利用铁路、船舶、车马等进行的运输以及电信、邮政事务。野战监督长官统管与野战军相关的会计事务。野战卫生长官统管与野战军相关的卫生事务。

野战军的后方兵站勤务由军兵站部负责，兵站监下设有参谋长、兵站监部、兵站辎重和兵站司令部。兵站监部设有宪兵、法官部、监督部（由金柜部和粮饷部组成）、军医部和兵站电信部。兵站辎重的编成多样，在第 1 军由 2 个野战炮厂、2 个野战工兵厂、2 个炮厂监视队、4 个辎重监视队、2 个卫生预备员、2 个卫生预备厂、3 个患者运送部和 2 个兵站粮食纵队组成，在第 2 军则由 2 个野战兵器厂、2 个野战工兵厂、2 个炮厂监视队、7 个辎重监视队、2 个卫生预备员、2 个卫生预备厂、2 个患者运送部、4 个兵站粮食纵队、1 个兵站电信队、1 个电信预备员和 1 个电信预备厂组成。兵站监统管军或独立师团的兵站事务，其下属的兵站司令官分管各地的兵站事务。明治二十七年 9 月，后备步兵第 6 联队（缺第 1 大队）、第 3 师团后备骑兵 1 个小队、第 6 师团后备工兵 1 个中队、后备步兵第 6 联队第 1 大队（缺 2 个中队）相继编入第 1 军兵站部，10 月兵站电信队、兵站电信预备员、电信队预备厂编入第 1 军兵站部，11 月后备步兵第 3 联队编入第 1 军兵站部。明治二十八年 1 月，日军废除预备炮厂，把攻城厂编入第 1 军兵站部。在此之前，明治二十七年 6 月，日军给派遣到朝鲜的混成旅团配属了兵站监部（宪兵、监督部）和 2 个兵站司令部。

战时要集中运输庞大的人员、马匹、兵器、弹药和其他军需品，必须依靠铁路和船舶。即将开战之前，神户和广岛之间的铁路已经开通，因此，不用担心陆路运输，而且日本拥有的船舶进行海上运输也没有大碍。船舶是所谓的陆海军征用的民船，使用了日本邮船会社等民间的商船。陆军征用的民船合计 104 艘（据明治二十八年 6 月的调查），作为运输船把动员部队和军需品从宇品港运送到朝鲜，随后又运送到旅顺半岛。此外，23 艘海军征用的民船当中，西京丸、近江丸、山城丸和相模丸 4 艘船进行武装后用作代用巡洋舰，元山丸、品川丸 2 艘船改为工作船，神户丸改为医疗船。其余的船舶作为海军运输船，载着食品、煤炭和饮用水等供给各舰，同时作为海军临时根据地和佐世保之间的通信船使用。海军运输船的根据地最初在佐世保，之后以大同江畔鱼隐洞为临时根据地，日军进一步占领大连湾和旅顺口以后，把旅顺定为根据地。

日清两国恢复和平以前，大本营为了占领清国南大门之一的澎湖岛，决定派遣联合舰队的主力和陆军混成支队。明治二十八年[①] 3 月 6 日，运输船从宇品港起锚担负运输任务。日清议和条约签订后，为了平定台湾，大本营决定把近卫师团从大连湾和旅顺口运送到三貂角，进而把第 2 师团也运送到台湾，由运输船负责这项运输。

兵站总监部战时的事务繁杂，而且要维持跨海深入敌国腹地数百公里的野战军的战斗力也非常困难。此外，兵站监的责任重大，要在野战军广阔战场上的要地开设兵站司令部，给战斗部队补给弹药、食品（日军的特点是以大米为主食、使用大酱和酱油），维持其战斗力。把这个同文禄、庆长之役[②]相比，就可想而知了。

■ 出征军的食物

却说日清战争时日军士兵的伙食情况如何呢？我们从日清战争实录的第二编中选取一例看看吧。

我驻朝军队屯集汉城，我就尚未与中国军队交战时士兵之饮食问询石黑军医总监。总监曰，我驻朝鲜陆军士兵每日之食品为何物，常为同胞所挂念。我肩负维持军人健康之职，每逢一日三餐无不思虑此事。故特于 7 月 7 日至 11 月 5 日间，如法烹饪与我驻朝军队食谱相同之食品试吃。其中，因不明白名曰炒鱼之物，遂代之以沙丁

---

① 原文是三十八年，应该是错字。
② 文禄元年（1592）至庆长三年（1598），丰臣秀吉为了征服中国而出兵朝鲜的侵略战争。

鱼干制作。其时食谱刊载如下：

6月20日至26日朝鲜仁川及龙山野战病院全体人员（并非住院患者的饮食，而是医官以下护理人员、辎重运输兵等的日常饮食）食谱一览表。

月 日	场所	早餐	午餐	晚餐	备考
6月20日	仁川、狭缩舍营	冻豆腐、干烧菜、梅干	牛肉罐头、蕗头	牛肉、土豆、炖芋头	各队自炊
6月21日	同上	前鱼汁、梅干	牛肉、大豆、蕗头	魔芋、酱炖猪肉	同上
6月22日	同上	葱、炒鱼汁、梅干	猪肉、酱炖	大豆、猪肉、梅干	同上
6月23日	同上	油炸豆腐、豆腐、酱汤	猪肉、酱炖牛蒡	煮糖豆、梅干	同上
6月24日	帐篷	梅干	梅干	梅干	同上
6月25日	龙山、营帐	梅干	梅干	牛肉、酱炖萝卜	晚餐开始自炊
6月26日	同上	冻豆腐、酱炖	牛肉、罐头	猪肉、煮大葱	同上

注：6月24日凌晨2点从仁川出发行军去龙山，在同处扎帐篷野营。

25日自早晨开始在营帐宿营，甚至于午餐亦是饭团，午餐后入营帐居住。

转移阵地或紧急出发之时，有时仅有一粒梅干和饭团。此外，有时仅有腌咸萝卜和米饭，然一周平均下来大致如此。定量为白米饭0.6升，肉食一人一次约150克。（下略）

第二节 外国人眼中的日清战争

日清战争作为日本第一场近代战争意义非常深远。同时，这场战争不仅受到交战当事者日清两国的关注，而且受到全世界的广泛关注。列国派遣众多的特派员到战场，各国的将官也发表了大量的评论。下面从日清交战录等资料中摘录几例，看看那些外国人眼中的日清战争是怎么样的。

1. 平壤之战——外国人的手记（日清交战录第 16 号）

两周以前，日本军官在朝鲜汉城耀武扬威，决定 9 月 15 日进攻平壤。军队兵分三路，第 1 军由立见少将率领，第 2 军由大岛少将统率，而第 3 军由总督野津中将指挥。第 3 军所向之处是平壤西部，第 2 军所向之处为平壤东南部，而第 1 军实际被部署袭击平壤东北部。此外，有别动队早就从日本经海路派遣至元山，此时已经控制了平壤的北路。因此，整个平壤在开战之前已经陷入日军的包围，早已成为其囊中之物。

然而，我们不能忘却日军自汉城缓慢而行至平壤，其途中之艰难困苦实非纸笔所能完全表达。沿途郡邑悉遭清军掠夺，居民举家四处逃亡，未曾有地方可以得到一片食、一捧水。非但如此，武器弹药和其他一切辎重，全部要依托从日本跟随而来的民夫运送。据称当时第 1 军和第 2 军当中，此等民夫有 10 000 余人。但是，地势尽是崎岖的山路，而且至今人迹未至。此地连一条小路也没有修筑，大部分地方没有可供车辆行驶之通道。何况有无数条河面宽阔且水流湍急的大河横在眼前，上面没有架设一座桥梁。民夫勉强凭借马背继续进行运送。

虽然非常疲劳，但是日军士兵决不丧失其蓬勃朝气，全身充满了希望与活力，带着犹如从汉城出发时一样的喜色到达平壤。放眼看去，实在是仪表堂堂的好军队。服装严整，武器精锐，据说与地球上所有人相比都不逊色。而且百尺竿头更进一步，其纪律最为严明。我思量他们自汉城历经长途辛苦到达平壤后的情况，或者他们在激烈的平壤战役后的状态，颇似经历一难而勇气倍增。

（下略）

2. 某外国军官的旅顺战评（日清交战录第 28 号）

关于日军进攻旅顺口的各种事情，相信各位都有耳闻。当地一位军官说，难以相信此次战事中清国人如此怯懦，他们在旅顺实际上没有战斗到最后。在他们据守的地点发现的尸骸数量非常少，这就是最明确的证据。清军虽然朝着向东、西两个堡垒冲过来的日军猛烈射击，但是射击没有奏效，士气因此低落。不知道出于何种原因，清军通常不待日军突击过来，就在日军到达之前全部迅速撤离守备点。只有守卫最西端一个堡垒的极少数兵勇，坚持战斗到最后，与堡垒共存亡。

日本炮兵的射击虽然巧妙，但是我感觉要让其射程内的炮弹充分发挥威力，距离有点太远。进攻西方诸炮台之时，清军所处位置明显高于日军，且清军有良好的遮蔽物。日军处于这种不好的位置原本是迫不得已，此时日军应对此感到满足。设若清军炮手射击精准，日本的野炮兵无疑将化为灰烬。因为清军不仅可以从右侧的西方堡垒以猛烈炮火居高临下射击日军阵地，而且至少可以从一个东方堡垒及靠近旅顺市区的阵地进行侧面射击。两军炮兵的决斗持续了一个多小时，日军仅有一匹马受伤。

清军的防御各自为战，完全没有统一指挥，与此相反，日军的进攻有确切的筹划，足以攻破对方的防御。换言之，我认为假如面对认真防御的对手，日本可能会失败。但是，日军大概由于非常轻视清军，因而才会在前述位置作战。如果是对抗强势之敌，自然会有相应的精神准备。此外，在夺取旅顺口同一天的金州防御中，也可以看出日军对清军的轻视。此时日军仅仅以 1 300 人之众，与守卫绵延 4 公里防线的七八千名清军作战，结果不仅成功击退了这些清军，而且长距离前进追击逃亡的清军。关于未来的进军，我完全是一无所知，但是我想在这里停战是大错特错。日本已经停战太久。但是，在此地停留，我本人甚为快乐。日本军官都很热情，诸事关心备至，实际上刚才在我住所的前庭就有乐队奏乐。

我必须再拾遗补充几句。日军自大连湾至战场，进军之出色几无赞赏之词可形容。辎重队昼夜兼行，夜里不眠不休大概长达三天三夜，攻城炮厂尤为令人震惊。一辆车仅有两三匹至 4 匹马牵引，使用最不充分之挽力在最恶劣之道路上运输，最终于 21 日拂晓成功地将辎重运至阵地。18 日我最初看到攻城炮从大连湾出发，翌日的 19 日在途中又遇到。我一行人中有人断言其到达必将错过时机，然而 20 日下午 5 点 30 分，攻城炮早已赶到司令部的前面，大多数人不胜赞叹。我于翌日凌晨 2 点登上马鞍时，尚看到大炮在路上，然而天亮野炮刚一开火，攻城炮也立即开始射击。实际上立下了一等战功。

我也要讲一讲日本步兵的勇气。虽说清军懦弱，然不应以清军之懦弱埋没日军之勇敢。看到日军井然有序，勇猛不屈，冒着敌人的炮火向敌堡突击，实乃天下之壮观也。清军士气低落主要由于这个原因。虽说清军固非对手，但是如果突击时没有秩序不够勇猛，那么面对清军亦只能溃败。（12 月 11 日发自金州）

3. 外国人对海战的评论（日清交战录第 22 号）

查尔斯·贝尔斯霍尔卿

以我之所见，黄海海战要组成战舰编队开赴战场，必须有巡航舰伴航。如果日本舰队拥有充足的巡航舰，就可能在清国运输船的士兵尚未登陆之前发现他们，可以在敌方舰队为了护卫而不能自由行动之际，对其发动进攻。然而，事实上日舰遭遇清国舰队之时已经失去机会，因为清国运输船的士兵已经登陆完毕。与此相反，清国舰队巡航舰不足这一事实，为清国带来了最不幸的结果。假如清国舰队拥有足够的巡航舰，在远洋与日本军舰作战，就不会发生军舰的行动受水之深浅所左右这样的事情。我通过这次海战的实例，唯对此越发深信不疑。舰队的组织、纪律、合适的作战计划，这三者经常同武器、理论匹敌，得以夺取最终的胜利。但是，毋庸置疑的是日本舰队组织完备，与此相反，清国舰队却杂乱无章。

日本政府之前聘用的英格尔斯大佐

特拉法加海战①以来首次最大的海战对海军学生大有裨益。暂且不论清国军舰是从哪个方向航行过来，其舰队似乎甘愿不去外海，被日舰围堵在沿岸。这实际上是清军大败的重要原因。如果如报道所述，战斗舰镇远号的两座大炮在战斗之初就失去作用之事属实的话，此事尚大有值得关注的价值。该舰的巨炮安装在并排的防御炮塔之中，我亲眼看到该舰时曾指示日军，如果日本人击中一个炮塔，就可能让巨炮完全失去作用。这样一来，镇远号就只能发射两个 6 英寸炮和其他小炮，变得和小巡航舰没有区别。没有接到详细报告时，不可能发现由这次海战得出的龟鉴，但是我感到此次海战表明最近发明的武器效力显著，防御炮塔中的巨炮反倒不足为惧，而且战斗舰与巡航舰战斗力的差异不如想象的那么大。日本军舰完成维修后向敌国海面前进，阻碍清国的商业，断绝援兵的通道，最终使清国不得不投降。与此同时，日本陆续往朝鲜北部派兵，维持当地的和平，取得朝鲜国民的信任。今后日军或许也会轻而易举地立即进犯北京，但是我希望他们鉴于军事历史上的先例，不要重蹈拿破仑在莫斯科被寒冷天气所困的覆辙。日军占领奉天是为了对沉溺于盛世美梦中的清国人进行痛击，但是又不要给清国皇帝的帝国统治带来非常大的障碍。

美国芝加哥号舰长马汉②先生

这次海战得出的经验教训是护送运输船的舰队必须比敌人占据优势。丁提督之所以在沿岸航行，与其说是无力主动攻击敌人，倒不如说是早就计划在遭遇敌人时退至河岸。现在，尚不清楚清国舰

---

① 特拉法加海战是英国海军史上的一次最大胜利。1805 年 10 月 21 日，英国海军在位于西班牙南部直布罗陀海峡西端的特拉法加（Trafalgar）与法国和西班牙联合舰队作战，大获全胜。海战之后，法国海军一蹶不振，拿破仑被迫放弃进攻英国本土的计划。

② 阿尔弗雷德·赛耶·马汉（Alfred Thayer Mahan，1840—1914 年）是美国杰出的军事理论家，曾任芝加哥号巡洋舰的舰长，并两度担任美国海军学院院长。他发表了《海权对历史的影响（1660—1783）》《海权对法国革命和法帝国的影响（1793—1812）》《海权与 1812 年战争的关系》等 20 多部有关海权的理论著作，被后人公认是海权论的鼻祖。

队是否达到了让士兵登陆的目的，留下的疑问是为了运输士兵是否值得冒如此大的危险。实际上这次海战是使用近代战舰进行的一次大规模战斗，但是我尚未发现有事实表明有必要进行战斗实验和改造军舰。

匿名评论家诺帝卡

丁提督打算让士兵在自己无权控制的海岸登陆，确实与 1866 年意大利舰队司令佩尔萨诺在利萨海战[①]中的过失相同。两次海战战况相同，如同佩尔萨诺舰队司令在利萨岛一样，丁提督在鸭绿江打了大败仗。

海军少将哥伦布

黄海海战表明，胜败之歧不在物而在于人。而且，这个结果证明了舰体不能越来越巨大化以及 25 吨以下的大炮的有效性。清国人没有所谓的武士气质。与此相反，日本人富有战斗精神，为名誉而战。日本人虽然不是天生的海员，却是天生的武夫。他们最为重视名誉。因此，事关战争之名誉时就决死奋战。

4. 日本海军可畏（美国德森堡市《邮政报》）（日清交战录第 29 号）

最近在黄海，日本舰队与中国舰队作战取得了胜利。这个事实证明美利坚合众国为了自卫必须尽可能地改良其海军。通过此次海战，我们发现了如下事实，即虽说是像日本舰队这样的小舰队，只要指挥巧妙，也会给敌国造成非常大的损失。我们现在想象一下假如不是中国而是美利坚合众国正在同日本打仗。目前我国太平洋沿岸没有可与日本海军匹敌的舰队，旧金山及其他各沿岸港口将全部

---

① 利萨海战是指在普奥战争期间，1866 年 7 月普鲁士的盟友意大利与奥匈帝国在亚得里亚海利萨岛（现南斯拉夫维斯岛）附近海域进行的海战。这场海战是蒸汽铁甲舰船的首次大海战，标志着海上战斗已经从风帆时代过渡到了蒸汽铁甲时代。意大利舰队在海战中遭受重创，失败的主要原因是侦察不充分、没有战斗计划、通信联络不好、舰队司令佩尔萨诺海军上将优柔寡断。

不得不听任日本海军为所欲为。社会上往往有人想象着指挥中国军舰的都是中国人，这是一个极大的错误。因为中国海军军官大多数是英国人或德国人。这些外国军官都是被中国政府特别选拔的，他们全部毕业于欧洲的大学，无论是作为航海人员还是作为战斗人员，都无可挑剔。虽然中国的军舰上有如此多的外国军官，而日本人没有使用一名外国人，却以实力大致相同的舰队彻底击败了中国的北洋舰队。（下略）

5. 美国《纽约世界报》记者克里尔曼①先生的观察

【日本军队是沉默的军队】 关于日本军队，我感叹之处甚多，其中感到特别超越他国军队之处是日本军队肃静庄重，全体部队行进时保持沉默。行进途中不奏乐、不高举旌旗，组织有条不紊，军队毫不散漫。上自大将，下至士卒，皆充满爱国精神，一看便知其威武勇猛。（中略）

【野战医院和辎重的完备】 很多人能够敏锐地观察到日本士兵具有可以训练教化的资质，同时又有效仿欧美各国的武器、器械、兵法以及军队组织机构的天才，尤其是在统辖军队方面具备非凡的才能。但是，令我最为惊叹的日本军队的长处是其野战医院和辎重之完备。现在试举一例关于其伤员周到细致的治疗。日本士兵每个人身上都有喷涂了防腐药的绷带，负伤时就用这些绷带缠住伤口，自己进行临时治疗。如果是轻伤就回到距离最近的营部，身负重伤不能动弹时就躺着等待卫生队前来救助。这一点世界各国远远不能企及。

【日本民夫的勇敢】 我骑马视察战况之际，一个手无寸铁的日本民夫来到我的身边，来到炮击最激烈的地方观望战事。他好像丝

---

① 詹姆斯·克里尔曼（James Creelman）是《纽约世界报》著名记者，中日甲午战争爆发后，受报社派遣前往远东报道战事。他随日本第2军经历了旅顺战役，报道了日军制造的旅顺大屠杀，揭露了日军的暴行。

毫不介意如暴雨般倾泻而来的枪弹，自始至终在哈哈大笑，精神十足，看上去颇为勇猛。这时，我想即使敌兵蜂拥到我等的身边，这个民夫也绝不会逃跑，他一定会随手抓起石头砸向敌兵。所有日本人勇敢的事实都无可争辩。

【日本军队的谨慎】 日本军队虽然视中国军人如同小孩子，但绝不傲慢。他们行进时通常非常谨慎。假如他们与训练有素的德国兵对战，可能会更加谨慎。

6. 法国《费加罗报》记者卡莱斯克以及《画刊》记者约瑟夫·拉劳两位先生的观察 第 2 军随军记者（明治二十八年 2 月 28 日《报知新闻》）

我们为了详细考察日本军队的行动而随军，考察了大日本帝国军队的举动何以在全世界面前具有值得自豪的声誉，并非常高兴将此事报告给本国报纸。

当初，我们首先是钦佩日本军队在荣成湾登陆之际，万余士卒和数千军夫秩序井然，没有一点混乱，各自按照顺序圆满完成了登陆。

第二是对军司令部的用心周到感到吃惊。我们登陆时，日军已经张榜公布了抚慰居民的告示，而且看到在村头的一户住宅上写着："家有产妇，禁止入内。"军司令部无论对什么事情都这样周到细致，实在出乎预料。

第三是对军夫非常能忍耐高强度的劳动感到吃惊。他们的食物无非是一碗米饭、两粒梅干，却经常冒着严寒从事劳动，物资运输从未迟延。这个事实令人钦佩之至。（中略）

其次，有件事情极大地触动了我们的灵魂。我们相信把这件事情作为军人社会的一大美谈公布于全世界是很有价值的。（中略）清军已经让日军吃尽了苦头，日军即使对此进行报复也没有任何理由会受到指责。但是，他们不愿以牙还牙，而是以非常宽大优厚的措施对待清军俘虏，对病人和伤员都进行了治疗。我们怀疑在这辽阔的地球上能否发现像日本民族这样富有慈爱之心的民族。（下略）（《日清·日俄战争史话》）

7. 法国陆军大学校长朗格卢瓦中将观察的一节 （《战阵丛话》第一辑）

日清战争实在是日本打得很漂亮的一场战争，值得我们学习之处颇多。尤其是兵站、运输有条不紊，实为陆军之楷模，日军胜利的一大原因即在于此。

年　　表

公历	年号	月	历史事件	外国
1873	明治六年	1	设置镇台。实施《征兵令》。	
		7	公布地租改革条例。	
		10	由于围绕遣韩使的征韩论争，西乡隆盛、板垣退助等下野。	
		11	设置内务省，参议大久保利通兼任内务卿。	
1874	明治七年	1	板垣退助、副岛种臣、后藤象二郎、江藤新平等结成爱国公党，提出《民选议院设立建白书》。	英国迪斯雷利内阁成立。
		2	爆发佐贺之乱。4 日将首领江藤等人枭首。	
		5	日本出兵台湾。	
		10	就台湾问题签订《日清两国相互间互换条款》。	
1875	明治八年	1	在大阪会议上决定恢复木户孝允、板垣退助的参议职务。	
		4	颁布建立立宪政体的诏书。	
		5	日俄之间签订《桦太千岛交换条约》。	
		9	江华岛事件爆发（云扬舰与朝鲜江华岛炮台交战）。	
1876	明治九年	2	签订《日朝修好条约》。	
		3	发布禁止佩刀令。	
		10	发生神风连之乱、秋月之乱、荻之乱。	
		11	在茨城县的真壁、那珂、久慈等地发生反对地租改革的农民暴动。	
		12	三重县、爱知县、岐阜县、堺市发生反对地租改革的暴动。	
1877	明治十年	2	西南战役爆发，西乡隆盛等率领 15 000 名士兵东上。	3 月海斯就任美国总统。
		5	木户孝允去世（44 岁）。	4 月俄土战争爆发。
		8	在上野公园举办国内劝业博览会。	
		9	西南战役结束（西乡隆盛、桐野利秋等自杀）。	

（续表）

公历	年号	月	历史事件	外国
1878	明治十一年	5	大久保利通在赤坂纪尾井坂被石川县士族岛田一郎等暗杀（49岁）。	6月柏林会议开幕。
		8	爆发竹桥骚动（近卫军党徒图谋集体强行上告，开炮并放火）。	
		12	设置参谋本部。	
1879	明治十二年	4	设置冲绳县，清国公使对此提出抗议。	5月格兰特来访日本。7月成立巴拿马运河公司。
		9	制定《教育令》。	
1880	明治十三年	3	指定村田式步枪为军用枪支（确立军用装备的制式）。	
		4	颁布《集会条例》。	
		7	制定《刑法治罪法》。	
1881	明治十四年	1	设置警视厅，桦山资纪成为首任警视总监。	
		3	参议大隈重信提交关于宪法的意见书。	
		10	罢免大隈重信，矢野文雄、牛场卓造、犬养毅、尾崎行雄、中上川彦次郎、小野梓、岛田三郎等人也辞职。自由党成立，板垣退助任总理。	
1882	明治十五年	1	颁布《军人敕谕》。关于修改条约召开第一次各国联合预备会。	
		3	成立立宪改进党，大隈重信任总理。	
		4	板垣退助遭相原尚聚袭击受伤。	
		5	创建大阪纺织会社。成立东洋社会党。	德意奥三国同盟成立。
		7	发生"壬午之变"。	
		8	签订《济物浦条约》。	朝鲜与美国、德国、英国签订修好条约。

（续表）

公历	年号	月	历史事件	外国
1883	明治十六年	3	自由党党员赤井景昭等因密谋发动内乱、暗杀大臣被捕。岩仓具视去世（59岁）。	
1884	明治十七年	5	群马事件（自由党党员日比逊等人破坏生产会社，夺取松井田警察署）。	
		7	制定《华族令》。	朝鲜与俄国、意大利签订修好条约。
		9	加波山事件（自由党党员富松正安等人在茨城县加波山密谋反对政府）。	8月中法战争爆发。
		10	自由党解散。秩父事件（秩父贫民2千人起义）。	
		12	发生甲申之变。大隈重信退出改进党，改进党事实上解散。	
1885	明治十八年	1	签订《汉城条约》（关于"甲申之变"的日朝善后协定）。	
		4	签订《天津条约》。	中法战争结束。
		11	大井宪太郎、小林楠雄等因大阪事件被捕。	
		12	第一次伊藤内阁成立。	
1886	明治十九年	1	把6个镇台改为东京、仙台、名古屋、大阪、广岛、熊本6个师团。	
		5	与各国公使举办第一次修改条约会议。	
		10	诺曼顿号事件（英国轮船诺曼顿号在纪州海面沉没时，救助了全体外国人乘客，日本人乘客全部死亡，致使舆论哗然）。	
1887	明治二十年	7	井上外相向各国公使通告修改条约会议无限期推迟。	10月法属印度支那成立。
		12	颁布保安条例。	
1888	明治二十一年	4	公布枢密院官制。	俄朝签订陆路通商条约。

（续表）

公历	年号	月	历史事件	外国
1889	明治二十二年	2	颁布《大日本帝国宪法》，制定皇室典范。颁布《议院法》《贵族院令》《众议院议员选举法》。	
		6	颁布陆军军官学校、陆军幼年学校条例。	
		7	东海道线全线通车。	在巴黎召开第二国际第一次大会。
		10	玄洋社成员来岛恒喜在外务省门前袭击外相大隈重信。	
		12	大同协和会的大井宪太郎等重建自由党。	
1890	明治二十三年	7	第一次众议院议员选举。颁布集会及政治结社法。	3月德国首相俾斯麦卸任。
		9	立宪自由党成立。	
		10	召开第一次帝国议会。颁布《教育敕语》。	
1891	明治二十四年	1	发生内村鉴三的"不敬事件"。	
		5	大津事件（警察津田三藏袭击俄国皇太子尼古拉亲王）。	
		9	上野至青森之间的铁路全线通车。	俄国西伯利亚铁路开工。
1892	明治二十五年	6	创立国民协会。	
		11	俄国东洋舰队来到横滨港。水雷驱逐舰千岛号在伊予海面与英国军舰拉文纳号相撞后沉没。	签订朝奥条约。
1893	明治二十六年	2	贵族院表决通过今后6年捐献议员年薪的十分之一充作造舰费用。	美国排斥日本人和清国人。
		5	朝鲜政府就防谷令事件支付赔偿金。颁布军令军政分离的《海军军令部条例》。	

公历	年号	月	历史事件	外国
1894	明治二十七年	1	26日天满纺织会社爆发同盟罢工。	
		3	23日金玉均在上海被洪钟宇暗杀。 28日朴泳孝在东京遭刺客袭击。	
		5	4日东学党在全罗、忠清道起义。 8日东学党3 000余人再次在全罗和忠清起义，至31日占领了全州。	
		6	5日设立大本营。 9日清军先出发的部队到达牙山。 12日日军混成旅团先头部队在仁川登陆。	
		7	16日签订《日英改正通商航海条约》。 25日丰岛海战。	
		8	1日宣战（日清战争）。	发生德雷福斯事件。
		9	17日黄海海战。	
		10	26日占领九连城。 30日两院一致通过1亿5千万日元临时军费的预算。	
		11	8日占领大连湾。 21日占领旅顺口。 22日签订《日美改正通商条约》。	
		12	13日占领海城。	
1895	明治二十八年	1	13日朝鲜宣布独立。 30日开始总攻威海卫。	俄法同盟成立。
		2	13日丁汝昌自杀。	
		3	5日占领牛庄城。 20日伊藤博文、陆奥宗光和李鸿章在马关春帆楼第一次会面。 24日李鸿章在议和谈判的归途受到手枪狙击。 26日占领澎湖岛。 30日缔结日清停战条约。	
		4	17日签订《马关条约》。 23日德、俄、法三国劝告日本归还辽东半岛（三国干涉）。	
		6	8日签订《日俄通商航海条约》。	
		10	8日汉城事变（大院君发动政变，闵妃被杀）。 31日清国开始支付第一笔赔偿金。	
		11	22日自由党宣布同伊藤内阁合作。	
		12	21日归还辽东半岛。	

（续表）

公历	年号	月	历史事件	外国
1896	明治二十九年	6	遣俄大使山县有朋与罗巴诺夫外长签订关于朝鲜问题的议定书。	朝鲜亲俄派发动政变。
		7	签订《日清通商航海条约》。	
1897	明治三十年	3	设置足尾铜山矿毒事件调查委员会。确立金本位制。	朝鲜国王通过俄国公使馆回到王宫。
		7	组成工会期成会。	
1898	明治三十一年	3	德国从清国租借胶州湾。俄国租借旅顺口、大连湾。	德军占领胶州湾。
		4	法国从清国租借广州湾。